U0136131

自 序

　　《魏書》〈釋老志〉說：「魏先建國於玄朔，風俗淳一，無爲以自守，與西域殊絕，莫能往來。故浮圖之教，未之得聞，或聞而未信也」。這這段話，是該志追溯魏（北魏、東魏）佛教源流的溯源終極點，值得加以研究。這段文字，做爲研究對象，本書稱作「論拓跋氏佛教溯源西域」之研究課題。

　　以個人淺見所及，這個研究課題，自古迄今，從未引起學者矚目，遑論曾有過專題研究。作者乃不揣淺陋，有心爲之。

　　此文只有短短的四十個字，表面似屬單純，其實文內所含之問題，複雜多端，爲了方便進入研究起見，有必要先對研究課題之原文，進行逐一解讀，以資梳理出研究方向。因此，本書所謂「研究」，係指「研究序說」，意謂展開研究之線索。

　　縱使僅是研究線索之探討，卻因作者能力有限，不僅此一工作歷經多年始告完成，而內容所涉之全般論述，亦自料必不逮精密無瑕，錯誤及疏漏自屬難免，謹祈方家賜正，不勝感激。

阮忠仁 謹序

2007 年 2 月 8 日

《魏書》〈釋老志〉論拓跋氏佛教溯源西域的研究

目　次

第一章　緒論

　　本書研究之對象：「《魏書》〈釋老志〉論拓跋氏佛教溯源西域」，係指〈釋老志〉的一段文字「魏先建國於玄朔，風俗淳一，無爲以自守，與西域殊絕，莫能往來。故浮圖之教，未之得聞，或聞而未信也」所構成之研究課題。

　　本書之目的，非要立刻直接對上述課題進行整體的研究，所謂「研究」，係指「研究序說」，意謂展開研究的線索。此因課題內部包含了複雜多端的問題，宜先對其原文進行逐一解讀，以梳理出深入的、整體的研究之方向，並期能展望出若干新的研究問題。以下之文，就來說明研究課題之緣起及其相關事項。

第一節　問題的提出

　　〈釋老志〉所載魏佛教，是包含北魏（398-534）、東魏（534-550），排除了西魏（534-556）。那麼，魏佛教之起源如何呢？它說：

> （甲）魏先建國於玄朔，風俗淳一，無為以自守，與西域殊絕，莫能往來。故浮圖之教，未之得聞，或聞而未信也。（乙）及神元與魏、晉通聘，文帝又在洛陽，（丙）昭成又至襄國，乃備究南夏佛法之事。（丁）太祖平中山，經略燕趙，所逕郡國佛寺，見諸沙門、道士，皆致精敬，禁軍旅無有所犯。[1]

上文之解讀，古人早已採取「溯源」角度。如北宋（960-1127）時代，真宗景德二年（1005）至大中祥符六年（1013），王欽若（962-1025）等編《冊府玄龜》，敍載魏佛教之開端，先說（丁）文「太祖」道武帝拓跋珪（371-409，在位398-409）崇佛，當做魏佛教史之起點，接著再引（乙）及（丙）文，做為魏佛教之溯源，只可惜刪掉了（甲）文（見下文）。到了清代（1644-1911），

---

[1] 北齊・魏收等撰，《魏書》（台北市：鼎文書局，1979年2月再版，新校標點本），卷114，〈釋老志〉，頁3030。

康熙四十年（1701）至雍正六年（1728）由陳夢雷（1650-1741）、蔣廷錫（1669-1732）等編之《古今圖書集成釋教部彙考》〈釋教部彙考〉敘魏佛教，開端是說：「太祖天興元年，詔京城作五級佛圖，脩禪堂及沙門座（按《魏書》〈太祖本紀〉不〔應爲衍誤字〕載）。按〈釋老志〉：魏先建國於元朔，風俗淳一，無爲以自守，與西域殊絕，莫能往來。故浮屠之教，未之得聞，或聞而未信也。及神元與魏晉通聘，文帝又在洛陽；昭成又至襄國，乃備究南夏佛法之事。太祖平中山，經略燕趙，所逕郡國佛寺，見諸沙門、道士。皆致精敬，禁軍旅，無有所犯」。[2]此文顯示，同樣是以溯源角度來引載其文，且保留了（甲）文。

以「溯源」角度看前引文，〈釋老志〉對魏佛教源流的追溯，是以（丁）文拓跋珪「平中山」過程之崇佛，做爲起點，往前追溯，是（丙）文的「昭成」帝拓跋什翼犍階段，他到後趙（319-349）都城襄國（今河北省邢郜市，其實包含鄴城，今河北省臨漳縣西南）當人質，於此「備究南夏（中原）佛法」。再往上追溯，是（乙）文的「神元」帝拓跋力微階段，於曹魏元帝景元二年（261），與曹魏（220-265）「通聘」，西晉（265-316）王朝成立，交聘關系依然延續，「文帝」拓跋漠汗便長期居住曹魏、西晉都城洛陽（今河南省洛陽市附近地區），做爲人質，於此亦「備究南夏佛法」。更往前追溯，就是（甲）文的「魏先」階段，所追溯的佛教源流，是「西域」的「浮圖之教」。

（甲）文所溯源之「魏先」，係指拓跋氏先公、先王，乃至族源，爲拓跋史最古之極點，即溯源之終極點（見第二、三章）。顯示其文，乃魏佛教之最古源流的原始史料，論述魏佛教史，在佛教源流部分，當須以此爲終極溯源點，才算是具備完整性的歷史敘事。因此，（甲）文是論述魏佛教史不可或缺的部分，在魏佛教史上，地位相當重要，實在值得去探討。而對其文所形成的研究課題，本書稱作：「《魏書》〈釋老志〉論拓跋氏佛教溯源西域」。

（甲）文之研究課題，至今仍然值得研究，是因就個人淺見所及，在既有的研究中，它長期的遭到了忽略，甚至刪略，迄今不僅解說不足，更還無專題

---

[2] 清・陳夢雷等編，《古今圖書集成釋教部彙考》，卍續藏經第七十七冊，頁7下。

研究問世。茲述其情況如下：

　　首先，在古今學者論及魏佛教史之際，（甲）文常被刪節或省略。例如，唐代（618-907）之道宣（596-667），於《廣弘明集》摘錄〈釋老志〉云：「魏先建國，出於玄朔。風俗淳一，與西域殊絕。故浮圖聲教，未之得聞」。[3]對勘前引〈釋老志〉文，此段文字，第二句增「出」字；接著刪原文「無爲以自守」句；繼而改「之」爲「聲」；最後又刪「或聞而未信也」句。到了北宋的《冊府元龜》〈帝王部‧崇釋氏一〉，敘魏佛教之端緒云：「後魏道武帝初平中山，經略燕趙，所經郡國佛寺，見諸沙門、道士，皆致情敬。……初神元與魏晉通聘，文帝人在雒陽，昭成又至襄國，乃備究南夏佛法之事。臣欽若等曰：自神元至昭成，皆追冊帝號」。[4]這是以道武帝之崇佛爲魏佛教之起點，在溯源上，只及於「神元」、「昭成」兩階段，而刪略「魏先」階段。南宋（1127-1279）釋志磐所撰《佛祖統紀》，於述魏佛教之始，引〈釋老志〉（書中稱〈佛老志〉）文云：「皇始二年，詔趙郡法果爲沙門統。帝生知信佛，初平中山，所經郡國，見沙門皆致敬，禁軍旅毋得有犯」；[5]顯然把魏佛教源流之「昭成」、「文帝」，還有「魏先」等三階段，全給刪除了。

　　古人的刪略作法，一直延續到近代以來的佛教史著作裡，其狀況有二：（1）是刪掉「魏先」階段，從神元帝講起。如黃懺華（約 1880s-1970s）先生說：「北魏拓跋氏從道武帝（396-409）和晉室通聘後〔按：此處將神元帝誤作道武帝〕，即信奉佛教。道武帝本人好黃老，覽佛經。見沙門，都加力禮敬，並利用佛教以收攬人心」。[6]橫超慧日先生引〈釋老志〉所說：「神元與魏、晉通聘，文帝又在洛陽，昭成又至襄國，乃備究南夏佛法之事」，釋其意味，北魏的皇帝早已知佛教存在的狀況，所以道武帝平中山，就表現了崇信佛教的行爲。[7]（2）

---

[3] 唐‧道宣輯，《元魏書釋老志》，收入氏輯《廣弘明集》，卷 2，歸正篇第一之二，〈元魏書釋老志〉，大正藏第五十二冊，頁 101 下。

[4] 北宋‧王欽若等撰，《冊府元龜》（台北市：中華書局，1967 年 5 月臺一版，據明初刻本影印），卷 51，〈帝王部‧崇釋氏一〉，567 上。

[5] 南宋‧釋志磐，《佛祖統紀》，卷 38，〈法運通塞志〉，大正藏第四十九冊，頁 353 下。

[6] 黃懺華，〈北朝佛教〉，收入氏等著，《佛教史略與宗派》（台北市：木鐸出版社，1983 年 1 月初版），頁 41。

[7] 橫超慧日，〈北魏佛教の基本的課題〉，收入氏編，《北魏佛教の研究》（京都市：平樂寺書

是刪掉「魏先」、「神元」、「昭成」三個階段，從道武帝講起。諸如，蔣維喬（1873-1958）先生說：「北魏太武帝，親政之暇，以奉佛爲大事；所過郡國，若見沙門，皆致敬，禁軍旅，毌得有犯；且下詔曰：『佛法之興，其來遠矣；濟益之功，冥及存沒。神蹤遺軌，信可依憑。其敕有司，於京城建飾容範，修整寺舍，令信向之人，有所居止。』時天興元年也」。[8]杜繼文、任繼愈先生說：「北魏道武帝（386-409），『好黃老，頗覽佛教〔經〕』。在統一北方戰爭中，『見諸沙門、道士，皆致精敬』」。[9]任繼愈先生等人說：「北魏統治者在內遷漢化的過程中，也接受了佛教。道武帝拓跋珪在十六國末年轉戰河北『見諸沙門、道士，皆致精敬』，併遣史致書泰山的僧朗（佛圖澄弟子），贈以繒、素、旃罽、銀缽等禮物（《魏書》卷一百一十四〈釋老志〉）。道武帝好黃老，也讀佛經」。[10]諏訪義純先生論北朝佛教，始自道武帝定都平城（今山西省大同市及附近），皇始三年（398，按：作者年代寫錯，皇始年號只二年，定都平城係在天興元年七月，398）七月，招趙郡沙門法果至平城，擔任道人統。[11]中村元先生等論北魏佛教，亦復如是。[12]

其次，以佛教史著作而言，縱有提及（甲）文，同樣未加詳論。山崎宏（1903-？）先生引〈釋老志〉，說北魏建國於玄朔，「與西域殊絕，莫能往來。故浮圖之教，未之得聞，或聞而未信也」，其釋云，依所述狀況，接觸佛教，及其信仰都是較晚的事。[13]鎌田茂雄（1927-2001）先生論北魏佛教，引述了〈釋老志〉「魏先……昭成」整段文後，指出「這段《魏書》〈釋老志〉的記事，問題著重在神元皇帝（力微）」，於是便從神元談起。[14]湯用彤（1893-1964）先生

店，1978 年 5 月二版），頁 15。

[8] 蔣維喬，《中國佛教史》（台北市：莊嚴印書館，1976 年 12 月初版），卷 1，頁 36a。

[9] 杜繼文主編，《佛教史》，頁 190-191。

[10] 任繼愈主編，《中國佛教史》，第三卷（北京市：中國社會科學出版社，1997 年 12 月初版二刷），頁 42。

[11] 諏訪義純，《中國中世佛教史》（東京市：大東出版社，1986 年 5 月初版），頁 28。

[12] 中村元等著，余萬居譯，《中國佛教發展史》（台北市：天華出版公司，1984 年 5 月初版），上冊，頁 129-130。

[13] 山崎宏，《支那中世佛教の展開》（東京市：清水書店，1947 年再版），頁 88。

[14] 鎌田茂雄著，關世謙譯，《中國佛教通史》，第三卷（高雄市：佛光出版社，1986 年 12 月初版），頁 280-282。

說：「元魏拓跋氏原居極北，非佛教勢力所及。後與中國交通，始知佛法。道武帝攻略黃河北岸，所過僧寺，見沙門道士，均加禮敬」；[15]照〈釋老志〉原文解讀，則前兩句顯然是指「魏先」階段，接著兩句是說「神元」與「昭成」兩個階段，然後才論及道武帝，而於「魏先」亦無詳明的討論。

最後，從專門研究著作來看，塚本善隆先生的《魏書釋老志の研究》，是〈釋老志〉研究成果空前之著作，貢獻卓越，在〈譯註篇〉裡，注釋只及於「神元」及「昭成」，對於（甲）文「魏先」階段，沒作注釋，僅有和譯，更無詳細探討。[16]在另一篇〈北魏建國時代の佛教政策と河北の佛教〉專題論文中，他對（甲）文「魏先」階段之內容，只有略作解釋說：在塞外的拓跋氏，是從事遊牧、狩獵、劫掠的勇武遊牧人及蠻族，根本不能信奉佛教；[17]所釋與〈釋老志〉的原文，顯然不盡符合，亦沒進一步加以詳加考察。

上述的檢討表示，（甲）文之研究課題，至今是處於尚待研究之狀態。

當欲步入（甲）文課題的研究之前，特別要先行注意者，是勿以其文總計恰好只四十個字，句簡意賅，而視之為既易懂又易解，而即刻直接進行全面的研究，揮文成章；若是如此，恐怕就是犯了唐突、輕率從事的過失，甚至發生謬誤。原因是四十個字所涉問題，相當雜多，其間隱含著相當高度的研究上之困難（見本書正文之各章），故與其急於進行可能犯錯的整體研究，毋寧沉穩漸進從事基礎工作以思考：應如何去研究呢？

為了思考應如何去研究呢？本書所謂「研究」，是意指「研究序說」，意謂展開研究的線索：即對（甲）文先進行謹慎的解讀，以便從解讀中，對「《魏書》〈釋老志〉論拓跋氏佛教溯源西域」之研究課題，梳理出深入的、整體的研究之方向，並期能展望出若干新的研究問題。這是本書之目的。

---

[15] 湯用彤，《漢魏晉南北朝佛教史》（台北市：鼎文書局，1976 年 12 月再版），頁 487。

[16] 塚本善隆，《魏書釋老志の研究》，收入氏著，塚本善隆著作集（東京市：大東出版社，1974 年 1 月），第一卷，頁 147-148。

[17] 塚本善隆，〈北魏建國時代の佛教政策と河北の佛教〉，收入氏著，《北朝佛教史研究》，塚本善隆著作集第二卷，頁 3。

第二節　研究方法、架構、史料

　　本書之目的，既在對前引〈釋老志〉（甲）文進行解讀，則所關涉到的研究方法，就是如何去解讀呢？前面已提到，塚本先生《魏書釋老志の研究》〈注譯篇〉已有（甲）之和譯文，惟若深入去看，和譯內容是否完全揭露及符合原文之語意，仍有待商榷（見正文各章）。有鑑於此，為了正確掌握（甲）文之涵義，本書擬訂了兩種解讀方法：

　　（一）從相關歷史實況去解讀：（甲）文是歷史敘事，欲明其文之內涵，務必加上文字語意所牽涉之歷史，始能明確掌握涵義。若把（甲）文抽離歷史，將會成為懸空解讀，難了其義，甚至發生誤解。故依據歷史以解讀（甲）文，是完全必要的。例如，依前所說，〈釋老志〉對魏佛教源流之溯源，是以魏王朝開國皇帝道武帝為起點，然後再往以前的歷史軌跡追溯。而魏王朝創建以前的歷史，就是魏皇室拓跋氏之歷史，一般稱為拓跋史。[18]以此來看，「魏先」所涉歷史實況，係在拓跋氏史範圍內，欲解讀其文其事，當必須扣緊拓跋氏史。當然，在其他問題分析上，還涉及了魏王朝及其他的歷史，同樣都須運用歷史來解讀。

　　（二）從文字之古代語意去解讀：有關（甲）文內之字詞的解釋，最忌以現代漢字語意隨意作解，其解讀務須依據古代漢字語意。在古代漢字語料範圍中，更應從方法上考慮語料環境與（甲）文之間的距離關係：首先，最要注重者，是與（甲）文最直接關聯脈動的漢字環境。（甲）文是《魏書》的文本之一，最近距離的語料環境，自然是《魏書》文本的漢字。其次，是與（甲）文具有影響距離的語料環境，即在時間上，處於《魏書》撰成年代（北齊文宣帝天保二年至五年，551-554）以前之語料，因其有可能為《魏書》作者閱及，而影響他們對漢語的遣詞用字。在兩種語料運用之際，當然須以《魏書》的語料為優先，當做主證，唯有在《魏書》語料有所不足的情況下，始補用第二種語料，是為旁證。

---

[18] 最典型的代表，就是田餘慶，《拓跋史探》（北京市：三聯書店，2003 年 3 月初版一刷），他說此書在「探索代北拓跋的開國前史」（前言，頁 2），這段歷史，就是書名及全書內容所示的「拓跋史」。

　　在上述兩種方法的交錯運作下，為有利於依循（甲）文逐一解讀，本書架構，當須順著原文次序脈絡來展開，而分成三大層次：

　　第一個層次，是以歷史實況為主的解讀。首先，以拓跋史脈絡為主，去呈現〈釋老志〉釋部對魏佛教源流溯源至「魏先」的狀況（第二章）。接著，同樣以拓跋氏脈絡為主，去解讀「魏先建國於玄朔」（第三章）。最後，綜合其他歷史為主，去解讀拓跋氏、魏王朝與佛教之關係年代（第四章）。

　　第二個層次，是以文字之古代語意為主的解讀。先解讀「風俗淳一」句（第五章），次解讀「無為以自守」句（第六章），再次解讀「與西域殊絕」句（第七章），接著解讀「莫能往來。故浮圖之教，未之得聞」三句（第八章），最後解讀「或聞而未信也」句（第九章）。

　　第三個層次，綜合上面的解讀後，便歸納出未來對（甲）文課題進行深入的、整體的研究之方向，並展望若干研究問題（第十章）。

　　以上研究所涉及的史料，有兩個方面：一是以歷史實況為主解讀所用史料，以古代典籍、各類學術研研成果為大宗，旁及考古資料、考古研究成果。二是以文字古代語意為主解讀所用語料，即依前述方法原則，以《魏書》語料為主，以其他語料為輔，進行所需各類語料之搜集。

第二章　溯源至「魏先」的拓跋史脈絡

　　《魏書》〈釋老志〉對魏佛教之起源，溯源至「魏先」與西域佛教之關係，「魏先」指魏王朝帝室拓跋氏先公、先王（見第三章）。它是如何溯源的呢？〈釋老志〉云：

> 魏先建國於玄朔，風俗淳一，無為以自守，與西域殊絕，莫能往來。故浮圖之教，未之得聞，或聞而未信也。及神元與魏、晉通聘，文帝又在洛陽，昭成又至襄國，乃備究南夏佛法之事。太祖平中山，經略燕、趙，所逕郡國佛寺，見諸沙門、道士，皆致精敬，禁軍旅無有所犯。[1]

上文可從兩個層面來看：第一個層面，是魏佛教史的斷代為時間起點，始自「太祖平中山，經略燕、趙」。第二個層面，是向魏佛教史斷代以前追溯其佛教源流，計有兩個階段：第一個往前追溯階段，是昭成帝什翼犍至拓跋珪（此時尚未即帝位，不宜稱道武帝）「太祖平中山，經略燕、趙」以前。第二個往前追溯階段，是神元帝利微與魏晉通聘至昭成帝什翼犍以前，這兩個階段所追溯的佛教源流，是「南夏（中原）佛法」。第三個層面，是追溯魏佛教之終極源流，從「魏先」至神元帝拓跋力微與曹魏、西晉交聘以前，所追溯的魏佛教源流，乃「西域」的「浮圖之教」。

　　上述顯示，魏佛教起源之溯源之終極點的出現，並非孤立存在，是分階段追溯所達到的，即其溯源，是以拓跋珪登國元年（386）至皇始二年（397）的魏王朝開疆為起點，然後往前沿著拓跋史進行追溯：（1）溯源烈帝元年（329）至道武帝登國元年（386）階段，（2）溯源神元帝三十九年（258）至烈帝元年（329）階段，（3）溯源「魏先」至神元帝三十九年（258）階段。由此可見，〈釋老志〉釋部之溯源結構，是以時間脈絡分階段而相續互銜，成為一個整體。本章之目的，就是要說明這個溯源狀況。

---

[1] 《魏書》，卷 114，〈釋老志〉，頁 3030。

第一節　以拓跋珪登國元年（386）至
皇始二年（397）至開疆為溯源起點

前引〈釋老志〉文揭露了，魏佛教源流之追溯，是以拓跋珪創建魏王朝前之開疆為時間起點，往前沿著拓跋史溯源所形成的。這個起點是指：「太祖平中山，經略燕趙，所逕郡國佛寺，見諸沙門、道士，皆致精敬，禁軍旅無有所犯」。有關起點的時間，是在「太祖平中山，經略燕、趙」兩句，〈釋老志〉卻未說明其時間的具體年代。在相關研究中，同樣缺乏清晰詳盡的解釋。

那麼，〈釋老志〉對魏佛教溯源起點的具體年代如何呢？本節在檢討諸說後，所檢證的年代是：以拓跋珪登國元年（386）至皇始二年（397）開疆為溯源起點。

壹、「太祖平中山，經略燕、趙」年代諸說之檢討

關於「太祖平中山，經略燕、趙」，其具體年代如何呢？有以下多個不明確的說法：

1939 年，塚本善隆先生在〈北魏建國時代の佛教政策と河北の佛教〉專文，只簡略的說：前秦苻堅於征伐東晉的淝水戰役中大敗，公元 438 年，鮮卑慕容垂在中山成立後燕。西元 386 年，拓跋珪即代王位；公元 396 年先取得并州（山西），繼續向河北進軍，平定中山，後燕滅亡；天興元年（398），親至中山，抵常山的真定（河北省正定縣），經過趙郡的高邑（河北省柏鄉縣），至鄴見到都城的宮殿，有決定於此定都之意，七月以鄴城等中原都制為模範，把平城營造成帝都，後即位為魏皇帝。拓跋珪最初親征的地域，是什翼犍曾居住學習佛教的鄴城，佛圖澄教化的中心地。在征伐之際，乃對佛寺沙門都表達敬意，使軍隊無所侵犯，這是〈釋老志〉之記載的涵義。[2]到了 1961 年，塚本先生以前文為基礎，在《魏書釋老志の研究》中，對「太祖平中山，經略燕、趙」，有兩處解釋：一是註第（1）條解「太祖」說：「太祖（托跋珪）在 386 年即位，396-398 年間攻略山西、河北地方，及見鄴的都城，在大同（平城）模仿中國

---

[2] 塚本善隆，〈北魏建國時代の佛教政策と河北の佛教〉，收入氏著，《北朝佛教史研究》，塚本善隆著作集第二卷，頁 11-12。

都城制而營造都城」。這是在佛圖澄、道安弘傳佛教之地區爲領土中，平城之
北魏國家的成立，托跋部族被佛教化成爲佛教徒之素樸性，進入積極的時代。
[3]二是把漢文和譯說：「太祖（386 年代王，398 年魏皇帝，409 年崩），平定中
山（河北省定縣。北魏中山郡。河北津海道的西部地方），經略燕、趙國土之
際」。[4]以上的解釋，意指「太祖平中山，經略燕、趙」的時間跨度是：在「太
祖平中山，經略燕、趙」期間（或過程中），年代爲拓跋珪登國元年（386）至
天興元年（398）。

　　1942 年，山崎宏先生在《支那中世佛教の展開》中，針對「太祖平中山，
經略燕、趙」一事，大抵採納塚本先生的意見，精簡的說，照〈釋老志〉所載，
太祖拓跋珪「獨立」（按指即代王位）以後，經略河北之地，平定了後燕都城
中山。天興元年，至常山經趙郡至鄴城。[5]其年代範圍，同在拓跋珪登國元年
（386）至天興元年（398）。

　　1984 年，鎌田茂雄先生在《中國佛教通史》第三卷中，亦採用塚本先生
的看法，卻將之分割，遂使涵義產生變化。有關拓跋珪即代王位至即帝位，簡
要敘於「拓跋部族與佛教」一節。[6]關於「太祖平中山，經略燕、趙」，則放置
於「太祖的建國與佛教」一節，謂：天興元年，太祖從中山至常山真定，然後
又到趙郡高邑，接著來到鄴城，在此置行臺，以兵五千人守鄴都。這個鄴城，
是什翼犍學習佛教的地方，當然太祖也曾巡覽鄴都宮城，有機會接觸到鄴的文
化。這是〈釋老志〉有關太祖的記載。[7]如此，「太祖平中山，經略燕、趙」的
時間向度，變成是說：在「太祖平中山」以後，「經略燕、趙」期間（或過程
中），年代在天興元年（398）起及以後。

　　上述以外，還有部分不清晰的解釋，如湯用彤先生對「太祖平中山，經略
燕、趙」，釋爲「道武帝攻略黃河北岸，所過僧寺，見沙門道士，均加禮敬」。

---

[3] 塚本善隆，《魏書釋老志の研究》，頁 149。
[4] 塚本善隆，《魏書釋老志の研究》，頁 150。
[5] 山崎宏，《支那中世佛教の展開》，頁 89。
[6] 鎌田茂雄著，關世謙譯，《中國佛教通史》，第三卷，頁 280。
[7] 鎌田茂雄著，關世謙譯，《中國佛教通史》，第三卷，頁 284-285。

[8]任繼愈先生等人對「太祖平中山，經略燕、趙」，釋其事於「道武帝拓跋珪在十六國末年轉戰河北」。[9]而有關開疆事件的時間，卻都無解說。

前面諸說中，塚本先生之釋較屬可信，即「太祖平中山，經略燕、趙」應讀作：在「太祖平中山，經略燕、趙」期間（或過程中）。因〈釋老志〉說：「初，皇始中，趙郡有沙門法果，誠行精至，開演法籍。太祖聞其名，詔以禮徵赴京師。後以為道人統，綰攝僧」。[10]這是北魏設置僧官之始，有關設置時間，或多依據「皇始中」，說是在拓跋珪皇始元年間（皇始紀年只有兩年，396-397）。[11]不過，〈釋老志〉說法果任道人統的時間，有加上一個「後」字，可見其時間亦有可能在皇始後的天興年間（398-403），究實很難確定其具體年代。[12]無論僧官是何時設置，〈釋老志〉所謂「皇始中」，是確指法果為道武帝召至京城的時間。由此可證，拓跋珪於「皇始中」已有崇佛之行為，而中山之平定，正是在皇始二年（397）之間（見下文），又足證〈釋老志〉所說：「太祖平中山，經略燕趙，所逕郡國佛寺，見諸沙門、道士，皆致精敬，禁軍旅無有所犯」；此事之年代上限範圍，應不在「平中山」以後的天興元年（398），而是在平中山的皇始年間，當時，道武帝「詔以禮徵」法果，正是「見諸沙門，……皆致精敬，禁軍旅無有所犯」的寫照。故「太祖平中山，經略燕、趙」，當意指：在「太祖平中山，經略燕、趙」期間（或過程中）。

照著上述，若依時間序列，「在『太祖平中山，經略燕、趙』期間（或過程中）」，可分兩個層次解讀：一是太祖道武帝先「經略燕、趙」開拓疆域，而後才獲「平中山」之結果，即「太祖」先「經略燕趙」而「平中山」，此謂之

---

[8] 湯用彤，《漢魏晉南北朝佛教史》，頁487。

[9] 任繼愈主編，《中國佛教通史》，第三卷，頁42。

[10] 《魏書》卷114〈釋老志〉，頁3030。

道宣輯，《元魏書釋老志》云：「皇始中，趙郡有沙門法果，戒行精至，開演法籍。太祖詔徵以為沙門統」（《廣弘明集》，卷2，歸正篇，大正藏第五十一冊，頁102上）。宋‧釋贊寧撰，《大宋僧史略》卷中〈僧統〉亦云：「後魏皇始中，趙郡沙門法果，戒行精至，開演法籍，太祖徵為沙門統」（大正藏第五十四冊，頁24上）。兩者所指時間都是「皇始中」，不過，其謂僧官名「沙門統」，應是後來的僧官名。謝重光、白文固依據後一資料，認為其任命「在皇始年間」（《中國僧官制度史》，西寧市：青海人民出版社，1990年8月初版一刷，頁13-14），

[12] 塚本善隆注此文，仍未予確定其時間（《魏書釋老志の研究》，頁153-154）。

「開疆」階段。二是太祖既開拓燕、趙成爲疆域而「定中山」後，便開始了「經略燕、趙」，即治理疆域，亦即「太祖平中山」開疆後進行「經略燕、趙」，此謂之「理疆」階段。在這兩個階段中，拓跋珪應於開疆階段開啓崇佛政策：「所逕郡國佛寺，見諸沙門、道士，皆致精敬，禁軍旅無有所犯」。茲述於下文：

貳、後燕疆域的「燕、趙」地區

爲解明「太祖平中山，經略燕趙」的地理空間，有必要先行認知燕、趙之地理區位。而拓跋珪之開疆所得之領土，是取自後燕國，所以燕、趙的地理區位之確定，當以後燕疆域爲準據。

後燕建興九年（394），慕容垂滅西燕（384-394），併吞其以今山西省爲主的領土，隨即往今山東省擴張，疆域乃進入全盛，東達遼海，西屆黃河及汾河一線，南至山東省的臨沂、棗莊一帶，北迄燕代，成爲十六國後期中原最強盛的王國。[13]後燕全部疆域，在行政區劃上，分置十州。[14]所謂燕趙，是《周禮》[15]所傳的古國分野區功能變數名稱，[16]據《漢書》〈地理志〉，[17]「燕」的地域，大約相當於今河北省的大部分及山西省的一小部分，[18]「趙」相當於今山西省

---

[13] 王仲犖，《魏晉南北朝史》（台灣影印本，未刊出版資料），上冊，頁 290-293。

[14] 冀州、幽州、雍州、並州、平州、營州、青州、兗州、徐州、豫州（清・洪亮吉，《十六國疆域志》，卷 12，〈後燕〉，收入二十五史補編，台北市：開明書店，1959 年 6 月，台一版，鉛印本，第三冊，頁 4186-4195）。

[15] 東漢・鄭玄撰，《周禮鄭注》（台北市：中華書局，1965 年，四部備要本），卷 26，〈春官・宗伯禮官・保章氏〉云：「保章氏掌天星，以志星辰日月之變動，以觀天下之遷，辨其吉凶。以星土辨九州之地，所封封域皆有分星，以觀妖祥」（頁 9a-b）。

[16] 照鄭玄所說，保章氏所掌分野資料「其書亡矣」，僅遺存「十二次之分」：星紀，吳、越；玄枵，齊；諏訾，衛；降婁，魯；大樑，趙；實沈，晉；鶉首，秦；鶉火，周；鶉尾，楚；壽星，鄭；大火，宋；析木，燕（《周禮鄭注》，卷 26，〈春官・宗伯禮官・保章氏〉鄭玄注，頁 9b）。

[17] 按正史載分野，《史記》是其濫觴，惟不同於《漢書》的古國分野，是二十八宿配十三州，即「角、亢、氐，兗州。房、心，豫州。尾、箕，幽州。⋯⋯」（西漢・司馬遷撰，《史記》，台北市：鼎文書局，1979 年 2 月再版，新校標點本，卷 27，〈天官書〉，頁 1330）。

[18] 「燕地，尾、箕分埜也。武王定殷，封召公於燕，其後三十六世與六國俱稱王。東有漁陽、右北平、遼西、遼東，西有上穀、代郡、雁門，南得涿郡之易、容城、範陽、北新城、故安、涿縣、良鄉、新昌，及勃海之安次，皆燕分也。樂浪、玄菟，亦宜屬焉」（東漢・班固撰，《漢書》，台北市：鼎文書局，1979 年 11 月再版，新校標點本，卷 28 下，頁 1657）。

的大部分及河北省的一小部分，[19]兩者都屬後燕疆域中的部分領土。

　　一、在今河北省部分：（1）冀州，治在信都（今冀州市），全在今河北省境內。（2）幽州，治在龍城（今遼寧省朝陽市），其中有部分在今河北省境內，包括燕郡治薊（今北京市），海陽郡（治地無可考），范陽郡治涿縣（今涿州市），廣寧郡治下洛縣（今涿鹿縣西），代郡治代（今河北蔚縣代王城），上谷郡治沮陽（今張家口市懷萊縣大古村北）。（3）營州，治宿軍（地望無可考），亦有部分在今河北省境內，包括北平郡治徐無縣（今遵化縣），遼西郡治樂陽縣（今盧龍縣東南）。[20]

　　二、在今山西省部分：（1）並州，治在晉陽（今太原市南古城營），全在今山西境內。（2）雍州，治在長子（今長子縣），全在今山西境內。（3）幽州，在山西的部分，僅代郡（治代，今蔚縣代王城）所轄平舒縣（今廣靈縣西平城村）。[21]

參、拓跋珪「經略」燕、趙的背景

　　就前面所說，〈釋老志〉對魏佛教淵源的起點，當屬拓跋珪先「經略燕、趙」而「定中山」的「開疆」時間：拓跋珪登國元年（386）至皇始二年（397）。茲略述開疆之背景如下：

　　〈釋老志〉所說「經略燕、趙」，其「經略」，便含有開疆之意。《說文》謂「經，織從絲也」，「織，作布帛之總名也」；可見「經」的字義，係指在製作布帛過程中，有關縱向直式絲線部分的編織。其另依段注所云：「南北曰經」，「南北耕曰由，由即從也」；[22]「經」，亦指縱向耕田之意。合而言之，經兼含

---

[19] 「趙地，昴、畢之分埜。趙分晉，得趙國。北有信都、真定、常山、中山，又得涿郡之高陽、鄚、州鄉；東有廣平、鉅鹿、清河、河間，又得渤海郡之東平舒、中邑、文安、束州、成平、章武，河以北也；南至浮水、繁陽、內黃、斥丘；西有太原、定襄、雲中、五原、上黨。上黨，本韓之別郡也，遠韓近趙，後卒降趙，皆趙分也」（《漢書》，卷28下，頁1655）。

[20] 牛潤珍著，《河北省通史》（石家莊市：河北人民出版社，2000年12月初版一刷），第三卷，頁183-188。

[21] 張紀仲，《山西歷史政區地理》（太原市：山西古籍出版社，2005年1月初版一刷），頁133-134。

[22] 許慎撰，段玉裁注，《說文解字注》（台北市：天工書局，1987年9月再版，據經韻樓藏版影印），第十三篇上，頁644上-下。

有製布帛之縱向織作及縱向耕營土地之義。因此，《說文》謂「略，經略土地也」，段注：「凡經界曰略」，「規取其地亦曰略地」，「經營天下，略有四海，故曰經略」；[23]略，意指土地的界線區劃、土地的取得、王朝疆域的取得及經營管理。綜合起來，「經略」是個人土地或王朝疆域的取得、規劃、經營、管理。放到「經略燕趙」來說，是意指拓跋珪的開疆：與後燕絕交、在燕趙地區發生戰爭、佔領燕趙，然後加以規劃、經營成為魏王朝開國的最初疆域。而拓跋珪開疆的緣起如下：

拓跋珪，是昭成皇帝拓跋什翼犍之嫡孫，父為獻明皇帝拓跋寔，母為獻明皇后賀氏。建國三十四年（371）春，有長孫斤叛變，「拔刃向御座」，寔時為太子，為救父而「格之，傷脅」。至五月便去世，[24]到了七月七日，拓跋珪始出生。[25]

及至建國三十九年（376），什翼犍代國為前秦（350-394）苻堅（338-385）所滅。此時，拓跋珪方纔六歲，代國滅後，什翼犍及拓跋珪的去向，有不同的說法：一說是據《魏書》記載，建國三十九年，代國敗於苻秦之際，什翼犍去世，珪隨母歸其娘家賀蘭部。隨後又到獨孤部，旋因部內之劉顯敵視珪，甚至欲加殺害，珪與母遂又返回賀蘭部，往後一直居住於此部，直到即代王位之時。[26]另一種說法，是據《宋書》、《南齊書》及《晉書》諸史的不同記載，再參酌《魏書》加以考證，結果與《魏書》所載大相逕庭，略謂：珪父拓跋寔死後，什翼犍依收繼婚禮俗，娶珪母賀氏為妻，珪遂與什翼犍有亦祖孫亦父子的尷尬親屬關係。建國三十九年，代國敗於苻秦大軍之際，珪年六歲，由人幫忙，綁縛什翼犍，向前秦請降，結果兩人都被俘至前秦都城長安。苻堅將什翼犍送入太學習禮。苻秦太元二年（377）初，苻堅以珪執「父」（祖）投降，違犯不孝的罪名，把他流放到蜀地。過了一段時間，什翼犍客死長安，苻堅接受什翼

---

[23] 《說文解字注》，第十三篇下，頁 697 上。

[24] 《魏書》，卷 1，〈序紀〉，頁 15。

[25] 《魏書》，卷 2，〈太祖紀〉云：「太祖道武皇帝，諱珪，昭成皇帝之嫡孫，獻明皇帝（拓跋寔）之子也」（頁 19）。

[26] 鄭欽仁等著，《魏晉南北朝史》（台北縣：國立空中大學出版社，1998 年 8 月初版），頁 290-293。

犍臣子燕鳳之建議，讓珪從蜀地回到長安。太元八年（383）淝水戰爭以前，慕容垂（326-396）時爲前秦臣子，當他在長安任官期間，圭便投靠了他。淝水戰後，在太元八年十二月以後，珪隨著慕容垂到中山。約太元十年（385）八月，珪回到拓跋氏根據地之代北，居住於此，直到即代王位。[27]以上兩說之間，互有爭議。[28]

無論拓跋珪之去向如何，到了太元八年苻堅淝水（今安徽省壽縣東）戰爭失敗以後，隔一年（385）苻堅便告去世，由此直至苻登太初元年（386）之期間，北方各部族，紛紛獨立。[29]拓跋圭亦趁機而起，經由拓跋宗室、舊部落聯盟、舅父賀蘭部之賀訥的支持，[30]在牛川（今內蒙古烏蘭察布盟境內塔布河，即錫拉木林河），[31]召開部落大會，即代王位，建元登國元年（386），恢復了代國；到了同年四月「改稱魏王」，[32]部落聯盟再度重新結合起來。自此以後，拓跋珪就開始進行〈釋老志〉所說「經略燕、趙」之「開疆」。

拓跋珪之父拓跋寔，是什翼犍娶前燕（337-370）慕容皝（在位337-348）

[27] 李憑，《北魏平城時代》（北京市：社會科學文獻出版社，2000年1月初版一刷），頁27-37。

[28] 李憑先生的論點發表後，有學者提出批判意見，謂《魏書》記載的情形方爲可信。詳見：安介生，〈北魏道武帝早年經歷考辨：與李憑先生商榷〉，《民族研究》，2002年第4期，頁73-109；姚宏傑，〈關於道武帝早年身世的若干問題〉，《北京大學學報(哲學社會科學版)》，第40卷第2期（2003年3月），頁77-82。

[29] 東部鮮卑有慕容泓建立西燕（384），慕容垂建立後燕（384）；羌族姚萇建立後秦（384）；到了前秦，有隴西鮮卑乞伏國仁建立西秦（385），氐族呂光建立後涼（386）（鄭欽仁等著，《魏晉南北朝史》，頁253-254）。

[30] 這涉及了拓跋珪崛起的複雜背景與過程，參照：李憑，《北魏平城時代》，頁16-36；鄭欽仁等著，《魏晉南北朝史》，頁289-298；張繼昊，《從拓跋到北魏：北魏王朝創建歷史的考察》（台北縣：稻鄉出版社，2003年12月初版），頁22-25，236-259。

[31] 關於牛川之今地望，有各種說法：（1）今內蒙古烏蘭察布盟境內塔布河，亦即錫拉木林河，在今呼和浩特市東南（譚其驤主編，《中國歷史地圖集》，北京市：中國地圖出版社，1996年6月初版三刷，第四冊53〈武川禦夷等鎮〉；王仲犖，《魏晉南北朝史》，下冊，頁310；魏嵩山主編，《中國歷史地名大辭典》，廣東：廣東教育出版社，1995年5月初版一刷，頁161；馬長壽，《烏桓與鮮卑》，桂林市：廣西師範大學出版社，2006年6月初版一刷，頁244）；（2）今山西省大同市西北塞外，在大寧之西（鄭欽仁等著，《魏晉南北朝史》，頁293；張繼昊，《從拓跋到北魏：北魏王朝創建歷史的考察》，頁250）。（3）今內蒙古集寧市一帶（史爲樂主編，《中國歷史地名大辭典》，北京市：中國社會科學出版社，2005年3月初版一刷，上冊，頁409-410）。（4）即古代芒干水，爲今內蒙古境內大黑河上游，或其上游的一條支流（前田正名著，李憑譯，《平城歷史地理學研究》，北京市：書目文獻出版社，1994年12月；李憑，《北魏平城時代》，頁2）。

[32] 《魏書》，卷2，〈太祖紀〉，頁20。

女兒所生，[33]後燕慕容垂（在位383-396）爲慕容皝第五子，[34]與拓跋珪之間，具有祖舅及孫甥的親屬關係。爲了開疆拓土以建立王朝的目標，兩人終究必須各自爲己著想，祖舅與孫甥之間，就只能以兵戎相見了。

肆、「經略」燕、趙之始

後燕元年（383），慕容垂即燕王位於滎陽（今河南省鄭州市所轄滎陽市）；建興元年（386）即皇帝位，定都中山（今河北省定縣）。[35]登國五年（390）八月，拓跋珪遣秦王拓跋觚出使後燕（384-409）。登國六年（391）七月，慕容垂扣留拓跋觚以求名馬，拓跋珪便與後燕絕裂，「遂絕行人」。[36]

在此同時，拓跋珪立即派出庾岳大人，「使詣慕容永，永服其辭義」，[37]轉與西燕（384-394）慕容永（在位386-394）聯好。[38]西燕疆域東依太行山，西抵黃河，北至新興郡治九原（今山西省忻縣），南抵軹關（今河南省濟源縣西北），[39]有關山西省部分，可知者僅有太原郡（治晉陽，今太原市）、上黨郡（治潞縣，今山西省潞城縣東北四十裡古城村）、新興郡等。[40]因此，與西燕聯好的拓跋氏，對於「經略燕趙」，是從「趙」地之今山西省開始的。

登國八年（393）五月，慕容垂進軍西燕都城長子（今山西省長子縣），六月慕容永向拓跋珪告急，遣拓跋虔、將軍庾嶽率騎五萬救援，「破類拔部帥劉曜等，徙其部落」，[41]此部落是屬於鮮卑族，十六國時期分布居今山西長子縣一帶，[42]另「破山胡部高車門等，徙其部落」，[43]於是拓跋虔等「因屯秀容」，[44]

---

[33] 《魏書》，卷13，〈昭成皇后慕容氏傳〉，頁323。

[34] 《魏書》，卷95，〈慕容垂傳〉，頁2065。

[35] 《晉書》，卷123，〈載記・慕容垂〉，頁3082，3086。

[36] 《魏書》，卷2，〈太祖紀〉，頁23，24；《魏書》，卷95，〈慕容垂傳〉，頁2066。

[37] 《魏書》，卷28，〈庾業延傳〉，頁684。

[38] 《魏書》，卷2，〈太祖紀〉，頁23，24；《魏書》，卷95，〈慕容垂傳〉，頁2066。

[39] 王仲犖，《魏晉南北朝史》，上冊，頁292。

[40] 《十六國疆域志》，卷12，〈後燕〉附西燕，二十五史補編第三冊，頁4194中-4195中。

[41] 《魏書》，卷2，〈太祖紀〉，頁25。

[42] 簡修煒主編，《北朝五史辭典》（濟南市：山東教育出版社，2000年3月初版一刷），下冊，頁1818。

[43] 《魏書》，卷28，〈庾業延傳〉，頁684。

[44] 《魏書》，卷2，〈太祖紀〉，頁25。

在今山西省忻縣西北。[45]而慕容垂仍包圍長子。[46]登國九年（394），慕容永被殺於長子，西燕滅亡。[47]包括「（翟）釗所統七郡，戶三萬八千；永所統新舊八郡，戶七萬六千八百，悉歸垂」。[48]魏軍「會永滅，乃班師」。[49]

　　登國九年（394），慕容垂既滅了西燕，便轉向拓跋氏進軍。登國十年（395）七月，垂遣其子慕容寶（355-398）領兵 8 萬，進向五原（今內蒙古包頭市西北），收割拓跋部農田中的穀物，造舟欲渡黃河進攻。此際，拓跋珪採取的戰略是：（1）因張袞建議，採取以退為攻的策略。[50]（2）率軍於河南，「連旌沿河東西千里有餘」，拓跋虔領 5 萬騎駐守河東，拓跋儀率 5 萬騎駐在黃河以北，拓跋遵以七萬騎先堵塞後燕軍隊與中山聯繫之路。結果，後燕軍不敢渡黃河，全軍曝野經久，遂告疲憊。到了十月，拓跋珪就趁後燕軍疲之形勢，開始發動攻擊，燕軍潰敗。至十一月，燕軍退至參合陂（山西省陽高縣），遭遇圍攻而慘敗，[51]後燕元氣大傷。在拓跋部的突擊下，慕容寶所率 8 萬大軍及其他人員，能生還者，只有突圍的兵將「迸去者不過千餘人」，以及「寶及諸父兄弟，單馬迸散，僅以身免」。戰役現場死亡者，「有馬者皆蹴倒冰上，自相鎮壓，死傷者萬數」。[52]成為戰俘者，為數超過四、五萬人，包括「寶軍四五萬人，一時放仗，斂手就羈」者，被生擒的「王公文武將吏數千」，以及「寶寵妻及宮人」等。[53]此役，是拓跋珪與後燕之間的勝負關鍵。

---

[45] 簡修煒主編，《北朝五史辭典》，上冊，頁 545。

[46] 《魏書》，卷 2，〈太祖紀〉，頁 25。

[47] 《魏書》，卷 95，〈慕容永傳〉，頁 2065；《晉書》，卷 123，〈載記・慕容垂〉，頁 3089。

[48] 《十六國疆域志》，卷 12，〈後燕〉附西燕，二十五史補編第三冊，頁 4194 中-4195 中。

[49] 《魏書》，卷 28，〈庾業延傳〉，頁 684。

[50] 《魏書》，卷 24，〈張袞傳〉云：「慕容寶之來寇也，袞言於太祖曰：『寶乘滑台之功，因長子之捷，傾資竭力，難與爭鋒。愚以為宜羸師卷甲，以侈其心。』太祖從之，果破之參合」（頁 613）。

[51] 《魏書》，卷 2，〈太祖紀〉，頁 26；《魏書》，卷 95，〈慕容垂傳〉，頁 2067-2068；北魏・崔鴻撰，清・湯球輯，《十六國春秋輯補》（台北市：鼎文書局，1979 年 2 月再版），卷 44，〈後燕錄三・慕容垂〉，頁 341-342；唐・房玄齡等撰，《晉書》（台北市：鼎文書局，1979 年 2 月二版，新校標點本），卷 123，〈載記・慕容垂〉，頁 3089。關於參合陂地望，古今見解不一，此處採用嚴耕望先生的看法，見：嚴耕望，《唐代交通圖考》第五卷（台北市：中央研究院歷史語言研究所，1998 年 5 月影印一版），頁 1397-1402。

[52] 《魏書》，卷 95，〈慕容垂傳〉，頁 2068。

[53] 《魏書》，卷 95，〈慕容垂傳〉，頁 2068。

伍、皇始元年（396）九月至二年十月平定趙、燕、中山

　　皇始元年三月，慕容垂為報復參合陂之役，不顧身病，親自領兵，直攻平城，初頗獲勝利，遂軍抵平城西北，依山結營，築城自守，布署圍攻形勢。未料垂之身體病況愈為嚴重，大軍被迫撤退，返回至上谷之沮陽（今河北省懷來縣沙城鎮東南），垂便告去世，旋由慕容寶（在位 396-398）繼立，[54] 後燕愈為衰落。

　　皇始元年六月，拓跋珪初步反擊後燕，遣將軍王建等三軍，征討後燕廣寧郡（治在下洛縣，今河北省涿鹿縣），斬殺太守劉亢泥，徙其部落。上谷郡（治在沮陽，今地見前）太守慕容普鄰，棄郡逃走。[55] 到了七月，因「聞垂死」，「左司馬許謙上書勸進尊號，帝始建天子旌旗，出入警蹕，於是改元」，[56] 所謂改元即是年號改作「皇始」，顯示珪已有稱帝立國的規劃。及至八月，大舉進攻後燕，拓跋珪親率六軍 40 餘萬，「旌旗駱驛二千餘裡，鼓行而前，民屋皆震」。封真等三軍，從東道出襲幽州，圍攻州治薊（今北京市）。到了九月，進軍并州治所晉陽（今山西省太原市），州牧遼西王慕容農大懼，帶著妻子棄城夜逃。又遣輔國將軍奚牧略地，於平陶（今山西省平遙縣）擄獲離石（今山西省呂梁市離石區）護軍高秀，并州「趙」地順利佔領下來。[57]

　　拓跋珪既佔領了并州「趙」地，皇始元年十月起便向冀州「燕」地進取，起初頗為順利，後遇有三城久攻不下之困境。第一個城是信都城，要到皇始二年（397）正月，才使之投降。[58] 第二個城是後燕都城中山城，更至皇始二年（397）十月，方得「中山平」。第三個城是鄴城，遲至天興元年（398）正月，才終於「克鄴」。[59]

　　以上〈釋老志〉所說「太祖平中山，經略燕趙」，係指「太祖」之「經略燕趙」而「平中山」的開疆階段，是其溯源魏佛教源流的起點，年代是：拓跋

---

[54] 《魏書》，卷 2，〈太祖紀〉，頁 27；《魏書》，卷 95，〈慕容垂傳〉，頁 2068；《晉書》，卷 123，〈載記‧慕容垂〉，頁 3089-3090。

[55] 《魏書》，卷 2，〈太祖紀〉，頁 27。

[56] 《魏書》，卷 2，〈太祖紀〉，頁 27；《魏書》，卷 24，〈許謙傳〉，頁 611。

[57] 《魏書》，卷 2，〈太祖紀〉，頁 27。

[58] 《魏書》，卷 2，〈太祖紀〉，頁 28。

[59] 《魏書》，卷 2，〈太祖紀〉，頁 31。

珪登國元年（386）至皇始二年（397）。

第二節　溯源烈帝元年（329）至
拓跋珪登國元年（386）至階段

　　〈釋老志〉從拓跋珪開疆往前溯源，至於「昭成又至襄國，乃備究南夏佛法之事」。從拓跋史角度來看，這段佛法源流，在時間上，是從烈帝拓跋翳槐元年（329），什翼犍至趙石勒之都城襄國（今河北邢臺）爲人質，中經建國三十九年（376）什翼犍之代國滅亡，止於登國元年（386）拓跋珪即代王位。

　　什翼犍之往前趙當人質，是因於拓跋氏部落聯盟內部，有煬帝拓跋紇那（在位325-337）與烈帝拓跋翳槐（在位329-338），進行長期反復的爭位（325-338）。其背景源自祁后專政，桓帝以後，傳位至平文帝拓跋鬱律，桓帝后祁氏將平文帝殺害，以己子拓跋賀傉繼位，是爲惠帝，施行「太后臨朝」。至惠帝五年（325），帝崩。[60]往後，便長期陷入繼位鬥爭：

　　一、祁后以子煬帝繼惠帝位：煬帝拓跋紇那，亦爲祁后之子，是惠帝之弟，惠帝既死，祁后便以之繼位，以惠帝五年爲元年。煬帝三年（327），後趙石勒遣石虎「率騎五千來寇邊部」，煬帝「禦之於句注陘北，不利」，遷都城於大寧，其地望模稜難定，若依北魏之大寧郡治，在今河北懷安東南；若依北魏大寧縣，則在河北省張家口市。[61]五年（329），因烈帝即位，煬帝失位「出居於宇文部」。[62]

　　二、平文帝子翳槐起而爭位：拓跋翳槐，是平文之長子，煬帝即位時，他居住在舅家賀蘭部，煬帝企圖把他翦除，「遣使求之，賀蘭部帥藹頭，擁護不遣」；賀蘭部既表示擁護翳槐，煬帝乃發怒，召集宇文部來攻打藹頭。宇文部戰敗，煬帝返回大寧。到了煬帝五年，「賀蘭及諸部大人，共立烈帝」。[63]

　　三、煬帝復位：烈帝七年（335），翳槐因賀蘭部「藹頭不修臣職，召而戮之」；同時遭致「國人復貳」，終告失勢。煬帝遂乘機「自宇文部還入，諸部大

---

[60] 《魏書》，卷1，〈序紀〉，頁10。
[61] 史爲樂主編，《中國歷史地名大辭典》，上冊，頁106-107。
[62] 《魏書》，卷1，〈序紀〉，頁10。
[63] 《魏書》，卷1，〈序紀〉，頁11。

人復奉之」，結果「煬皇帝復立」，以烈帝七年改爲「後元年」。[64]

四、烈帝復位：烈帝失位之後，奔往後趙投靠，「出居於鄴」。石虎頗爲厚待，「奉第宅、伎妾、奴婢、什物」。到了煬帝後三年（337），石虎支持烈帝復位，遣後趙將軍李穆，「率騎五千納烈帝於大寧」，加上「國人六千餘落叛煬帝」，煬帝終於失位，離開大寧，「出居於慕容部」。至是，「烈皇帝復立」，以煬帝三年改爲烈帝後元年。在距原盛樂城東南十里處，築新盛樂城（今內蒙古呼和浩特市和林格爾縣土城子鄉上土城子村北），經過一年，崩殂。[65]

這段拓跋部之爭位內亂，是因有四種力量介入交互作用，形成紛紜局面：（1）煬帝的倚靠，是桓后祁氏的「新人」勢力，即源自桓帝、穆帝時代所倚重「新人」群體，是指歸附拓跋氏的晉人（漢人）及烏桓人。（2）烈帝所憑根基之一，是平文帝以來的「舊人」勢力，即拓跋氏部落聯盟舊有的部落大人。（3）烈帝所憑根基之二，是平文帝妻族賀蘭部，即舅部，在兩系統膠著爭鬥之中，他們強立平文帝之子、賀蘭部之甥烈帝，力助平文帝一系挽回頹勢。（4）烈帝所憑根基之三，是長期拉攏的後趙石氏勢力，後趙與祁后相抗衡，遂傾向支持烈帝。結果，烈帝因有三股勢力交替支持，其間雖有內部衝突而失位，終究還是擊敗了煬帝。[66]

什翼犍之赴居後趙，是在煬、烈二帝開始爭位之際。當時，烈帝靠賀蘭部支持，驅逐了煬帝，即位以後，爲了更進一步鞏固權力，就對外尋求後趙爲外援，於烈帝元年（329），派遣 9 歲的二弟什翼犍，帶著隨從人五千餘家，到後趙充當人質，住在後趙都城襄國（今河北邢臺市）。後趙建平四年（333），石勒去世，建武元年（335），石虎遷都鄴城（今河北省臨漳縣西南），什翼犍亦隨而徙居之。烈帝七年失位，既逃奔鄴都，什翼犍便與兄同住鄴城了。兩年以後，石虎支持烈帝復位，什翼犍仍住鄴城，猶未得離開。烈帝後二年（338）烈帝去世，拓跋氏決定迎接什翼犍返國繼位，始告離開了鄴城。如此總計，他

---

[64] 《魏書》，卷 1，〈序紀〉，頁 11。

[65] 《魏書》，卷 1，〈序紀〉，頁 11。

[66] 田餘慶，〈代北地區拓跋與烏桓的共生關係：魏書序紀有關史實解析〉，收入氏著，《拓跋史探》，頁 156-159。

住襄國約 6 年，住鄴城約 4 年。[67]

此時，烈帝最後戰勝煬帝，拓跋部局勢便告穩定。[68]因此，什翼犍離開鄴城返國途中，就在繁畤（今山西渾原縣西）即代國之王位（在位 338-376），建元「建國元年」（338），是拓跋氏紀年之年號的濫觴。兩年後定都於盛樂。[69]

到了建國三十年（367）十月，什翼犍征討鐵弗部劉衛辰，俘獲生口及馬牛羊數十萬頭。[70]衛辰既敗，遂降於前秦苻堅，後復叛變，被擒，苻堅封他為夏陽公，派遣統領朔方（今陝西省榆林縣一帶）「夷狄」。[71]建國三十七年（374），什翼犍復討衛辰，建國三十八年（375），衛辰失利，求援於苻堅。建國三十九年（376），苻堅乃派兵攻打代國，遣安北將軍、幽州刺史苻洛為北討大都督，率領幽州兵十萬，直接進討，又遣後將軍俱難與鄧羌等率步騎二十萬，東出和龍（今遼寧省朝陽市），西出上郡（今陝西省榆林縣東南），與苻洛進行會攻。[72]十一月，什翼犍遣白部、獨孤部抵禦，結果敗績，南部大人劉庫仁走雲中（今內蒙古呼和浩特市托克托縣古城鄉）。復遣庫仁率騎十萬，迎戰於石子嶺（今內蒙古鄂托克旗東北之山嶺），仍然敗退。此時，什翼犍乃率國人避難於陰山山脈（東起河北省西北樺山，西抵內蒙古巴彥淖爾盟之狼山）之北，卻逢「高車雜種盡叛，四面寇鈔，不得芻牧，復度漠南」。等到前秦軍稍退，於十二月返回雲中，不久，代國全部被佔領而告滅亡。[73]

代國滅亡後，拓跋氏部落聯盟被苻堅分成兩部：以今河套地區「几」形黃河曲流之右邊河道為界線，迤東由匈奴獨孤部酋帥劉庫仁統領，迤西由鐵弗部酋帥劉衛辰統領，[74]而東西兩部的聯盟部落，均「散其部落於漢鄣邊故地，立

---

[67] 江達煌，〈鄴城與北魏先公先王〉，《殷都學刊》1999 年，頁 39-40。

[68] 《魏書》，卷 1，〈序紀〉，頁 10-11；參照：唐長孺，〈拓跋國家的建立及其封建化〉，收入氏著，《魏晉南北朝史論叢》（台灣影印本，未刊出版資料），頁 201。

[69] 《魏書》，卷 1，〈序紀〉，頁 11-12。

[70] 《魏書》，卷 1，〈序紀〉，頁 15。

[71] 《晉書》，卷 113，〈載記十三·苻堅上〉，頁 2887，2889。

[72] 《晉書》，卷 113，〈載記十三·苻堅上〉，頁 2898。《魏書》，卷 1，〈序紀〉云：「三十七年，帝征衛辰，衛辰南走。三十八年，衛辰求援於苻堅。三十九年，苻堅遣其大司馬苻洛率眾二十萬及朱肜、張蠔、鄧羌等諸道來寇，侵逼南境」（頁 16）。

[73] 《魏書》，卷 1，〈序紀〉，頁 16。

[74] 《魏書》，卷 95，〈鐵弗傳〉云：「昭成末，衛辰導苻堅來寇南境，王師敗績。堅遂分國民為二部，自河以西屬之衛辰，自河以東屬之劉庫仁。語在燕鳳傳。堅後以衛辰為西單于，

尉、監行事，官僚領押，課之治業營生，三五取丁，優復三年無稅租。其渠帥
歲終令朝獻，出入行來爲之制限」，[75]即解散部落，從事生產，三丁取一，五
丁取二，以供苻秦的兵役和勞役。[76]這種狀況，要維續到登國元年拓跋珪即代
王位，始告結束；也就是說，在建國三十九年至登國元年（376-386）期間，
拓跋氏部落聯盟歷經了十年的部落離散。往後便由拓跋珪恢復代國，乃至創建
了魏王朝。

綜合上來所述，〈釋老志〉所說「昭成又至襄國，乃備究南夏佛法之事」，
是指前述什翼犍在後趙當人質，前後約十年居住於後趙國都襄國、鄴城
（329-338）。當此期間「乃備究南夏佛法之事」，所謂「南夏佛法」，宜屬後趙
佛圖澄（323-348）的佛法。[77]佛圖澄，本姓帛氏，由姓氏考察，大抵爲龜茲國
人，西晉永嘉四年（310）至洛陽，接著往後趙地區進行教化，直到東晉永和
四年（348）過世。在這段期間內，先後都極受石勒、石虎之尊敬，以致河北
（黃河以北）地區，佛法頗爲盛行。[78]什翼犍在後趙的十年間，恰值佛圖澄正
在進行佛法教化與傳播。然而，什翼犍從後趙帶回甚麼佛法呢？對拓跋氏影響
如何呢？文獻並無直接的明確記載。

第三節　溯源神元帝三十九年（258）至烈帝元年（329）階段

〈釋老志〉由烈帝元年（329）至道武帝登國元年（386）階段，再往前追
溯魏佛教來源，便溯源到了「及神元與魏、晉通聘，文帝又在洛陽」，「乃備究
南夏佛法之事」。依照拓跋史來看，這個階段包含：始於神元帝拓跋力微（在
位 220-277）三十九年（258）與曹魏交聘；中經神元帝四十二年（261），拓
跋沙漠汗至洛陽爲人質；迄於烈帝拓跋翳槐元年（329）。

拓跋氏部落聯盟的演進，到了神元帝三十九年，適值從衰亂（見下一段文）

督攝河西雜類，屯代來城」（頁2055）。

[75] 《晉書》，卷113，〈載記十三・苻堅上〉，頁2899。

[76] 馬長壽，《烏桓與鮮卑》，頁243-244。

[77] 鎌田茂雄著，關世謙譯，《中國佛教通史》，第三卷，頁281-283。

[78] 塚本善隆，《中國佛教通史》（東京市：鈴木學術財團，1968年3月初版），第一卷，頁250-308。

轉向穩定時期。首先，神元將都城「遷於定襄之盛樂」。其次，是年四月舉行祭天，以重新凝聚聯盟諸部落，結果聯盟中的「諸部君長皆來助祭」，就中「唯白部大人觀望不至」，神元乃使用最高領袖權威，對白部大人「徵而戮之」，於是整個部落聯盟「遠近肅然，莫不震慴」。[79]部落聯盟終告穩定鞏固起來。

部落聯盟穩定後，同在三十九年內，神元帝便開始與曹魏進行交聘，並延續到西晉。《魏書》〈序紀〉載云：

> 始祖乃告諸大人曰：「我歷觀前世匈奴、蹋頓之徒，苟貪財利，抄掠邊民，雖有所得，而其死傷不足相補，更招寇讎，百姓塗炭，非長計也。」於是與魏和親。

> 四十二年，遣子文帝如魏，且觀風土。魏景元二年也。文皇帝諱沙漠汗，以國太子留洛陽，為魏賓之冠。聘問交市金帛繒絮，歲以萬計，往來不絕，魏人奉遺金帛繒絮，歲以萬計。[80]

依照上文，力微欲與曹魏和親，實以經濟需求為核心。在經濟需求上，神元帝先引「前世匈奴、蹋頓之徒」為殷鑑，前者匈奴，劫掠邊境，以獲漢民族物資，終為兩漢所消滅；後者之三郡（遼東、遼西、右北平）烏桓單于蹋頓，亦為取得漢族物資，常在邊境劫掠，終在東漢獻帝建安十二年（207）為曹操所消滅。[81]此等歷史教訓顯示，拓跋氏部落聯盟，若再使用「貪財利，抄掠邊民」方式，會與曹魏衝突引發戰爭，而部落聯盟剛穩定下來，將導致「雖有所得，而其死傷不足相補，更招寇讎，百姓塗炭」，甚至將遭遇到如同匈奴、三郡烏桓的下場，拓跋氏部落聯盟亦被消滅。由此判斷，神元帝肯定以劫掠邊境解決經濟需求，「非長計也」。整體衡量得失，「和親」，是更好的解決經濟需求之策略，這個策略的優點是在於「聘問、交市」：從邊境「交市」貿易，同樣可以獲取自己所需之物資；在「交聘」中，可以獲得曹魏朝廷的豐富饋贈，「金

---

[79] 《魏書》，卷1，〈序紀〉，頁3。

[80] 《魏書》，卷1，〈序紀〉，頁3-4。

[81] 李大龍，〈簡論曹操對烏桓的征討及意義〉，《史學集刊》，2005年第3期，頁35-40；張作耀，〈曹操征烏桓是域內統一戰爭〉，《煙臺大學學報（哲學社會科學版）》，1999年第1期，頁80-83。

帛繒絮，歲以萬計」。因此，神元帝不僅與曹魏「聘問、交市」往來，更於神元帝四十二年，即曹魏元帝景元二年（261），派文帝（追謚，未即位）沙漠汗到洛陽當「賓」，實際是充作人質而已。

神元帝與曹魏的聘問、交市，一直延續到西晉。即〈序紀〉所說「魏晉禪代，和好仍密」。後因神元帝「春秋已邁」，在洛陽的沙漠汗，遂「以父老求歸」，乃於神元帝五十六年（275）「（文）帝復如晉」，於同年冬天旋即準備「還國」，「晉武帝具禮護送」，朝廷所饋贈有「錦、罽、繒、綵、綿、絹、諸物，咸出豐厚，車牛百乘」。[82]

沙漠汗返國途中，為西晉將軍衛瓘使要離間計所陷害，死於拓跋部。當沙漠汗行達并州之際，西晉征北將軍衛瓘，「以帝為人雄異，恐為後患，乃密啟晉帝，請留不遣」。最初，「晉帝難於失信，不許」。後來，瓘改採提出離間策略，「復請以金錦賂國之大人，令致間隙，使相危害」。這個離間計終於說服「晉帝從之」。因此，瓘先「留帝」於并州，然後向拓跋氏部落聯盟諸部落高層行賄，經一年多的安排，「於是國之執事及外部大人，皆受瓘貨」。此時，已至神元帝五十八年（277），衛瓘「方遣帝」返回拓跋部。神元帝「聞帝歸，大悅」，派遣諸部大人到陰館（今山西省朔州市朔城區東南）迎接。諸大人便與沙漠汗一起歡飲，當酒酣之際，沙漠汗仰視飛鳥，對諸大人說：「我為汝曹取之」。旋用彈弓飛丸射出，飛鳥應弦而落。「時國俗無彈，眾咸大驚」，諸部大人乃互相鼓煽說：「太子風彩被服，同於南夏，兼奇術絕世，若繼國統，變易舊俗，吾等必不得志，不若在國諸子，習本淳樸」。這番蠱惑的話，諸部大人都再次以「咸以為然」回應；接著，就依照衛瓘的離間策略之「離間素行」布局，採取行動，諸大人「乃謀危害，並先馳還」，回到拓跋部。神元帝問諸大人說：「我子既歷他國，進德何如？」諸部大人口徑一致說：「太子才藝非常，引空弓而落飛鳥，是似得晉人異法怪術，亂國害民之兆，惟願察之」。此話，一面正中當時沙漠汗父子、兄弟之間的嫌隙：「自帝再晉之後，諸子愛寵日進」；一面正合神元帝體弱老昏：「年踰期頤，頗有所惑」；結果，神元帝「聞諸大人之語，意乃有疑」於沙漠汗之行為表現；最後，神元帝下斷語說：沙漠汗如有「不可

---

[82] 《魏書》，卷1，〈序紀〉，頁4。

容者，便當除之」。於是諸大人乃奔馳到邊塞南緣，「矯害帝」。不久，神元帝對沙漠汗之死「甚悔之」，[83]卻已來不及挽回一切了。

衛瓘的離間策略之終極目的，不僅要讓沙漠汗枉死，更欲使拓跋氏部落聯盟步上離散之路。神元帝五十八年，當沙漠汗死後，神元帝身體亦進入「不豫」狀態。此時，有烏丸王庫賢，是神元帝身邊「親近任勢」人物，卻「先受衛瓘之貨，故欲沮動諸部」，於是故意「在庭中礪鉞斧」，以招來「諸大人問欲何爲」，然後煽動說：「上恨汝曹讒殺太子，今欲盡收諸大人長子殺之」。其言造成「大人皆信，各各散走」，部落聯盟便告崩潰。就在部落離散混亂中，神元帝「尋崩」。[84]

神元帝死後，拓跋氏部落聯盟離亂之局面，貫穿於三帝之間（277-294）：章帝拓跋悉鹿（在位277-286）、平帝拓跋綽（在位286-293）、思帝拓跋弗（在位293-294）。其間聯盟內諸部落，先是離散，後又逐漸恢復。《魏書》〈序紀〉載：

> 章皇帝諱悉鹿立，始祖之子也。諸部離叛，國內紛擾。饗國九年而崩。
>
> 平皇帝諱綽立，章帝之少弟也。雄武有智略，威德復舉。七年，匈奴宇文部大人莫槐為其下所殺，更立莫槐弟普撥為大人。帝以女妻撥子丘不懃。帝饗國七年而崩。
>
> 思皇帝諱弗立，文帝之少子也。聰哲有大度，為諸父兄所重。政崇寬簡，百姓懷服。饗國一年而崩。[85]

公元277年章帝即位，「諸部離叛，國內紛擾」，他在位的九年之內，均無任何史實記載，顯然是在前述衛瓘離間之下，烏桓王庫賢對諸部大人使讒煽惑，嘉上神元帝之死，導致拓跋部落聯盟瓦解了。其間參與聯盟的塞外匈奴、鮮卑、雜虜等，多脫離背叛拓跋氏，先後投降於西晉。到了平帝，拓跋氏「威德復舉」，意味著部落聯盟正在重建，對諸部落又逐漸的在恢復凝聚力量。可見衛瓘之離

83　《魏書》，卷1，〈序紀〉，頁4-5。

84　《魏書》，卷1，〈序紀〉，頁5。

85　《魏書》，卷1，〈序紀〉，頁5。

間計策，所起的作用，是深遠久長的。[86]此外，平帝亦趁機與匈奴宇文部聯姻，進一步鞏固聯盟。接著思帝的記載強調他「聰哲有大度」，以致能「爲諸父兄所重」，顯示當時拓跋氏族內有著矛盾和衝突，他一面以「聰哲」智慧去處理，一面秉持「有大度」的胸襟去容納，終於化解了衝突，聯盟內部的凝聚力量維繫下來了。

　　思帝以後，拓跋氏部落聯盟，有更進一步穩定的跡象，卻猶處於三部統治期（295-307）：昭皇帝拓跋祿官（在位 295-307）自以一部居東，在上谷（今河北省張家口市一帶）北，濡源（今河北省東北部灤河上源）之西，東接宇文部；以文帝之長子桓皇帝拓跋猗㐌（在位 295-305）統一部，居代郡之參合陂（山西省陽高縣）北；以桓帝之弟穆皇帝拓跋猗盧（在位 295-316）統一部，居定襄之盛樂故城（今內蒙古呼和浩特市和林格爾縣土城子鄉上土城子村北）。[87]

　　拓跋氏部落聯盟的三分統治，既有內在衝突亦具其有利之形勢。三分局面的形成，可能肇因於領導權力繼承上的衝突，即力微死後，歷經多年「諸部離叛，國內紛擾」後，才從矛盾中演變成分爲東、中、西三部。其矛盾顯示在三帝的君位繼承，有著親屬結構的不平衡現象：（1）昭帝祿官，是神元帝之子；文帝沙漠汗是神元帝嫡長子，未即位而死，其子桓帝、穆帝列於三帝中，共參三分統治；據此，在三帝中，昭帝爲叔父輩，卻非嫡長系；相對昭帝而言，桓帝、穆帝爲侄輩。此爲叔侄共分君位繼承。（2）桓帝爲神元嫡長子沙漠汗所生，更是沙漠汗的嫡長子，爲神元帝的嫡長孫，以此而言，三帝的家族地位，以桓帝最爲尊長，卻須與非嫡系者共分君位繼承。（3）桓、穆二帝中，桓帝爲沙漠汗嫡長子，穆帝同爲沙漠汗之子，卻爲桓帝之弟，兩者相較，成爲嫡長子與次子同分君位繼承。以上情況即意味，當時的拓跋氏君位繼承之三分統治，細節固無可考，而可知內部曾出現衝突問題，無法沿承固有慣例，僅由一人繼承領導來統轄全部統治地域，是經歷過某種激烈衝突之過程，最後有一番折衷協調，才採取三分領導權力及三分統治區，使各方勢力、權力暫時獲得平衡，解

---

[86] 曹永年，〈拓跋力微卒後「諸部離叛國內紛擾」考〉，《內蒙古師範大學學報（漢文版）》，1988年第 2 期，頁 19-22；田餘慶同意其說，見氏著，〈代北地區拓跋與烏桓的共生關係：魏書序紀有關史實解析〉，收入氏著，《拓跋史探》，頁 136。

[87] 《魏書》，卷 1，〈序紀〉，頁 5-6。

決了衝突。不過，就部落演進發展來說，縱使三分不是有利的發展形勢，卻是從紛爭向統一過渡的有利之暫時性安排。蓋拓跋氏之三分統治，顯然是模仿兩漢匈奴的統治布局，在漢朝北方邊疆地區，以東西橫向爲軸線：左賢王位於東部、單于廷位於中部、右賢王位於西部；同時，亦可說是模仿東漢末鮮卑檀石槐聯盟的東西向軸線布局：東部、中部、西部。這種三分格局，確實可使部落聯盟擁有向外發展的空間。故拓跋氏在前述九年的部落離散階段以後，再經過幾年的恢復，進入三分統治期，始達到真正的復原和重振，而有所發展。[88]

　　三分統治期的發展現象，例如，向東聯好於宇文部。昭帝五年（298），乘宇文莫廆子遜昵延朝貢之機，將長女嫁給他，以示結好。[89]向南聯好於西晉王朝。昭帝十年（304），即晉惠帝永興元年，惠帝爲成都王穎逼留在鄴城，匈奴別種劉淵於離石反叛，自號漢王。並州刺史司馬騰向拓跋氏乞師，桓帝率十餘萬騎，昭帝亦同時大舉以爲援助，大破淵軍於西河（郡治隰城，在今山西省汾陽市）、上黨。至惠帝返回洛陽之際，騰就辭謝援軍。桓帝遂與騰「盟於汾東」而還，又使輔相衞雄、段繁，於參合陂西「累石爲亭，樹碑以記行焉」。[90]昭帝十一年（305），劉淵攻打司馬騰，騰復向拓跋氏乞師。桓帝再以輕騎數千人馳救，斬淵將綦毋㹀，淵南走蒲子（今山西省蒲縣）。「晉假桓帝大單于，金印紫綬」。[91]

　　三分統治期後，拓跋氏又進展爲統一領導。昭帝十一年（305），桓帝去世；昭帝十三年（307），昭帝亦卒；三部統治期乃告結束，穆帝將三部合一統治，進入統一領導時期（307-316）。穆帝天姿英特，勇略過人，「昭帝崩後，遂總攝三部，以爲一統」。[92]統一局面，使穆帝更有成就：（1）協助西晉平亂，穆帝三年（310），晉懷帝進帝「大單于」，封「代公」。[93]穆帝八年（315），受晉封

---

[88] 田餘慶，〈代北地區拓跋與烏桓的共生關係：魏書序紀有關史實解析〉，收入氏著，《拓跋史探》，頁112-119。

[89] 《魏書》，卷1，〈序紀〉，頁6。

[90] 《魏書》，卷1，〈序紀〉，頁6。

[91] 《魏書》，卷1，〈序紀〉，頁6-7。

[92] 《魏書》，卷1，〈序紀〉，頁7。

[93] 《魏書》，卷1，〈序紀〉，頁7。

爲「代王」，置官屬，食代、常山二郡。[94]（2）向南擴張領土：穆帝三年，在受封代公之際，提出「封邑去國懸遠，民不相接」，要求擁有句注（山名，在今山西省代縣境內，又稱西陘山，或名陘嶺）之陘北（句注山迤南稱陘南，迤北稱陘北）之地，終獲馬邑（今山西省朔州市朔城區內）、陰館（今山西省朔州市朔城區東南）、樓煩（今山西省朔州市朔城區內）、繁畤（今山西渾原縣西）、崞（今山西省原平市崞陽鎮）等五縣。其地東接代郡，西連西河、朔方（治在今內蒙古鄂爾多斯杭錦旗北），方數百里，足以「徒 10 萬戶以充之」，[95]疆域擴大，勢力益熾。（3）增營都城：穆帝六年（313），「城盛樂以爲北都，修故平城以爲南都」。當時，帝登平城西山，觀望地勢，選擇距平城迤南百里之地，「於灅水之陽黃瓜堆築新平城」，拓跋氏部落聯盟內的「晉人」稱作「小平城」，派遣長子六脩鎮駐，負責統領「南部」。[96]

穆帝晚年，與六脩之間，發生父子干戈，全告死亡。六脩係穆帝長子，「少而兇悖」，穆帝雖以六脩出駐新平城，卻「黜其母」。而六脩之叛逆，主要還是因穆帝對「少子比延有寵」過當，以致有辱六脩。諸如，六脩「有驊騮駿馬，日行五百里」，穆帝卻「欲取以給比延」。穆帝九年（316）六脩「來朝」，穆帝又「命拜比延」，六脩自然不從；穆帝乃使出一計，命比延坐在「己所乘步輦」，使人引領出遊；六脩看見步輦，以爲是穆帝出行，遂「謁伏路左，及至，乃是比延，慚怒而去」。事後，穆帝召之，六脩就不遵命令，堅持不返回。穆帝發怒，率眾伐之，不料戰敗，致使在戰鬥中「六脩殺比延」。當戰況危急之際，「穆帝改服微行民間，有賤婦人識帝，遂暴崩」。桓帝子普根聞訊，率眾前來，打算救援穆帝，事雖不及，總算殺了六脩，平定內亂，使之不再擴大和延續。[97]

穆帝死後，由桓帝子普根繼位，普根立月餘而薨。普根子才剛出生（其名不詳），桓帝后祁氏便行立之繼位。其冬，普根子又薨。[98]接著，是平文帝拓跋鬱律（317-321）繼立，他是思帝之子。姿質雄壯，作爲甚有威略：擊敗

---

[94] 《魏書》，卷 1，〈序紀〉，頁 9。
[95] 《魏書》，卷 1，〈序紀〉，頁 7。
[96] 《魏書》，卷 1，〈序紀〉，頁 8。
[97] 《魏書》，卷 14，〈拓跋六脩傳〉，頁 384。
[98] 《魏書》，卷 1，〈序紀〉，頁 9。

入侵之鐵弗匈奴劉虎，以女嫁給來歸附的劉虎從弟路孤。另外，又「西兼烏孫故地，東吞勿吉以西」，控弦上馬之士，有百萬之數，頗有稱雄於北方之勢。最後，平文帝二年（318），西晉愍帝爲劉曜所殺時，他「顧謂大臣曰：今中原無主，天其資我乎！」對前趙劉曜、後趙石勒，不採聯好政策；對東晉的封爵，斷然拒絕，神元帝以來與司馬氏政權交聘關係，遂告斷絕，因他「治兵講武，有平南夏之意」，[99]具有圖霸中原之雄心壯志。

平文帝之雄圖有爲，引起了桓帝之祁后起而干政。在祁后看來，「以（平文）帝得眾心，恐不利於己子」，遂發動政變，「害帝，遂崩，大人死者數十人」。接著，以自己所生次子拓跋賀傉繼位，即惠皇帝，改平文帝五年爲元年。在實際上，惠帝「未親政事，太后臨朝」，遣使與石勒通和，「時人謂之女國使」。四年（325），惠帝始臨朝。以諸部人情未全都「款順」，乃築城於東木根山（大約位於河套之黃河東邊），徙都於是處。五年（329），惠帝去世。[100]祁后又立幼子拓跋紇那，是爲煬帝，遂開啓平文帝子烈帝拓跋翳槐起來爭位，引起長期爭位之鬥爭（參見前段之文）。

此時的拓跋部之內亂，是三種力量所引起：（1）是桓后祁氏的「新人」勢力，即在桓帝、穆帝之時所相當倚重「新人」，是指歸附拓跋氏的晉人（漢人）衛雄、姬澹等所團聚的烏桓人和晉人群體。桓、穆二帝過世後，桓帝后祁氏繼承了此一勢力，藉之以爲立足根基。（2）平文帝的「舊人」勢力，即拓跋氏部落聯盟舊有的部落大人，其主要力量分布於盛樂。他們憎恨桓帝、穆帝所倚仗的新人，遂形成「新舊猜嫌，疊相誅戮」的局面，終於逼走了強悍善戰的新人，新人後來南奔并州，舊人於盛樂擁立平文帝鬱律。（3）平文帝妻族賀蘭部，是居於陰山以北的賀蘭部，不過，在此拓跋史階段，賀蘭部只是作爲平文帝一系的後盾，而且畢竟是一種外力。後與「舊人」合作，共擁平文帝。平文帝之崛起，祁后因「新人」勢力遭到削弱，憂恐平文帝將不利於己子，乃害死平文帝。[101]

---

[99] 《魏書》，卷1，〈序紀〉，頁9。

[100] 《魏書》，卷1，〈序紀〉，頁10。

[101] 田餘慶，〈代北地區拓跋與烏桓的共生關係：魏書序紀有關史實解析〉，收入氏著，《拓跋史探》，頁156-159。

〈釋老志〉所說「及神元與魏、晉通聘，文帝又在洛陽」，「乃備究南夏佛法之事」，是指始於神元帝三十九年（258）開始與曹魏交聘；後來，神元帝四十二年（261），拓跋沙漠汗至洛陽爲人質，至直到神元帝五十六年（275）返國，總計神元帝與曹魏、西晉王朝直接交往了 17 年；沙漠汗與洛陽之關係，維繫了 14 年；往後，桓帝、穆帝，與西晉仍維續著和好的直接往來關係；因此，這個階段，當迄於烈帝元年（329），與昭成帝什翼犍至後趙階段相銜接。而此階段內，沙漠汗在曹魏、西晉都城洛陽，是充當人質的身份，所謂「乃備究南夏佛法之事」，其「南夏佛法」，宜有廣狹二義：狹義者，爲沙漠汗至洛陽的曹魏、西晉之洛陽佛法；廣義者，是神元帝至桓帝、穆帝，長期與曹魏、西晉往來的魏晉佛法。可惜，沙漠汗從洛陽帶回甚麼佛法呢？魏晉佛法，對拓跋氏影響如何呢？文獻並無直接的明確記載。

第四節　溯源「魏先」
至神元帝三十九年（258）階段

〈釋老志〉從神元帝三十九年（258）至烈帝元年（329）階段，再往前追溯魏佛教來源，便溯源到了「魏先建國於玄朔，風俗淳一，無爲以自守，與西域殊絕，莫能往來。故浮圖之教，未之得聞，或聞而未信也」。從拓跋史來看，此階段的時間範圍是：始自遠古魏先時代，一直到神元帝三十九年。魏先，是拓跋氏的先公、先王之總稱，遠及至拓跋氏族源之黃帝少子昌意（未能確定年代），所以本階段，乃是〈釋老志〉對魏佛教溯源之極至頂點。

這段拓跋史，將在第三章作詳細說明，此處僅說大略：依據傳說，拓跋氏之祖源，是黃帝少子昌意，受封北土，住在鮮卑山。照考古證據，目前所知拓跋氏的最早住地，是位於黑龍江省大興安嶺北段之嘎仙洞。至公元前一世紀末至公元一世紀間，進行第一次遷徙，到達今內蒙古自治區呼倫貝爾市區的呼倫貝爾湖。到了公元二世紀初至公元二世紀下半葉間，進行了第二次遷徙，進入匈奴故地，後一直延續到神元帝三十九年。

另外，〈釋老志〉所說本階段的內容：「魏先建國於玄朔，風俗淳一，無爲以自守，與西域殊絕，莫能往來。故浮圖之教，未之得聞，或聞而未信也」，亦將於第三至九章詳說，此處不表。

第三章 「魏先建國於玄朔」之拓跋史軌跡

《魏書》〈釋老志〉所云：「魏先建國於玄朔」，照第二章，這個溯源階段是「魏先」至神元帝三十九年（258）階段。塚本善隆先生和譯爲「魏的先祖建立國家於朔北」。[1]僅譯其文字，自當未能揭盡其意，經由本章分析後，其內涵應有三個層面：

一、所謂「魏先」，系指拓跋氏先公、先王，包含從族源黃帝少子昌意至神元帝拓跋力微，究其族屬本質，並非漢族，而是北亞（西伯利亞）蒙古人種之鮮卑族。

二、所謂「建國」，涵義有二：一是始建國，二是始建國以後的持續立國；而所謂「國」，是指拓跋氏的部落組織；故所謂「建國」，係指拓跋氏部落組織的建立及演變。

三、所謂「玄朔」，是指拓跋氏部落組織活動疆域，意指極遙遠的北方地區。惟其具體的地理時空，還有待將來深入探討。

綜合起來，「魏先建國於玄朔」之涵義是：「魏的先公先王建立部落組織國家於極遙遠的北方地區」。

第一節 「魏先」的範圍

〈釋老志〉說「魏先建國於玄朔」，是指自昌意受封北土至神元帝三十九年的拓跋氏史。「魏先」便是指這段歷史內的諸位先公、先王，所包含之人物範圍，是如《魏書》〈序紀〉之記載：

> 昔黃帝有子二十五人，或內列諸華，或外分荒服，昌意少子，受封北土，……其後，世爲君長。……其裔始均，入仕堯世，……帝舜嘉之，命爲田祖。爰歷三代，以及秦漢，……而始均之裔，不交南夏，是以載籍無聞焉。

---

[1] 塚本善隆，《魏書釋老志の研究》，頁148。

積六十七世，至 1.成皇帝諱毛立。……崩。

2.節皇帝諱貸立，崩。

3.莊皇帝諱觀立，崩。

4.明皇帝諱樓立，崩。

5.安皇帝諱越立，崩。

6.宣皇帝諱推寅立。……崩。

7.景皇帝諱利立，崩。

8.元皇帝諱俟立，崩。

9.和皇帝諱肆立，崩。

10.定皇帝諱機立，崩。

11.僖皇帝諱蓋立，崩。

12.威皇帝諱儈立，崩。

13.獻皇帝諱鄰立。……

14.聖武皇帝諱詰汾。……帝崩。

15.始祖神元皇帝諱力微立。……四十二年，遣子

16.文帝如魏，且觀風土。魏景元二年也。……五十八年，……尋崩。凡饗國五十八年，年一百四歲。[2]

上文阿拉伯數字是附加的，用以表示道武帝追諡之「二十八帝」的次序。據此，則〈釋老志〉的「魏先」範圍，是從昌意至拓跋力微，其間的拓跋氏先公、先王，在《魏書》〈序紀〉所記載者是：黃帝少子昌意受封北土為立國之始→堯

舜時期之始均→「積六十七世」→進入二十八帝時期：1.成皇帝毛→2.節皇帝貸→3 莊皇帝觀→4.明皇帝樓→5.安皇帝越→6.宣皇帝推寅→7.景皇帝利→8 元皇帝俟→9 和皇帝肆→10 定皇帝機→11 僖皇帝蓋→12 威皇帝儈→13 獻皇帝隣→14 聖武皇帝詰汾→15 始祖神元皇帝力微（在位 220-277）。

關於這些「魏先」，在〈序紀〉的文獻記錄上，歷來有其問題存在，茲分別陸續說明於下文。

第二節 「魏先」之尊號

「魏先」之尊號，計有兩種：一是「可汗」，二是「皇帝」。其所關涉之問題是：依目前證據，拓跋氏先公、先王有稱「可汗」之證據，然是否全統稱「可汗」，目前尚無證據可資證明。至於「皇帝」尊號，是出於道武帝之追諡二十八帝，隋人魏澹評其全屬錯誤、不合理，其實所評不必是正確。茲說明如下：

壹、魏先原稱「可汗」呢？

依照前述，「魏先」自毛以下都有「皇帝」號，是來自道武帝的追諡、追尊。那麼，他們原來是否有尊號呢？答案應是有的。這可以從太武帝真君四年祭祖祝文顯示。依《魏書》〈禮志〉之記載，「魏先」原「鑿石為祖宗之廟於烏洛侯國西北」。太武帝太平真君四年（443），遣中書侍郎李敞「詣石室，告祭天地，以皇祖先妣配」。其祝文曰：

> 天子燾謹遣敞等用駿足、一元大武，敢昭告于皇天之靈。自啟闢之初，祐我皇祖，于彼土田。歷載億年，聿來南遷。惟祖惟父，光宅中原。克翦凶醜，拓定四邊。沖人纂業，德聲弗彰。豈謂幽遐，稽首來王。具知舊廟，弗毀弗亡。悠悠之懷，希仰餘光。王業之興，起自皇祖。綿綿瓜瓞，時惟多祜。敢以丕功，配饗于天。子子孫孫，福祿永延。[3]

1980 年在拓跋氏嘎仙洞所發現的〈石刻祝文〉，與上引文略有出入，其文曰：

---

[3] 《魏書》，卷108-1，〈禮志〉，頁2738。

維太平真君四年癸未歲七月廿五日，

天子臣燾，使謁者僕射庫六官、

中書侍郎李敞、傅，用駿足、一元大武、柔毛之牲，敢昭告于

皇天之神。啓闢之初，祐我皇祖，于彼土田，

歷載億年。聿來南遷，應多受福，

光宅中原。惟祖惟父，拓定四邊。慶流

後胤，延及沖人。闡揚玄風，增構崇堂。剋

翦凶醜，威暨四荒。幽人望遐，稽首來王。始

聞舊墟，爰在彼方。悠悠之懷，希仰餘光。王

業之興，起自皇祖。綿綿瓜瓞，時惟多祜。

歸以謝施，推以配天。子子孫孫，福祿永延。薦于

皇皇帝天

皇皇后土，以

皇祖先可寒配，

皇妣先可敦配。

尚饗

東作帥使念鑿。[4]

對照上引兩文，《魏書》〈禮志〉祝文，並非實錄，字句與〈石刻祝文〉頗多不同。有關拓跋氏祖先的稱謂，〈禮志〉祝文有「皇祖」、「惟祖惟父」；〈石刻祝

---

[4] 〈北魏石刻祝文拓片〉，〈北魏石刻祝文今釋〉，收入米文平，《鮮卑石室尋訪記》（濟南市：山東畫報出版社，1999 年 3 月初版二刷），頁 55。

文〉同樣有「皇祖」、「惟祖惟父」，而前者所闕者有「皇祖先」、「皇妣先」；更
重要是前者闕漏「可寒」、「可敦」。可寒，即「可汗」，亦作「合罕」。可敦，
亦作「可賀敦」、「可孫」、「恪尊」、「合屯」、「合敦」。拓跋燾於此稱祖先爲「可
汗」、「可敦」，顯示兩詞爲鮮卑語。後來的柔然、突厥、回紇、蒙古等族的最
高統治者，都是稱爲「可汗」，意爲皇帝。可汗之妻稱爲「可敦」，意爲皇后。
顯示兩詞的由來，是出自拓跋氏鮮卑族語。[5]不過，學者或認爲，從漢譯之可
汗、可寒，難以直接拼出鮮卑語原音字，此詞之拼音語，應同於後來突厥族之
「可汗」；其拼音語是："kaɣan"（可汗）及"kan"（汗）；在蒙古語是"kaghan"（可
汗）及"khan"（汗）。至於可敦，其拓跋氏之鮮卑拼音語，被認爲是："kasun"
（可孫），"katun"（可敦），敦之"tun"，亦即鮮卑語之"sun"、"tsun"音。[6]依此
而言，可汗，是部落聯盟的最高統治者，即大酋長，可敦是大酋長夫人之尊號。

　　上述的「可汗」，還有另一個證據。北魏宣武帝正始五年（508）〈征士奚
智墓志〉載有「僕膾可汗」。他就是〈序紀〉所載第12帝「威皇帝諱儈」，兩
造之間字詞變化的原因，學者的看法有兩種：一是說「威皇帝儈確有其人，經
過粉刷改造後，已面目全非，原稱可汗不稱皇帝，名僕膾而不名儈」。[7]一是「僕
膾可汗，也是鮮卑語，漢化以後『僕膾』在《魏書》中改寫爲單字的漢名『儈』」。
[8]

　　另外，有學者認爲，拓跋氏第16文皇帝「沙漠汗」，其「沙漠」是名字，
「汗」是尊稱，即如可汗；此一看法，或有學者反對，以爲「沙漠汗」三字，
應是一個固有名詞，爲滿州語"šabargan"之對音而已，不能分割來釋義。[9]

　　以上的「可汗」證據，是否意味，是拓跋氏先公、先王的原有尊號呢？即

[5] 米文平，〈嘎仙洞北魏石刻祝文考釋〉，收入氏著，《鮮卑史研究》（鄭州市：中州古籍出
版社，2000年11月初版一刷），頁52。

[6] 白鳥庫吉，〈可汗及可敦稱號考〉，收入氏著，《白鳥庫吉全集（五）：塞外民族史研究下》
（東京市：岩波書店，1970年9月），頁141-182。

[7] 陳連慶，《中國古代少數民族姓氏研究》（長春市：吉林文史出版社，1993年3月初版一
刷），頁97。

[8] 米文平，〈拓跋鮮卑文化發展模式〉，收入氏著，《鮮卑史研究》，頁124。

[9] 白鳥庫吉，〈可汗及可敦稱號考〉，收入氏著，《白鳥庫吉全集（五）：塞外民族史研究下》，
頁141-148。

拓跋氏先公、先王都有此尊號呢？這仍存在著疑問：（1）墓誌的「僕儋可汗」，依〈序紀〉所載拓跋氏先公、先王次序，第 12「威皇帝諱儈」之排序，正在第 13 帝獻皇帝鄰之前，獻帝所推動的第二次遷徙，是在東漢時期；由此可知，拓跋氏先公、先王之稱號爲「可汗」，至遲是在東漢時期。[10]而在文獻上，中國邊疆民族中，最早使用「可汗」做爲最高統治者稱號者，是柔然民族，約在道武帝登國九年至天興五年間（394-402），[11]柔然在社崙統治時期，國力強盛起來，「於是自號丘豆伐可汗。丘豆伐，猶魏言駕馭、開張也；可汗，猶魏言皇帝也」。[12]在此之前，拓跋氏是否比柔然更早創發「可汗」尊稱呢？應須有新證據來證明。（2）另還須注意者，〈征士奚智墓誌〉之銘刻時間，在北魏宣武帝正始五年，太武帝〈石刻祝文〉刻於太平真君四年，同樣都處在道武帝以後，即柔然稱「可汗」之後，足以令人懷疑，兩者所銘刻的「可汗」尊號，都非擁有尊號者生存年代間之稱號，而是後來撰銘文者予以追加的尊稱。如此一來，縱使已知僕儋稱可汗、太武帝稱祖先爲「可汗」，那麼，拓跋氏自第 1 帝成皇帝毛起，或從更早時期起，或自第 12 帝僕儋起，是否大酋長便代代尊稱可汗呢？這個問題要釐清，當有待新資料出現，始能做明確之證明和論斷。

綜合言之，依目前證據，拓跋氏先公、先王有稱「可汗」之證據，惟是否全統稱「可汗」，目前尚無確鑿證據，還有待新證據出現以資證明。

貳、道武帝追諡「皇帝」尊號

道武帝天興元年十二月己丑（初二日，399.1.24），即皇帝位，「大赦，改年，追尊成帝已下及后號諡」。[13]此時，道武帝追尊「皇帝」爲皇帝的祖先，總計有二十八位先公、先王，〈釋老志〉所說「魏先」階段，計含 15 位，即本章第一節所說第 1 成皇帝拓跋毛至第 15 始祖神元皇帝拓跋力微。

道武帝之追尊二十八帝，隋人魏澹深表完全不能同意，有著嚴厲之批判。當時，是因隋文帝「以魏收所撰書，襃貶失實」，「詔（魏）澹別成魏史」。澹

---

[10] 陳連慶，《中國古代少數民族姓氏研究》，頁 96-97。

[11] 米文平，〈嘎仙洞北魏石刻祝文考釋〉，收入氏著，《鮮卑史研究》，頁 52。

[12] 《魏書》，卷 103，〈蠕蠕傳〉，頁 2291。

[13] 《魏書》，卷 2，〈太祖紀〉，頁 34。

遂再重新撰成另一部《魏書》，起自北魏道武帝迄於西魏恭帝，為十二帝紀，撰七十八列傳，別為史論及例一卷，加上目錄，全書合計九十二卷。此書早已經亡佚，在《隋書》〈魏澹傳〉中，則保存有其書之義例論，其撰魏史之原則，多不同魏收等所撰之《魏書》，就中澹駁斥了拓跋氏先公先王之諡帝，他說：

> 其二曰：五帝之聖，三代之英，積德累功，乃文乃武，賢聖相承，莫過周室，名器不及后稷，追諡止於三王，此即前代之茂實，後人之龜鏡也。魏氏平文以前，部落之君長耳。太祖遠追二十八帝，並極崇高，違堯、舜憲章，越周公典禮。但道武出自結繩，未師典誥，當須南、董直筆，裁而正之。反更飾非，言是觀過，所謂決渤澥之水，復去隄防，襄陵之災，未可免也。但力微天女所誕，靈異絕世，尊為始祖，得禮之宜。平文、昭成雄據塞表，英風漸盛，圖南之業，基自此始。長孫斤之亂也，兵交御坐，太子授命，昭成獲免。道武此時，后緡方娠，宗廟復存，社稷有主，大功大孝，實在獻明。此之三世，稱諡可也。自茲以外，未之敢聞。[14]

上文對道武帝追尊祖先之批判，主旨有兩大層面：

第一個層面，是指謫不符漢族追諡先帝的制度傳統。按周代追諡制度之規定，「追諡止於三王」之三世。依此，則道武帝「遠追二十八帝，並極崇高，違堯、舜憲章，越周公典禮」。在實際上，魏先所能追諡帝號者，亦止具有關鍵性地位的三世，「此之三世，稱諡可也」，包括：（1）神元帝拓跋力微，為「天女所誕，靈異絕世，尊為始祖，得禮之宜」。即力微「生而英叡」，勢力發展至「諸部大人，悉皆款服，控弦上馬二十餘萬」。[15]（2）「平文、昭成雄據塞表，英風漸盛，圖南之業，基自此始」，即第23平文皇帝鬱律（在位317-321），勢力一度相當強盛，「西兼烏孫故地，東吞勿吉以西，控弦上馬將有百萬」。平文帝二年（308）「帝聞晉愍帝為曜所害，顧謂大臣曰：『今中原無主，天其資我乎？』」

---

[14] 唐·魏徵等撰，《隋書》（台北市：鼎文書局，1979年2月再版，新校標點本），卷58，〈魏澹傳〉，頁1417-1418。
[15] 《魏書》，卷1，〈序紀〉，頁3-4。

[16]有進軍中原意圖。第 27 昭成皇帝什翼犍（在位 338-376），勢力曾達「東自濊貊，西及破洛那，莫不款附」；建國十四年（351）更說：「石胡衰滅，冉閔肆禍，中州紛梗，莫有匡救，吾將親率六軍，廓定四海」。乃敕諸部，「各率所統，以俟大期」。諸部大人進諫說：「今中州大亂，誠宜進取，如聞豪強並起，不可一舉而定，若或留連，經歷歲稔，恐無永逸之利，或有虧損之憂」。「帝乃止」。[17]

　　第二個層面，撰史當有直筆裁正錯誤之原則。蓋追尊二十八帝之錯誤，是出自「道武出自結繩，未師典誥」，即由於道武帝為不識字之文盲，未讀古典經書文獻，也就是漢文化的文盲。在此狀況下，魏收等撰《魏書》「當須南、董直筆，裁而正之」。可是魏收等人的態度和原則，恰好相反的「反更飾非，言是觀過」，以致文化文盲更泛濫成災：「所謂決渤澥之水，復去隄防，襄陵之災，未可免也」。

　　上述的批判，不必全屬合理，理由如下：

　　第一，魏澹所說可追諡之三世，非世系相聯屬，只為選擇性的取樣，是很可怪異的。首先，他以為可選擇追諡第 15 神元帝皇帝，前面隔略了第 1 成皇帝拓跋毛至第 14 聖武皇帝拓跋詰汾（見第一節）。其次，他以為可選擇追諡第 23 平文皇帝，前面隔略了 16 文皇帝諱沙漠汗（神元帝之子，未即位）→17 章皇帝悉鹿（神元帝之子，在位 277-286）→18 平皇帝諱綽立（章帝少弟也，在位 286-293）→19 思皇帝弗立（文帝之少子，在位 293-294）→分三部統治期（295-307）：20 昭皇帝祿官（始祖之子，在位 295-307）、21 桓皇帝猗㐌（文帝長子，在位 295-305）、22 穆皇帝猗盧（文帝次子，在位 295-316）；猗盧將三部合一統領（307-316）→普根（桓帝子，在位 316）→普根子（在位 316）。最後，他以為可選擇追諡第 27 昭成皇帝，前面隔略了第 24 帝惠皇帝賀傉（在位 321-325）→二帝爭位期（325-338）：25 煬皇帝紇那（在位 325-337）、26 烈皇帝翳槐立（在位 329-338）。[18]究實漢族追諡制度，多為世系相承屬，有如此選擇性的取樣方式嗎？

---

[16] 《魏書》，卷 1，〈序紀〉，頁 9。
[17] 《魏書》，卷 1，〈序紀〉，頁 12-13。
[18] 《魏書》，卷 1，〈序紀〉，頁 5-11。

第二，若從漢文化的尊諡三世之制度來看，道武帝追尊二十八帝，定屬錯誤。可是若從拓跋氏文化去看，道武帝不必然錯誤。蓋如前所述，拓跋氏先王先公有可能稱「可汗」，可汗之涵義意同於皇帝，或許道武帝的追尊，是依據拓跋氏史有代代稱可汗的事蹟，把它翻譯成漢族的皇帝諡名而已。因此，若不以漢族爲中心去看，道武帝追尊二十八帝，是否合理，尚難以置評，必須等待新資料證明其所追諡二十八帝，是否早已都稱可汗，始能予以論斷。

第三，撰史的目的之一，就是要保存史料，若魏收膽敢以「南、董直筆，裁而正之」而加剪裁，便須刪除《魏書》〈序紀〉，則後世所能見到的北魏以前的拓跋史之史料，未知是何等的零星稀落，或者甚至全無痕跡可尋；縱有若干記載，亦經改造，非原始史料。同時，若不抱民族或種族的主觀立場去看，道武帝既追諡二十八帝，是如前說，尚有待證實拓跋氏先公、先王是否全部統稱「可汗」呢？設如道武帝之追諡，是依照拓跋氏先公、先王統稱「可汗」，爲一歷史事實；那麼，魏收等人照本全錄，便是保存真實的原始史料了；退一步說，道武帝追諡二十八帝不符拓跋史之史實，也保存了「道武帝追諡二十八帝」之錯誤的原始史料，讓後世知其錯誤的真相狀況；這都應是合乎客觀撰史的原則。因此，唐代李延壽撰《北史》，依然保留《魏書》〈序紀〉，決非是毫無理由的。

第三節　「魏先」人物世系及真偽問題

做爲「人物」來看，〈序紀〉所載「魏先」，牽涉到兩個問題：一是從昌意至拓跋力微之魏先，第 1-12 帝之各帝間的世系關係，多屬不明。推其原因，是拓跋氏部落聯盟大酋長之選拔，可能未依世系親屬結構來訂立繼承規範，經年代久遠後，諸帝之世系關係，拓跋氏後裔就記不清楚了。二是從昌意至力微之魏先之間的第 1-12 帝，其人物是否爲真實的可信度，向來多受懷疑，甚至以爲都是出於僞造；惟拓跋氏鮮卑考古陸續出土，其疑問有漸次消失的趨勢，目前若無確鑿反面證據，實不宜輕易否定魏先人物的真實性。茲說明如下：

壹、魏先人物世係關係多屬不明

從昌意至力微之魏先，在世係關係上，多屬不明。各帝之間世係關係，能明確定位者，僅知第 13 獻皇帝鄰「時年衰老，乃以位授子，聖武皇帝諱詰汾」，[19]即第 13-14 帝，兩者爲父子關係。第 14 聖武皇帝詰汾之「子即始祖」，就是第 15 始祖神元皇帝力微，[20]兩人亦爲父子關係。更往前面的第 1-12 帝，究竟是何世係關係，〈序紀〉不載，他處亦無文可稽，是無法確定的。

上述情形之原因，應是出自拓跋氏大酋長的繼承制度。拓跋氏的所謂「國」，是部落聯盟形態，諸位魏先，是由各部落所推選出來的，是部落聯盟的大酋長；就拓跋氏本身來說，本族內由誰出來擔負大酋長之選拔呢？或說「其王位繼承實行兄終弟及制」。[21]事實上，據〈序紀〉所記載二十八帝有明確世係關係之繼承狀況，即第 13-28 帝的承傳，兄終弟及只是其中一個現象而已，以整體而言，應是無世係上的定制：

（一）父子相承：如前述獻帝、聖武帝、神元帝三者，爲相迭父子關係。神元帝之後，長子第 16 文皇帝諱沙漠汗，實際未即位，而由另一子第 17 章皇帝悉鹿繼位。

（二）兄弟傳位：章皇帝之後繼位者，是章帝之少弟，即第 18 平皇帝綽。

（三）伯或叔侄傳位：平皇帝之後繼位者，是文皇帝沙漠汗之少子，即第 19 思皇帝弗繼立，爲平皇帝之侄。

（四）伯或叔侄分三部併立（295-307）：思皇帝以後，分三部由三帝統治。第 20 昭皇帝祿官，爲神元帝子，三帝中居叔或伯輩。第 21 桓皇帝猗㐌爲文帝長子，是侄輩。第 22 穆皇帝猗盧，爲文帝次子，是桓帝之弟，亦爲侄輩。

（五）伯或叔侄傳位：穆帝猗盧將三部合一統治，後由侄桓帝子普根繼位。

（六）父子傳位：繼普根之後者，是普根子（在位 316）。

（七）侄傳伯或叔：普根子之後，第 23 平文皇帝鬱律繼立，他思皇帝弗之子，弗與桓帝、穆帝，都是文帝之子，並爲兄弟，普根爲桓帝之子。所以平

---

[19] 《魏書》，卷 1，〈序紀〉，頁 2。
[20] 《魏書》，卷 1，〈序紀〉，頁 3。
[21] 李憑，《北魏平城時代》，頁 75。

文皇帝即普根之子的叔或伯。

（八）堂兄弟傳位：平文皇帝之後，由桓帝中子即位，即第 24 帝惠皇帝賀傉，與平文皇帝爲堂兄弟。

（九）兄帝傳位而侄與伯或叔爭位：惠皇帝之繼位者，是其弟第 25 煬皇帝紇那，起而爭帝位者，是其侄之平文皇帝長子，即第 26 帝烈皇帝翳槐立，煬皇帝失敗。

（十）兄弟傳位：平文皇帝長子烈皇帝傳位平文次子，即第 27 帝昭成皇帝什翼犍立（在位 338-376），[22]乃兄弟相爲繼承。

依照上述，〈釋老志〉魏先從昌意至力微之世系關系，僅可確定第 13、14、15 帝爲父子傳位關係，至於昌意至第 1 帝、第 1-12 帝，以及 12-13 帝，其世系關係，因史闕無載，未能明白確定，且照前述（1）-（10）之傳位的世系無定狀況，亦無從推論，只能說是一世接一世，世代間親屬世系不詳。

由以上所說可知，拓跋氏部落聯盟大酋長之選拔，可能未依世系親屬結構來訂立繼承規範，經年代久遠後，拓跋氏就記不清楚第 1-12 帝的世系關係了。

貳、魏先人物真偽問題

《魏書》〈序紀〉所載二十八帝，其第 1-12 帝，大多僅如「節皇帝諱貸立，崩」，[23]外無所記載，再加其他因素，其可信度，向來多受懷疑。如清人王鳴盛便指出：

> 北魏之興，始自道武帝，其前追尊者，凡二十八帝。……魏之初起，其
> 來甚遠，然遼邈荒忽，不可紀錄。蓋自神元始有甲子紀年，昭成而國勢
> 稍定，然猶興滅無常，二十八帝諡號，皆道武所定；而二十八帝中，惟
> 猗㐌、猗盧、鬱律、翳槐、什翼犍，名通於晉爲可據，其餘單名者，
> 與猗㐌等不同，疑皆道武時所追撰。[24]

---

[22] 《魏書》，卷1，〈序紀〉，頁 3-11。

[23] 《魏書》，卷1，〈序紀〉，頁 2。

[24] 清・王鳴盛撰，《十七史商榷》（台北市：鼎文書局，1979 年 9 月初版，王鳴盛讀書筆記十七種本），卷 66，〈追尊二十八帝〉，頁 669-670。

王氏懷疑〈序紀〉所載拓跋祖先，多數不可信，其理由有：（1）所涉年代「甚遠」，內容「遼邈荒忽，不可紀錄」，過份單薄。在載事上，如以第 1-15 帝來看，有記事者，是成帝記部落組織，宣帝記第一次遷徙，獻帝與聖武帝記第二次遷徙，以上所記均屬片段數語，直到神元帝之史事才增加；其餘有十一帝，都只有帝號名諱，再附加繼位之「立」與生命終了之「崩」二字。在紀年上，自第 15 神元帝始有甲子紀年，此前皆無。由於史事過於零稀，不免令人疑其諸帝造偽。（2）整個拓跋氏史所呈現之勢力，只有到什翼犍時稍稱穩定，根本沒資格稱為「帝」，稱帝是出於道武帝自封。（3）拓跋氏為北亞遊牧民族，其名字之音譯為漢字，應多屬兩字或兩字以上，而〈序紀〉所載多屬單個字的名字；由此可見，「其餘單名者」，「疑皆道武時所追撰」（以上參見第一節所引〈序紀〉文）。王氏的懷疑，頗符合邏輯推論，遂為後世學者所接受，深具影響力。如呂思勉先生亦以為「成帝諱毛，毛無也；詰汾皇帝無婦家，力微皇帝無舅家，造作者蓋已微以其情示後人矣」，疑十五帝皆可能出於偽造。[25]

上述的疑問，通過拓跋氏的考古遺存陸續問世，有漸次消失的趨勢，並衍生出新的研究趨勢：

一、魏先人物的真實性未可輕易否定：北魏宣武帝正始五年的〈征士奚智墓誌〉中提到「始與大魏同先僕膾可汗之後裔，中古遷移，分領部眾」；依此可證，「僕膾」即即第 12 帝「威皇帝諱儈」；「儈」，是音譯為漢字後，簡稱「膾」，再經傳遞衍為「儈」；同時說其「後裔」之「遷移」，即指膾之後的獻帝隣、隣子聖武帝詰汾的第二次遷徙，亦證兩人與其事，都是事實。[26]顯示〈序紀〉中二十八帝之「單名」，都可能非其原名的漢譯樣態，是經過某種因素而加以改變的，不能直接以當下所見之「單名」，就推論「疑皆道武時所追撰」，來推翻〈序紀〉魏先人物的真實性。此外，〈序紀〉所載歷史，縱多寥寥數語，經由考古遺存出土，至今多被印證為事實（見下文），對於與這段歷史聯結一起的

---

[25] 呂思勉先生認為其偽是，從毛六十七世算至力微有八十一世乃「九九之積」，自毛算至神元有十五世屬「三與五之積」；「九者，數之究也；三與五，蓋取三才、五行之義，比擬於三皇、五帝」（氏著，《兩晉南北朝史》，台北市：開明書店，1977 年 6 月台五版，頁90-91）。

[26] 陳慶連，《中國古代少數民族姓氏研究》，頁 96-97。

二十八帝,不能武斷其爲「疑皆道武時所追撰」所僞造之人物。當然,〈序紀〉魏先人物要全體獲證於考古遺存,仍須有待於將來,惟目前若無確鑿反面證據,仍不宜輕易否定魏先人物的真實性。

　　二、拓跋氏鮮卑考古遺存之填補文獻空隙:〈序紀〉所載歷史固然簡略空泛,卻能逐步爲考古遺存所證明。例如,1980 年 7 月 29 日發現嘎仙洞,證明〈序紀〉的「大鮮卑山」即是今黑龍江省大興安嶺北段,至遲在戰國初期,拓跋氏便住在以嘎仙洞祖廟爲中心的地區。今內蒙呼倫貝爾市區內,滿州里市扎賚諾爾、陳巴爾虎旗完工所發掘的拓跋氏鮮卑墓葬,證明〈序紀〉所說第 6 帝宣皇帝推寅第一次遷徙所至之「大澤」,即今呼倫湖地區。[27]今內盟古烏蘭察布市境內及附近地區所發掘的拓跋氏鮮卑墓葬,證明〈序紀〉所說第 13 獻皇帝隣至第 14 聖武皇帝詰汾第二次遷徙至「匈奴故地」。[28]至 2006 年,據不完整之統計的拓跋氏鮮卑墓葬,約在 40 餘個地區發現,總數達數百座,其中業經考古發掘者約 400 多座,[29]以致「四世紀以前的(拓跋氏)鮮卑史,主要由考古資料來復原」。[30]〈序紀〉所涉及的歷史之詳情,要全體爲考古遺存所呈現,猶須靠未來的考古發掘,而至少目前已足以證明,〈序紀〉非憑空在虛造拓跋氏歷史。

　　三、新研究趨勢:綜合來說,自 1960 年年代以來,拓跋氏鮮卑考古遺存陸續出土,就促使拓跋氏先世的研究趨勢,走出了由諸帝真僞問題所產生的懷疑、輕視、忽略之態度,轉向拓跋氏早期發展的階段研究,考察其政治、社會、經濟、文化等的階段性發展。在此研究趨勢中,而〈序紀〉的昌意至第 15 帝神元皇帝力微,所扮扮演的「階段」性角色是:大鮮卑山的嘎仙洞時期、宣帝第一次遷徙時期、獻帝與聖武帝第二次遷徙時期、與檀石懷聯盟的關係,[31]等

---

[27] 景愛,《沙漠考古通論》(北京市:紫禁城出版社,1999 年 10 月初版一刷),頁 58-62。

[28] 魏堅主編,《內蒙古地區鮮卑墓葬的發現與研究》(北京市:科學出版社,2004 年 2 月初版一刷),〈前言〉,頁 ix。

[29] 孫危,《鮮卑考古學文化研究》(北京市:科學出版社,2007 年 1 月初版一刷),頁 2。

[30] 魏堅主編,《內蒙古地區鮮卑墓葬的發現與研究》,林澐〈序〉,頁 i。

[31] 米文平,〈嘎仙洞與鮮卑學十年發展的概述〉,收入氏著,《鮮卑史研究》,頁 65-68;米文平,〈回首二十世紀的鮮卑學〉,收入《同前書》,頁 526-530;孫危,《鮮卑考古學文化研究》,頁 1-10;魏堅主編,《內蒙古地區鮮卑墓葬的發現與研究》,頁 i-xi.

等問題的研究。此外，還有拓跋氏與蒙古草原生態之關係，[32]拓跋氏人種問題（見本章第四節），是屬於學界新開拓的課題。

第四節 「魏先」的民族屬性

依照前引《魏書》〈序紀〉，拓跋氏祖源是黃帝少子昌意，因「受封北土」而演變出拓跋氏民；若據此說，拓跋氏之族屬，便爲漢民族。可是學界早已公認，這是出於僞托，決非歷史事實。事實上，古來至今，關於拓跋氏族屬有各種看法，都是認爲非漢人，而是北亞（西伯利亞）蒙古人種之邊疆民族。茲說明如下：

壹、歷史上給定的「東胡」民族

至遲在東漢桓、靈二帝期間（146-189），已有鮮卑屬於東胡種之說，到了清末民初，便被屠寄（1856-1921）肯定，提出鮮卑即東胡，「爲二十世紀鮮卑學的發展指出了正確方向」，[33]成爲現代的研究取向。

所謂「東胡」，照東漢服虔的解釋是：「在匈奴東，故曰東胡」，[34]意指匈奴東邊的胡人。[35]顯示「東胡」是他稱，爲古代中原人對匈奴以東族屬、語言、習俗相同或類近的各部落之稱謂。至於其他的釋義有：「東」是蒙語「統格」（tüng）的音訛，義指「森林」。「胡」是蒙古語「人」（khun）的意思；或說「胡」是「匈奴」一詞的急讀，匈奴首音「匈」的譯音，Oghuz（烏護）的略稱。又有以爲「東胡」爲「通古斯」（Toungouse）的音譯。其實這些觀點都還不能算定準，有待發現新材料來正解「東胡」之涵義。[36]

學者或以爲，東胡族系，包括先秦的東胡，以及後來的烏桓、柔然、鮮卑、

---

[32] 景愛，《沙漠考古通論》，頁 63-64。

[33] 米文平，〈回首二十世紀的鮮碑學〉，收入氏著，《鮮卑史研究》（鄭州市：中州古籍出版社，1994 年初版，2000 年 11 月一刷），頁 527。

[34] 《史記》，卷 110，〈匈奴列傳〉索隱引，頁 2885。

[35] 佟柱臣，《中國考古學要論》（廈門市：鷺江出版社，2004 年 4 月初版一刷），頁 137；林幹，《中國古代北方民族通史》（廈門市：鷺江出版社，2003 年 7 月初版一刷），頁 60。

[36] 張久和，〈東胡系各族族名研究及其存在問題：兼談譯名研究的可行性條件〉，《內蒙古大學學報（哲學社會科學版）》，1996 年第 1 期，頁 1-2。

契丹、室韋、蒙古等族。[37]他們在歷史上的活動區域，涵蓋了今黑龍江省大興安嶺兩側到吉林省西部及北部，以及遼寧西部，乃至內蒙古東部等寬廣無垠的草原地帶。先秦東胡的鮮卑，分為南、北兩支：北支活動在額爾古納河與大興安嶺北段，是拓跋氏的發祥地（見下文之「玄朔」）；南支主要是慕容鮮卑，活動於西拉木倫河和老哈河流域。[38]惟尚須注意者，是所謂「東胡」民族，到底包含那些民族呢？古代史籍所載所稱，以及現代學者之認定，都尚未有一致性。[39]

最後，從人種學來看，依據考古出土之頭顱所累積的研究成果，文獻所記載的東胡及其後裔，在種族人類學特徵上確實頗為一致的，是漢魏晉時期的拓跋氏鮮卑人與東部慕容鮮卑、遼代的契丹人，元代或近代的蒙古人，他們均屬於低顱闊面的西伯利亞蒙古人種，亦即北亞蒙古人種。[40]

貳、以文化習俗所給定的族名

關於「鮮卑」族名，照《魏書》〈序紀〉是拓跋氏「國有大鮮卑山，因以為號」，[41]是以族居住地之山名「鮮卑」，衍化成族名。

另外，有「鮮卑」名出自服飾之說。《史記》〈匈奴列傳〉記有「黃金胥紕」，其「胥紕」《史記索隱》引張晏云：「鮮卑郭落帶，瑞獸名也，東胡好服之」。[42]據此或以為「鮮卑」出於山名有疑問，其名應出自「服用飾以瑞獸之帶鉤」。[43]

復有用滿語釋「鮮卑」者。其詞為滿語 saibi 之音譯，涵義是瑞、神；「郭落」為 kwuklak 之音譯，涵義是獸；鮮卑族名即「瑞獸」或「神獸」、即「祥瑞」或「神奇」。[44]此義亦相通於服飾之語，即「鮮卑郭落帶」一語，「鮮卑」

---

[37] 林幹，《中國古代北方民族通史》，頁 62；李治亭主編，《東北通史》（鄭州市：中州古籍出版社，2003 年 1 月初版一刷），頁 78。

[38] 李治亭主編，《東北通史》，頁 78。

[39] 林幹，《東胡史》（呼和浩特市：內蒙古人民出版社，1990 年 11 月初版一刷），頁 1-10。

[40] 朱泓，〈東胡人種考〉，《文物》，2006 年第 8 期，頁 75-77。

[41] 《魏書》，卷 1，〈序紀〉，頁 1。

[42] 《史記》，卷 110，〈匈奴列傳〉，頁 2897-28978。

[43] 河內良弘，〈後漢書鮮卑傳箋注〉，收入內田吟風等著，余大鈞譯，《北方民族史與蒙古史譯文集》（昆明市：雲南人民出版社，2003 年 1 月初版一刷），頁 49。

[44] 米文平，〈鮮卑、室書族名釋義〉，收入氏著，《鮮卑史研究》，頁 387-388。

為定語之族名;「郭落帶」為主語之物名,意為「飾有獸形紋金屬帶頭之革帶」;郭落,即蒙語之「郭落斯」,意即獸,指鹿類獸,包括獐、狍、犴、鹿等;若除去革帶之物名,「鮮卑郭落」涵義為「祥瑞的鹿類動物」,即為「神獸」;故做為族名的「鮮卑」一語之原義,係謂「養神獸的人們」或「養祥瑞的鹿類動物四不像的人們」。[45]

此外,又有用滿語另作解釋者。謂「鮮卑」是由「鮮」和「卑」兩個部分構成,即源出通古斯語"bəjə",意指人、小民族、部落,與「卑」最接近,故鮮卑「其意義一定是『鮮』+『人』,即鮮人」,不過「這個民族的名字『鮮』稱究竟從何而來,我們也不得而知」。[46]

參、依據語言給定的蒙古、通古斯、突厥語族

1930-70 年代,在西方學界,或認為東胡族後裔之鮮卑,特別是拓跋氏,其語言是突厥或原突厥語之原型,或認為蒙古語具有鮮卑語的特徵。[47]如伯希和(Paul Pelliot,1878-1945)認為,「鮮卑語應為突厥語」,進而指出,「我不相信鮮卑是通古斯人,但我也不能肯定其為突厥人或蒙古人」;[48]因為「語言的相同并不等於人種的相同」。[49]伯希和曾再次強調,「5 至 6 世紀的北魏,人們通常認為他們是屬於通古斯系的民族,但實際上他們是操突厥語的民族」。[50]

近年來,中國學者看法,傾向拓鮮卑族是操原蒙古語的民族。即就民族語言史而言,蒙古語是東胡後裔諸語言中的一支,東胡後裔的鮮卑人、室韋人、契丹人的語言,原是具有親緣關係的語言,和方言及一脈相承的聯繫,其中室

---

[45] 米文平,〈鮮卑源流及其族名〉,收入氏著,《鮮卑史研究》,頁 56-57;米文平,〈鮮卑、室書族名釋義〉,收入氏著,《鮮卑史研究》,頁 387-388。

[46] 尹鐵超,〈鮮卑名考〉,《滿語研究》,2001 年第 2 期,頁 60-62。

[47] 內田吟風,〈史記匈奴傳箋注〉,收入內田吟風等著,余大鈞譯,《北方民族史與蒙古史譯文集》,注第 14 條,頁 22。

[48] 巴爾托里德(V.V.Barthold)、《中亞突厥史十二講》伯希和的觀點,收入巴爾托里德(V.V.Barthold)、伯希和(P.Pelliot)著,耿世民譯,《中亞簡史》(北京市:中華書局,2005 年 12 月初版一刷)(外一種),頁 93。

[49] 伯希和(P.Pelliot)著,耿世民譯,《高地亞洲》,收入巴爾托里德(V.V.Barthold)、伯希和(P.Pelliot)著,耿世民譯,《中亞簡史》(外一種),頁 183。

[50] 伯希和(P.Pelliot)著,耿世民譯,《高地亞洲》,收入巴爾托里德(V.V.Barthold)、伯希和(P.Pelliot)著,耿世民譯,《中亞簡史》(外一種),頁 183。

韋人的語言被稱作原蒙古語，經由古老的東胡語言集團的多次分化、融合之過程後，原蒙古語又歷經了一系列突厥化過程後，在北方民族血緣及語言持續融合基礎上形成了後世的突厥語，進而再形成古蒙古語。換句話說，現在的蒙古語，就是由東胡語言集團的原蒙古語發展而來的。以拓跋鮮卑語，即屬原蒙古語，《南齊書》〈魏虜傳〉保存著若干語言詞彙，諸如國中呼內左右爲「直真」，外左右爲「烏矮真」，曹局文書吏爲「比德真」，簷衣人爲「樸大真」，帶仗人爲「胡洛真」，通事人爲「乞萬真」，守門人爲「可薄真」，偽台乘驛賤人爲「拂竹真」，諸州乘驛人爲「咸真」，殺人者爲「契害真」，爲主出受辭人爲「折潰真」，貴人作食人爲「附真」，三公貴人通謂之「羊真」。以上鮮卑語詞彙的「比德真」（bitekchin）、「乞萬真」（kelemechin）、「咸真」（zhamchin-yamchin）、「契害真」（khir-ghachin）等語詞，都能在蒙古語中找到對應關係，其他語詞則顯然具有突厥語色彩。尤其以上 13 個鮮卑語官職名稱，都帶有尾語「真」（-chin），正同於蒙古語表示專門職務的名詞尾語-cin。這個詞法特徵，更能說明，蒙古語同東胡後裔之拓跋氏語言有共同的祖源。[51]

另有證據顯示，蒙古語"terigün"（頭、項、源），在十二世紀的發音是"teri'ün"（帖里溫），脫落了詞中的腭音-g-，這個腭音-g-在更早的蒙古語方言中，可能已經不存在了。例如，《南齊書》〈魏虜傳〉中爲貴人作食者的官名「附真」，「附」不是入聲字，沒有尾音-k，證明「寶兒赤」一類詞，在公元 5-6 世紀間的拓跋氏語言中已失去了詞中兩個元音之間的腭音-q-。[52]

肆、從人種給定爲北亞（西伯利亞）蒙古人

經由考古發掘的人骨之體質研究，拓跋氏的人種，是以北亞蒙古人種爲主體，在混血上，主要是與外貝加爾的北匈奴人種混血，其次還有北極（東北亞）和東亞蒙古人種（詳見第八章第三節）。

---

[51] 齊木德道爾吉，〈從原蒙古語到契丹語〉，《中央民族大學學報(哲學社會科學版)》，2002
　　年第 3 期，頁 132-133。

[52] 劉迎勝，《察合台汗國史研究與西北民族史》（南京市：南京大學出版社，1994 年 9 月初
　　版一刷），頁 54-55。

進入北魏以後，拓跋氏鮮卑的人種特徵，依然持續保留著。如山西省大同市南郊北魏墓地，所出土人骨的種系類型，學者認爲，與其種族特徵關係最密切者，是華北地區以北的古代或近代居民，他們基本上是屬於同一個種族類型。此一種族類型，是以蒙古人種的東北亞類型爲主體，復與帶有歐洲人種特徵的烏孫人類型存在著某些聯繫關係，與漢族的顱骨特徵之間，有著明顯的不同，其族屬應爲鮮卑人。[53]

第五節　魏先「建國」之語意

關於《魏書》〈釋老志〉所說「魏先建國」之「建國」，其涵意如何呢？此處先從語意來考察，「建國」之語意，有兩重意思：一是指始建國，二是指始建國以後的持續立國。

壹、「建國」之兩層語意

《魏書》〈釋老志〉所說「建國於玄朔」之「建國」，實有兩層涵義：一是指始建國，即開國。二是開國以後，持續立國。這兩層語意，呈現在相關的史跡上。從〈釋老志〉所說「魏先」來看，是〈序紀〉所載昌意至力微，時間的跨度，包含上古的昌意，一直到曹魏、西晉之際的始祖神元皇帝力微。在這段漫長的年代中，〈釋老志〉所說「魏先建國」之「建國」，因以昌意爲拓跋氏族源，當然必有所指始建國之語意；在始建國之後，其國未即消滅，仍持續存在，歷經漫長歲月；在此狀況下，「建國」之語意，若僅限於始建國，則無法確實涵蓋整體歷史實況；故對「國」的持續綿延之狀態，「建國」的語意，就含有了持續立國。

上面「建國」應有的兩層涵義，在文字上，就顯示於「建」的語意，《說文》云：「建，立朝律」，實包含兩義：一是始立義，即始立朝律；二是持續立著義，蓋始立朝律後，朝律不可朝夕廢之，必持續立著。由於如此，「立朝律」之「立」，對於「立」的活動時間刻度，未唯獨界定於最初之始立，是包含始

---

[53] 張振標、寧立新，〈大同北魏時期墓葬人骨的種族特徵〉，《文物季刊》，1995 年第 3 期，頁 21-33。

立一物後，此物持續存在立著，直至此物消滅不立為止，即涵蓋時間起迄之刻度。所以段玉裁亦注云：「今謂凡豎立為建」，[54]「凡豎立」，指一切豎立著之物，均謂之「建」，其時間刻度，包括始豎立及其以後的持續豎立著，同樣未只界定於始豎立。其義正如《廣韻》所說：「建，立也，樹也」，[55] 只要立著的、樹著的，都是建之義，包含起迄的時間刻度。段玉裁又指出：「許（慎）云：『立朝律也』，此必古義，今未考也」，[56] 而進一步推究，若《說文》之「朝律」，是泛指朝庭制度，即古代王朝制度，則「立朝律」就近似於「建國」，有如《周禮》所說「惟王建國，辨方正位，體國經野，設官分職以為民極」，乃立天官、[57]地官、[58]春官、[59]夏官、[60]秋官、[61]冬官。[62]其始立制度以建國，自非一時之制，在始立以後，仍必須持續立著，直到王朝滅亡為止，故「建國」的時間刻度，包含著起和迄。此一建國義，亦見於漢高帝詔云：「齊，古之建國，今為郡縣，其復以為諸侯」。[63]又詔曰：「吳，古之建國也」。[64]孝文帝詔云：「朕聞古者諸侯建國千餘」。[65]西漢燕剌王劉旦說「燕國雖小，成周之建國也」，顏師古注云：「自周以來即為燕國，言以久遠」。[66]以上西漢時代所言各古國，都是

---

[54] 《說文解字注》，第二篇下，頁 77 下。

[55] 陳彭年等重修、林尹校訂，《新校正切宋本廣韻》（台北市：黎明文化事業公司，1989 年 10 月十一版），頁 398。

[56] 《說文解字注》，第二篇下，頁 77 下。

[57] 《周禮鄭注》，卷 1，〈天官冢宰〉云：「惟王建國，辨方正位，體國經野，設官分職，以為民極。乃立天官冢宰·使帥其屬·而掌邦治·以佐王均邦國」（頁 1a）。

[58] 《周禮鄭注》，卷 9，〈地官司徒〉云：「惟王建國，辨方正位，體國經野，設官分職，以為民極。乃立地官司徒，使帥其屬而掌邦教，以佐王安擾邦國」（頁 1a）。

[59] 《周禮鄭注》，卷 17，〈春官宗伯〉云：「惟王建國，辨方正位，體國經野，設官分職，以為民極。乃立春官宗伯，使帥其屬而掌邦禮，以佐王和邦國」（頁 1a）。

[60] 《周禮鄭注》，卷 28，〈夏官司馬〉云：「惟王建國，辨方正位，體國經野，設官分職，以為民極。乃立夏官司馬，使帥其屬而掌邦政，以佐王平邦國」（頁 1a）。

[61] 《周禮鄭注》，卷 34，〈秋官司寇〉云：「惟王建國，辨方正位，體國經野，設官分職，以為民極。乃立秋官司寇，使帥其屬而掌邦禁，以佐王刑邦國」（頁 1a）。

[62] 《周禮鄭注》，卷 39，〈冬官考工記〉云：「國有六職，百工與居一焉，或坐而論道，或作而行之；或審曲面勢，以飭五材，以辨民器；或通四方之珍異以資之；或飭力以長地財，或治絲麻以成之」（頁 1a）。

[63] 《漢書》，卷 1 下，〈高帝紀下〉，頁 60。

[64] 《漢書》，卷 1 下，〈高帝紀下〉，頁 76。

[65] 《漢書》，卷 4，〈文帝紀〉，頁 115。

[66] 《漢書》，卷 63，〈燕剌王劉旦傳〉，頁 2752。

過去上古久遠史事，「建國」之義，均指其在「上古」時代的某一時間跨度內，歷經了始建國到滅國的立國，時間包含三種刻度：一是「上古」代某一時間間跨度內的始建國之起始，二是始建國之後一直持續立國的刻度，三是其國消滅而失去建國義的迄止刻度。

上述由「建」字語意而來的「建國」語意，在《魏書》為主的「建國」語料中，仍得以區分出那兩層函義：

貳、始建國的涵義

先看《魏書》語料，李彪等奏云：「仰推帝始，遠尋百王。魏雖建國君民，兆朕振古，祖黃制朔，縣迹有因」。[67]其謂徒何慕容廆「初率諸部落入居遼西」，「始建國於棘城之北」。[68]崔浩對太武帝說：「先王建國以作蕃屏，不應假名以為其福」。[69]明元帝泰常四年（419）「月又犯歲星。明年，宋始建國。後年而晉主殂」。[70]「填星之物也，赤靈為母，白靈為子，經綸建國之命，所以傳撥亂之君也，其受之者將在并州」。[71]沮渠蒙遜「王實征之，以夾輔皇室。又命王建國，署將相羣卿百官，承制假授」。[72]以上之「建國」，顯然是指一個王朝之創建，即始建國之義。

至於其他語料，如西晉惠帝元康六年（296）〈郭槐氏墓誌銘〉，說郭氏「先胤自宗周，王秀之穆，建國東虢，因而氏焉」。[73]北魏孝莊帝永安元年（528）〈元禮墓誌銘〉，載其為文成帝之曾孫，其家「昔在上聖，建國維城，若此令哲，繼世敷名」。[74]孝武帝太昌元年（532，此年號歷時數月，旋改為永熙）〈北海王元顥墓誌銘〉，說其家以宗室「分河山以建國，固當天和咸萃，靈覘畢歸

67　《魏書》，卷108-1，〈禮志一〉，頁2746。

68　《魏書》，卷95，〈徒何慕容廆傳〉，頁2053。

69　《魏書》，卷35，〈崔浩傳〉，頁822。

70　《魏書》，卷105-3，〈天象志三〉，頁2398。

71　《魏書》，卷105-4，〈天象志四〉，頁2439。

72　《魏書》，卷87，〈盧水胡沮渠蒙遜傳〉，頁2206。

73　〈夫人宜成宣君郭槐氏之柩墓誌銘〉，收入趙超，《漢魏晉南北朝墓誌彙編》（天津市：天津古籍出版社，1992年6月初版一刷），頁7。

74　〈魏故安東將軍光州刺史元禮之使君墓誌〉（永安元年十一月二十日），收入趙超，《漢魏晉南北朝墓誌彙編》，頁252。

矣」。[75]東魏孝靜帝興和三年（541）〈畢脩密墓誌銘〉，說其姓族源自「文王以受命作周，畢公以稱昭建國。世踵利建之榮，家承滿嬴之業」。[76]至於其他北魏墓誌語料，如〈崔猷墓誌銘〉推尋崔氏淵源，說是源自「少典誕炎，德感火瑞，營都於魯，王有天下。歷八世五百餘年，伯夷為堯秩禮，四岳佐禹治洪，太師以翼周建國，穆伯因分封命氏，君其後焉」。[77]〈叔孫固墓誌銘〉，說其祖石洛侯於「龍飛燕代，卜年攸長，為魯為衛，建國侯王，分根命氏，花萼重芳」。[78]以上或因協助王朝建國而榮世，或因建國而為姓，或因封王爵而建國，其所謂建國，都是屬於始建國之義。

參、持續立國之涵義

先看《魏書》語料，高允對文成帝上奏云：「今建國已久，宮室已備」。[79]此建國義，含有意指魏王朝始建國以後之立國。孝文帝延興二年（472），百濟王餘慶始遣使上表曰：「臣建國東極，豺狼隔路，雖世承靈化，莫由奉藩」。[80]此處「建國」，非指始建國，是指遠古百濟建國後，持續至餘慶時之立國。李韶對孝文帝說：「洛陽九鼎舊所，七百攸基，地則土中，實均朝貢，惟王建國，莫尚於此」。[81]此時的「建國」，是指遷都洛陽，持續立國。遷都洛陽以後，劉芳上奏說：「太學在開陽門外。案學記云：古之王者，建國親民，教學為先」。[82]孫紹向宣武帝上表說：「臣聞建國有計，雖危必安；施化能和，雖寡必盛」。[83]孝明帝正光元年（520）正月下詔曰：「建國緯民，立教為本，尊師崇道，茲

---

[75] 〈魏故北海王元顥墓誌銘〉（太昌元年八月二十三日），收入趙超，《漢魏晉南北朝墓誌彙編》，頁219。

[76] 〈畢脩密墓誌銘〉（興和三年十月二十三日），收入趙超，《漢魏晉南北朝墓誌彙編》，頁346。

[77] 〈魏故員外散騎常侍清河崔猷府君墓誌銘并序〉（延昌元年十一月廿八日），收入趙超主編，《漢魏晉南北朝墓誌彙編》，頁66。

[78] 〈魏故使持節都督三州諸軍事驃騎大將軍東梁州東徐州刺史當州大都督儀同三司兗州刺史臨濟縣開國侯叔孫公固墓誌銘〉（時間不明），收入趙超，《漢魏晉南北朝墓誌彙編》，頁365-366。

[79] 《魏書》，卷31，〈高允傳〉，頁1122。

[80] 《魏書》，卷88，〈百濟傳〉，頁2217。

[81] 《魏書》，卷39，〈李韶傳〉，頁886。

[82] 《魏書》，卷55，〈劉芳傳〉，頁1221。

[83] 《魏書》，卷78，〈孫紹傳〉，頁1723。

典自昔」。[84]孝明帝孝昌二年（526），金、木星「又相犯于女。歲所以建國均人，女爲蠶妾，牛爲農夫。天象若曰：是將羅以寇戎，而喪其耕織之務矣」。[85]東魏孝靜帝興和二年（540）四月，金、木星「相犯于奎。奎爲徐方，所以虞蹶防之寇也。歲主建國之命，而省人君之差敗，火主亂，金主兵」。[86]上引劉芳以下所說「建國」，都一致表示，從始建國一直持續下來的狀態，亦即是持續立國義。

第六節　魏先「建國」的實態

基於前述「建國」的兩層涵義，《魏書》〈釋老志〉的魏先「建國」之始建國狀況如何呢？這應從屬於史實之實態來說明，因此，首先必須先揭露昌意受封北土之附會性質，接著，再分階段說明拓跋氏的始建國、持續立國：拓跋氏部落的始建國，成皇帝毛的持續立國，宣帝、獻帝的持續立國，神元帝的持續立國。

壹、昌意受封北土「建國」之附會

〈序紀〉既附會拓跋氏族源於黃帝少子昌意，其始建國亦附會於昌意「受封」之說：

> 昔黃帝有子二十五人，或內列諸華，或外分荒服，昌意少子，受封北土。國有大鮮卑山。[87]

在先秦兩漢古史傳說中，並無黃帝分封諸子的詳細傳說情節，到了南宋羅泌《路史》，就雜湊出黃帝後裔封建之國有 82 個。《魏書》〈序紀〉不可能依羅泌之說來附會，反而先行塗飾出黃帝行分封，「昌意少子，受封北土」，成爲羅泌之說的先驅。[88]依上引〈序紀〉所載，黃帝對二十五子「或內列諸華，或外分荒服」。

---

[84] 《魏書》，卷 9，〈肅宗紀〉，頁 229、

[85] 《魏書》，卷 105-4，〈天象志四〉，頁 2441。

[86] 《魏書》，卷 105-4，〈天象志四〉，頁 2448。

[87] 《魏書》，卷 1，〈序紀〉，頁 1。

[88] 許順湛，《五帝時代研究》（鄭州市：中州古籍出版社，2005 年 2 月初版一刷），頁 66-68。

其所屬分封制，因無說明，未知分封制內容，僅能從「荒服」一詞，來比對先秦對天下疆域邦國區劃之說，[89]其說如下：

一、《國語》〈周語〉五服：邦內（王畿千里之內）甸服，邦外（王畿之外）侯服，侯、衛（中國之界，侯服之外二千五百里）賓服，蠻、夷要服，戎、狄荒服。[90]

二、《尚書》〈禹貢〉五服：五百里甸服，五百里侯服，五百里綏服（以上諸華地區），五百里要服（夷蠻地區），五百里荒服（戎狄地區）。[91]

三、《周禮》〈夏官・職方氏〉九服之邦國：方千里曰王畿，其外方五百里曰侯服，又其外方五百里曰甸服，又其外方五百里曰男服，又其外方五百里曰采服，又其外方五百里曰衛服，又其外方五百里曰蠻服，又其外方五百里曰夷服，又其外方五百里曰鎮服，又其外方五百里曰藩服。[92]

四、《逸周書》〈職方氏〉九服之國：方千里曰王圻，其外方五百里曰侯服，又其外方五百里曰甸服，又其外方五百里曰男服，〔據《周禮》〈夏官・職方氏〉補又其外方五百里曰采服〕，又其外方五百里曰衛服，又其外方五百里曰蠻服，〔據《周禮》〈夏官・職方氏〉補又其外方五百里曰夷服〕，又其外方五百里曰鎮服，又其外方五百里曰藩服。[93]

五、《周禮》〈夏官・大司馬〉以九畿之籍，施邦國之政職：方千里曰國畿，其外方五百里曰侯畿，又其外方五百里曰甸畿，又其外方五百里曰男畿，又其外方五百里曰采畿，又其外方五百里曰衛畿，又其外方五百里曰蠻畿，又其外方五百里曰夷畿，又其外方五百里曰鎮畿，又其外方五百里曰蕃畿。[94]

六、《周禮》〈秋官・大行人〉分六服及蕃國：邦畿方千里其外方五百里，

[89] 史念海，顧頡剛，《中國疆域沿革史》（台灣影印本，未刊出版資料），頁 72-74。

[90] 左丘明撰、韋昭注，《國語》（台北市：九思出版公司，1978 年 11 月台一版，新校標點本），卷 1，〈周語上〉，頁 4-5。

[91] 顧頡剛、劉起釪著，《尚書校釋譯論》（北京市：中華書局，2005 年 4 月初版一刷），〈禹貢〉，第二冊，頁 807-821。

[92] 《周禮鄭注》，卷 33，〈夏官・職方氏〉，頁 8b-9a。

[93] 黃懷信等撰，《逸周書彙校集注》（上海市：上海古籍出版社，2007 年初版一刷，新校點本），卷 8，〈職方解〉，頁 991-993。

[94] 《周禮鄭注》，卷 29，〈夏官・大司馬〉，頁 3b。

謂之侯服；又其外方五百里，謂之甸服；又其外方五百里，謂之男服；又其外方五百里，謂之采服；又其外方五百里，謂之衛服；又其外方五百里，謂之要服；九州之外，謂之蕃國。[95]

對照前述六說，〈序紀〉「或內列諸華，或外分荒服」，顯然是揉合第一、二項之說所形成的，照著「戎、狄荒服」，來構作「昌意少子，受封北土」，以吻合於拓跋氏來自北疆地區。

依據分封制度，昌意「受封北土」而有國，其國既在戎狄地區，國的性質，就非《周禮》〈天官・冢宰〉所說的「惟王建國」，因其「建國」係指：天子營建京師都邑於中原「地中」（天下的中心點），得「天地之所合也，四時之所交也，風雨之所會也，陰陽之所和也，然則百物阜安，乃建王國焉」，[96]「建國」殆指天子建「京師」開國和立國。[97]故謂「夏曰夏邑，商曰商邑，周曰京師」；而此邑或京師，其實是「凡邑有宗廟先君之主曰都，無曰邑」，[98]即可稱為「都」，因「都，有先君舊宗廟曰都」，是為「尊其所居而大之」。[99]

昌意既是由黃帝封國，究實是諸侯國，乃「邦國，諸侯國也」，[100]此國有分「大曰邦，小曰國」，[101]即諸侯的「建國」，仍意指營建城邑，有其等級制度，公城方九里，侯伯城方七里，子男城方五里，是謂「國家，國之所居，謂城方也」。[102]不過，邦與國之義，有兩層關係：一是有分別的指稱，即「大曰邦，小曰國，析言之也」；二是綜合的指稱，即「『邦，國也』；『國，邦也』，統言之也」，「邦之所居亦曰國，此謂統言」，[103]邦即國，國即邦，故謂「國，邦國」。[104]由此可證，〈序紀〉係據邦、國綜合義，對昌意所受封之國，不辨

[95] 《周禮鄭注》，卷37，〈夏官・大司馬〉，頁9b-10a。

[96] 《周禮鄭注》，卷1，〈天官・冢宰〉及鄭注，頁1a-b。

[97] 淳于恭等撰，陳立疏證，《白虎通疏證》（北京市：中華書局，1997年10月初版二刷，新校標點本），卷4，〈京師〉，頁157-159。

[98] 《說文解字注》，第六篇下，頁283上。

[99] 《說文解字注》，第六篇下，頁283下。

[100] 《周禮鄭注》，卷26，〈春官・詛祝〉鄭注，頁3b。

[101] 《周禮鄭注》，卷2，〈天官・太宰〉鄭注，頁1b。

[102] 《周禮鄭注》，卷21，〈春官・典命〉鄭注，頁1b。

[103] 《說文解字注》，第六篇下，頁283上。

[104] 《新校正切宋本廣韻》，頁530。

其大小以說邦或國，而統言稱為「國」。因此，〈釋老志〉乃謂之「建國」。

另外，〈序紀〉把昌意受封北土爲諸侯稱「國」，〈釋老志〉則說爲「建國」，還有另一個原因。即周代以後，直到南北朝，受皇帝賜封諸侯國的情形，依然稱作「建國」，如北魏太武帝封沮渠蒙遜涼王冊文云：「古先帝王褒賢賞德，莫不昨土分民，建爲藩輔」；故「命王建國：署將相羣卿百官，承制假授」。[105]其意是說，依照古代帝文分封諸侯傳統，遂賜封北涼「建國」爲諸侯國。又如梁武帝普通元年（520）〈故永陽敬太妃王氏墓誌銘〉云：「皇業有造，慇憂啓聖，追惟魯衛，建國永陽，恭王纂嗣，蕃號式顯，廷拜爲太妃」。[106]所謂建國，係指梁武帝次兄蕭敷，先於建武四年去世，待天監元年（502）梁武帝即位，賜「封永陽郡王」；天監二年（503）下詔，由蕭敷子伯游「襲封永陽郡王」；天監五年（506），伯游以二十歲之齡過世，「謚曰恭」。[107]當伯游襲王位時，其母王氏晉封「太妃」。故「建國永陽」，係指蕭敷被追封爲永陽郡王。

總之，〈序紀〉說黃帝少子昌意「受封北土」而有國，是包含在〈釋老志〉的魏先「建國」之內，係指始建國，惟是屬於拓跋氏源出黃帝少子昌意的附會之說。

貳、魏先部落的始建國

〈釋老志〉說魏先「建國」的始建國史跡，從歷史事實來看，在現有史料中，所謂「國」，是部落組織，而最早始建國於何時，目前屬於無可考狀態。《魏書》〈序紀〉云：

> 國有大鮮卑山，……其後，世為君長，統幽都之北，廣漠之野，畜牧遷徙，射獵為業，淳樸為俗，簡易為化，不為文字。[108]

據上引〈序紀〉透露了，拓跋氏始建國之「國」，不是昌意受封建城邑的諸侯

---

[105] 《魏書》，卷99，〈盧水胡沮渠蒙遜傳〉，頁2205-2206。

[106] 〈故永陽敬太妃王氏墓誌銘〉（梁武帝普通元年十一月廿八日），收入趙超，《漢魏晉南北朝墓誌彙編》，頁30。

[107] 唐・姚思廉撰，《梁書》（台北市：鼎文書局1975年1月初版，新校標點本），卷23，〈永陽嗣王伯游傳〉，頁363。

[108] 《魏書》，卷1，〈序紀〉，頁1。

封國，是位於「大鮮卑山」，這是拓跋氏「建國」的最早之文獻記載，可謂之拓跋氏的始建國。

經由 1980 年的嘎仙洞之發現，印證了其山是指今黑龍江省大興安嶺北段，那裡的遺存，沒有建立諸侯國的拓跋氏城邑，只有留下做爲祖廟的嘎仙洞之天然山洞，其「國」的組織型態，文獻無徵。只能從生活文化窺知略況，正如〈序紀〉所載，爲「畜牧遷徙，射獵爲業」，是在森林內畜牧、射獵，經常遷徙遊動。[109]

這顯示在嘎仙洞出土的遺存，其探溝 GPT1 北壁第 1 層有少量獸骨，第 2 層有大量獸骨，這些大量的獸骨，都爲野生動物，獐、狍骨頭最多，其次是鹿、犴、野豬，還有土豹、鼠類的骨骼及牙齒；加上探溝第 2 層和第 3 層中，多屬細石器，有石鏃 5 件、石矛 1 件；另又有骨鏃 6 件（未記錄溝層）；挖掘者乃認爲，這證明了「原始狩獵經濟形態的單一性」。[110]此說不免忽略了〈序紀〉記載的「畜牧遷徙，射獵爲業」，故其經濟型態，應是在狩獵中兼有少許畜養動物活動，即以狩獵爲主畜牧爲輔，沒有農業，亦「不爲文字」。

拓跋氏在大興安嶺的生活方式，宜屬於原始的攫取經濟型態。其之形成，是因拓跋氏既以大興安嶺爲生活空間，生活資源當必取決於住處生態環境所提供的物質，進而必受制於客觀自然環境資源。大興安嶺是茂密的原始森林，棲息於密林中的飛禽走獸，便爲生活資源，乃以狩獵、採集、畜牧方式，進行攫取，經濟生產十分落後，屬於原始的攫取經濟型態。森林狩獵是不定居的，隨遊獵處而居住，住處之建造，是就地取材，用樹幹、樹皮（冬季可用獸皮）搭起窩棚居住。野生動物之肉類，是主要食品，動物的皮毛，便是主要衣著的原

---

[109] 米文平，〈大興安嶺北部發現鮮卑石室遺址〉，收入氏著，《鮮卑史研究》，頁 27-28；惟有張博泉先生提出相反意見，認爲嘎仙洞的發現，不能證明「大鮮卑山」即大興安嶺的北段，因他推測大鮮卑山是位於古代山戎之北方，即今外興安嶺西麓及大興安山（雅布洛諾夫山）（張博泉，〈嘎仙洞刻石與對拓跋鮮卑文化起源的研究〉，收入黃鳳岐、朝魯主編，《東北亞文化研究》，鄭州市：中州古籍出版社，1995 年 10 月初版一刷，頁 267）。這個反對性的看法，若要成立，單賴文獻記載是辦不到的，必須在外興安嶺找到確鑿的拓跋氏遺存；在此之前，米文平先生的論點，還是考靠和可信的。

[110] 米文平，〈鄂倫春自治旗嘎仙洞遺址 1980 年清理簡報〉，收入氏著，《鮮卑史研究》頁 38-45。

材料。[111]

　　在前述生活條件下，當時「國」的組織型態，是「森林生態系統中的原始部落」。[112]據學者的看法，這又可以稱爲「森林民族」的部落，是以氏族爲紐帶的部落組織；又因拓跋氏人習於遊獵或遊動狩獵、畜牧生活，此種生活方式，性質與行軍作戰無二致；經兩項因素結合一起，氏族部落首領，即是軍事首長，氏族部落的每個成員，就是當然的部卒，人人皆兵；在作戰中，產生分工，少壯之男性在前衝鋒陷陣，老弱婦孺隨後驅趕牲畜，以備後勤補給，發揮原始部落的整體力量。[113]

參、成帝的持續立國

　　始建國以後，在嘎仙洞居住期間，拓跋氏「國」的部落是有所演進的，最早有文獻記載者，是第 1 成皇帝毛至第 5 安皇帝越。《魏書》〈序紀〉云：

> 其裔始均，入仕堯世，……帝舜嘉之，命為田祖。爰歷三代，以及秦漢，……而始均之裔，不交南夏，是以載籍無聞焉。……至成皇帝諱毛立。聰明武略，遠近所推，統國三十六，大姓九十九，威振北方，莫不率服。[114]

《魏書》〈官氏志〉載云：

> 初，安帝統國，諸部有九十九姓。[115]

在世代的承傳中，昌意直接相傳的後裔，並不清楚，而突然跳到「其裔」之「始均」，已處於堯、舜時代，接著歷經夏、商、周三代，迨至秦、漢，始均的後裔，都沒與南夏（中原）往來，「是以載籍無聞焉」，這段有關始均及其後裔的

---

[111] 田剛，〈嘎仙洞與拓跋鮮卑的歷史發展〉，《黑龍江民族叢刊》，2004 年第 4 期，頁 63-64；米文平，〈東亞森林民族文〉，收入氏著，《鮮卑史研究》，頁 320-327。

[112] 米文平，〈拓跋鮮卑文化發展述要〉，收入氏著，《鮮卑史研究》，頁 104。

[113] 米文平，〈論森林民族〉，收入氏著，《鮮卑史研究》，頁 306-311；米文平，〈森林民族文化述論〉，收入氏著，《同前書》，頁 312-319。

[114] 《魏書》，卷 1，〈序紀〉，頁 1。

[115] 《魏書》，卷 113，〈官氏志〉，頁 3005。

事情，仍可證明是附會的，不是真實的。這個問題尚有待研究。

　　大約到了漢代之際，成帝毛，才憑藉「聰明武略，遠近所推」，終得「威
振北方，莫不率服」。此時拓跋氏之「國」的組織型態，〈序紀〉說是「統國三
十六，大姓九十九」；〈官氏志〉卻以拓跋氏「諸部有九十九姓」，是在「初，
安帝統國」，即〈序紀〉「安皇帝諱越」時代；[116]對照起來，似有矛盾衝突，
因照〈序紀〉所載帝系：1 成皇帝毛→2 節皇帝貸→3 莊皇帝觀→4 明皇帝樓→5
安皇帝越→6 宣皇帝推寅；[117]依此則〈序紀〉與〈官氏志〉所載「國」的狀況，
中間相隔節帝貸、莊帝觀、明帝樓等三代領導人。惟推其原因可能是，安帝之
後的領導人是宣帝推寅，他進行第一次南遷「大澤」，[118]時間約在公元前一世
紀末至公元一世紀間，「大澤」即今呼倫湖的呼倫貝爾草原呼倫池地區。[119]由
此，第 1 帝成皇帝毛與第 5 帝安皇帝越所處時間，正屬於拓跋氏第一次南遷以
前的「嘎仙洞」期間；〈序紀〉與〈官氏志〉兩條資料的記載，可能就是意指：
從「毛」到「越」的嘎仙洞時期，拓跋氏之「國」的型態，基本上維持不變，
都是「統國三十六，大姓九十九」。那麼，此種「國」的組織型態是如何呢？
學者有如下不同的解釋：

　　唐長孺（1911-1994）先生認為，九十九姓，加拓跋一姓正為百姓，是氏
族社會中「氏族十進制組織」規則；三十六國，是與拓跋部落相結合的同盟氏
族與部落。[120]

　　李逸友先生認為，其部落組織，是聚集三十六個部落，而有九十九個氏族
首領。[121]

　　馬長壽（1906-1971）先生認為，「國」當指氏族集團或部落，「大姓」當

---

[116] 《魏書》，卷1，〈序紀〉，頁2。
[117] 《魏書》，卷1，〈序紀〉，頁2。
[118] 《魏書》，卷1，〈序紀〉，頁2。
[119] 米文平，〈拓跋鮮卑的兩次南遷考實〉，收入氏著，《鮮卑史研究》，頁58-62；米文平，
　　〈拓跋鮮卑南遷大澤考〉，收入《同前書》，頁62-64。
[120] 唐長孺，〈拓跋國家的建立及其封建化〉，收入氏著，《魏晉南北朝史論叢》（台灣影印
　　本，未刊出版資料），頁193-194。
[121] 李逸友，〈扎賚諾爾古墓為拓跋鮮卑遺迹論〉，收入氏著，《北方考古研究》（鄭州市：
　　中州古籍出版社，2000年11月初版一刷），頁164。

指氏族或比氏族較小的家支,組織按家支統於氏族,氏族統於部落,所以「大姓九十九」應當統於「三十六國」之內,「毛」是部落集團的酋長。[122]

　　米文平先生依據馬長壽先生的解釋,併徵諸鄂溫克族及鄂倫春族的游獵環境及文化特徵,有較具體的推證:一個「大姓」是指一個氏族,「國」由三、四個氏族(大姓)所構成的部落,即由九十九個氏族構成三十六個部落,分佈於額爾古納河東南的大興安嶺北段林區,即所謂「大鮮卑山」區,範圍以嘎仙洞為中心,西自額爾古納河,東至嫩江,北起黑龍江,南至洮兒河之室韋山;三十六部落在此原始森林中,人口密度很低,部落之間應非緊密固定的經濟及政治聯繫,僅有地域連片、狩獵生活、風俗習慣等生活相類似之聯繫點,以及同屬原始蒙古語族的單一語族,是一個鬆散的體群,屬於「父系氏族和血緣部落構成的部落群」,還未演進到部落聯盟。[123]

　　綜合上面各說,拓跋氏住在嘎仙洞時期,所建立的「國」,是屬於部落組織,依照學者的看法,或可能是部落群,或可能是部落聯盟及集團。這是《魏書》〈釋老志〉魏先「建國」的持續立國狀態。

肆、宣帝、獻帝的持續立國

　　如前所述,從第 1 帝成皇帝毛與第 5 帝安皇帝越之後,大約在公元前一世紀末至公元一世紀間,拓跋氏第 6 帝宣皇帝推寅,進行第一次南遷,居住在今內蒙古呼倫貝爾草原的呼倫池地區,此時「國」的組織型態,史書未有明載。學者認為,應仍維持著原有「統國三十六,大姓九十九」,只是在文化生態上,走出嘎仙洞的森林文化,轉為生活於呼倫貝爾的草原文化,其性質遂「由原始的血緣氏族部落和單一語族的鬆散的部落群,發展為有統一政治經濟聯繫的部落集團」。[124]

　　宣帝南遷後,因居地「厥土昏冥沮洳,謀更南徙,未行而崩」,[125]這個第二次遷徙的計畫,卻一直沒有實現,要等到第 13 帝獻皇帝鄰才進行。在他領

---

[122] 馬長壽,《烏桓與鮮卑》,頁 223-224。

[123] 米文平,〈拓跋鮮卑文化發展模式〉,收入氏著,《鮮卑史研究》,頁 116-117,122

[124] 米文平,〈拓跋鮮卑文化發展模式〉,收入氏著,《鮮卑史研究》,頁 120-121。

[125] 《魏書》,卷 1,〈序紀〉,頁 2。

導期間，「時有神人言於國曰：此土荒遐，未足以建都邑，宜復徙居」，因「帝時年衰老，乃以位授子」，由聖武皇帝拓跋詰汾即領導位，「獻帝命南移」，「始居匈奴故地」（陰山山脈一帶）。[126]第二次遷徙的時間，約在公元二世紀初至公元二世紀下半葉間，約當公元 156-166 年（或 163-166 年）間，鮮卑檀石槐（137-181）部落聯盟成立，勢力範圍東達大興安嶺以東的松嫩平原，西至阿爾泰山脈，包括整個蒙古草原的西部，拓跋鮮卑所在的呼倫貝爾草原當在聯盟勢力範圍內，於是乃率眾遷入漠南匈奴故地。[127]其契機是，公元 163 年檀石槐拓疆至「東卻夫餘」而「西與鮮卑接」時，獻皇帝隣便加入了檀石槐領導的聯盟。在南遷過程中或南遷後，獻帝隣就進行了「七分國人」。[128]

第二次遷徙時期之「國」的組織型態如何呢？《魏書》〈官氏志〉載云：

> 初，安帝統國，諸部有九十九姓。至獻帝時，七分國人，使諸兄弟各攝領之，乃分其氏。……
>
> 獻帝以兄為紇骨氏，……。
>
> 次兄為普氏，……。
>
> 次兄為拓拔氏，……。
>
> 弟為達奚氏，……。
>
> 次弟為伊婁氏，……。
>
> 次弟為丘敦氏，……。
>
> 次弟為侯氏，……。
>
> 七族之興，自此始也。

---

[126] 《魏書》，卷 1，〈序紀〉，頁 2。

[127] 米文平，〈拓跋鮮卑的兩次南遷考實〉，收入氏著，《鮮卑史研究》，頁 58-62；米文平，〈拓跋鮮卑南遷大澤考〉，《同前書》，頁 62-64。

[128] 米文平，〈拓跋鮮卑文化發展模式〉，收入氏著，《鮮卑史研究》，頁 121，123-124。

又命叔父之胤曰乙旃氏，……。

又命疏屬曰車焜氏，……。

凡與帝室為十姓。[129]

依據上文，獻帝鄰對拓跋氏的「國」之重組，是採「七分國人，使諸兄弟各攝領之，乃分其氏」。即（一）有拓跋氏外之七部，以獻帝「諸兄弟」分別統領：（1）大哥統領紇骨氏，（2）二哥統領普氏，（3）三哥統領拓拔氏（應作「拔拔氏」[130]），（4）大弟統領達奚氏，（5）二弟統領伊婁氏，（6）三弟統領丘敦氏，（7）四弟統領侯氏（或謂應作「亥侯氏」，[131]或謂應作「侯亥氏」，[132]或謂應作「侯氏」[133]）。此「七族之興，自此始也」。另外（二），更增加兩氏：（8）是獻帝「叔父之胤」的乙旃氏，（9）獻帝之「疏屬」的車焜氏。以上九氏之外，尚有拓拔氏部落，仍由獻帝親自統領，故謂九氏「凡與帝室（拓跋氏）為十姓」，一般稱為「帝室十姓」。十姓之族屬，今已無法全部辨識，只知拓跋氏本族有拓跋氏，疏屬車焜氏是拓跋氏本族的「遠裔」；侯氏為匈奴侯亥氏，紇骨氏為高車族，乙旃氏亦為高車族。[134]或說普氏與匈奴卜氏頗有淵源。[135]關於此次的部落重整之變遷，學者有如下不同的解釋：

馬長壽先生認為，這次的部落變遷，是因經過第一次遷徙從大興安嶺遷至呼倫貝爾湖，再經第二次遷徙從呼倫貝爾湖遷移到蒙古草原西部（按：指肯特山以西，科布多以東。是馬先生原來的推論觀點，今已證明是遷至陰山山脈），原有的大姓九十九之三十六國之部落聯盟，大部分滅絕了，又糾合了鮮卑及非鮮卑部落加入新聯盟，於是在獻帝以前就已開始形成了「鮮卑八部」或「八國」：

---

[129] 《魏書》，卷113，〈官氏志〉，頁3005。

[130] 清‧陳毅撰，《魏書官氏志疏證》，收入二十五史補編（台北市：開明書店，1959年6月，台一版，鉛印本），第四冊，頁4645上。

[131] 《魏書官氏志疏證》，二十五史補編，第四冊，頁4646上。

[132] 姚薇元，《北朝胡姓考》（北京市：中華書局，1962年10月新一版一刷），頁21。

[133] 陳連慶，《中國古代少數民族姓氏研究：魏晉南北朝民族姓氏研究》，頁45。

[134] 姚薇元，《北朝胡姓考》，頁10-24；陳連慶，《中國古代少數民族姓氏研究：魏晉南北朝民族姓氏研究》，頁94-98。

[135] 宋豔梅，〈拓跋鮮卑七分國人述論〉，《內蒙古社會科學（漢文版）》，2006年第5期，頁63。

拓拔部、紇骨部、普部、達奚部、伊婁部、丘敦部、侯部、拔拔部。到了獻帝，就以「七分國人」，是把原來七個部落的異姓酋長取消，派遣自己的七個兄弟擔任酋長，不用拓跋氏來當聯盟總領銜姓氏，分成多個新姓氏來分別統領各部，新姓氏又分別取自所統率的部落名稱，或各部落舊酋長的姓氏，以利於整體的凝聚和統治。這次的更革，組織上仍屬部落聯盟，「鮮卑八部」或「八國」沒有變動，是聯盟統一化的初步表現，有助於非鮮卑部落逐漸融合於拓跋氏鮮卑部落，即以拓跋氏爲中心，「其他七姓拱衛在它的周圍，輔佐拓跋氏的子孫對內世代繁榮，對外統治各族各姓以及各部落之內的牧民」。[136]

照米文平先生的看法，拓跋氏遷徙到內蒙古草原以後，與草原遊牧民族匈奴、丁零（高車）等廣泛接觸，錯居雜處，經通婚而血統交融，逐使部落組織型態「從原始血緣氏族的部落群，發展爲以地緣關係結成的部落聯盟」。所謂的「七分國人」，是原始社會推選部落酋長的制度已告破壞，統治階級開始萌芽，獻帝及七個兄弟，成爲統治階級，所統領的各部「國人」，已不完全是血緣關係了。[137]

依宋豔梅女士的看法，首先，「七分國人」不只意指獻帝派七個兄弟去分領部落，應還有「分國人」的過程。其理由是：（1）帝室十姓的構成顯示，十姓包括了拓跋君長獻帝之兄弟、叔父、疏屬，以及獻帝拓跋本部。若此次「七分」僅僅只是更換部落首領，那就必定須是拓跋氏本部以外的部落數量，剛好七個，獻帝兄弟數量也剛好七個，兩者之間恰好形成均等匹配。當然，（2）獻帝兄弟數量，確實應是七個。因其兄弟若多於七個，十姓必然無法把拓跋氏宗室全部包括在內，而且七分之後「又命」者，就不應只是叔父之胤和疏屬，應該還會包括七個以外的其他兄弟。不過，（3）至於拓跋氏以外的其他部落，多於七個。即包含了高車族的紇骨氏和乙旃氏本爲部落，以及與匈奴卜氏頗有淵源的普氏，在這多民族共同體內，部落數量可能多於七個。如此一來，（4）在上述情況下，爲了加強管理或者控制，獻帝必須「分國人」，就是按兄弟數

---

[136] 馬長壽，《烏桓與鮮卑》，頁 227-230，263-264。

[137] 米文平，〈拓跋鮮卑文化發展述要〉，收入氏著，《鮮卑史研究》，頁 105；米文平，〈拓跋鮮卑文化發展模式〉，收入氏著，《鮮卑史研究》，頁 121-123。

目,對部落結構進行拆合調整為七個部落後,再由七個兄弟分別去統領的;然後,再分命「叔父」和「疏屬」兩部劃歸其下,全體成為帝室十姓。經此重組之後,這時所謂的「國人」,不再拘限於自然血緣的因素,拓跋氏在遊牧遷徙的經濟生活中,不斷與其他部族接觸,為爭取生活資源,相互之間或合作或爭奪,進而納入不同血緣的其他部族,如匈奴、高車。最後,獻帝能夠實現以兄弟攝領聯盟各部,充分呈現拓跋氏本部具有超於其他部落之上的權威及勢力,足以統屬其他部落的「國人」。經由此一變動,實增強擴張了拓跋本部勢力。同時,獻帝諸兄弟統領各部後,都冠上所統領之部落原來的部落名稱或姓氏,使原先可能毫無血緣關係的異族部落,與拓跋本部結成了宗法關係,增強了部落聯盟的凝聚力,極大地削弱了部落組織成員的獨立性和分散性;其部落聯盟組織的堅韌,遠超過檀石槐聯盟僅以解決各部落自生計為目的之聯合體,而歷經長期考驗,至北魏前期轉為八部或八國、八部大夫、八部帥,直至西魏北周,仍續存在府兵制的核心之「八柱國」。[138]

康樂先生的看法,是環繞「帝室十姓」與「國人」的省思:(1)有關帝室十姓起源的時間,有異說存在,或說起於道武帝之說,或說起源於始祖神元皇帝力微且可能更晚,這些都可以引發對前引〈官氏志〉之質疑,可是在缺乏證據下,還是要因襲起源於獻帝的傳統說法。(2)〈官氏志〉說獻帝「次兄為拓拔氏(拔拔氏)」,胡三省《通鑑》注已疑其應為獻帝之長兄,或許是正確的,〈官氏志〉可能誤記。(3)獻帝重組部落聯盟,有可能是為了南遷,重組構成帝室十姓,有可能採用「十進位」,只是現有證據尚無法充分證明。(4)照〈官氏志〉,所謂「國人」是包含帝室十姓,實際上只有八姓,後來增加的乙旃氏與車焜氏,是為了符合十進位制,「硬湊上」的,與八族之關係究竟沒那麼親密,在部落內的地位,比不上八族。此時的國人之民族成份擴大了,包含非拓跋氏鮮卑的匈奴與高車,顯示其民族界線是寬鬆的,而拓跋氏乃由多個不同民族之部落揉合成的新民。[139]

---

[138] 宋豔梅,〈拓跋鮮卑七分國人述論〉,《內蒙古社會科學(漢文版)》,2006年第5期,頁62-65。

[139] 康樂,《從西郊到南郊:國家祀典與北魏政治》(台北縣:稻禾出版社,1995年1月初版),頁35-52。

伍、神元帝的持續立國

前說拓跋氏第二次遷徙，是加入了檀石槐聯盟，聯盟卻沒長期持續下去。到了東漢靈帝「光和中」（180-183），檀石槐以 45 歲之齡去世，子和連繼立，才力均不及其父，「性貪淫，斷法不平，眾畔者半」，遂造成「自檀石槐後，諸大人遂世相傳襲」，[140]聯盟乃告瓦解，部族離散及衝突。而依據史載，未見拓跋氏持續參與其事：（1）檀石槐後代，其子和連對漢邊郡仍「數為寇抄」，後來在出擊北地郡（東漢治富平縣，在今寧夏自治區靈武市與寧夏吳忠市附近）時 ，被該郡廉縣善射者射中而死。子騫曼年小，兄子魁頭繼立，後騫曼長大，復與魁頭爭國，眾遂離散。魁頭死，弟步度根繼立。[141]由於「眾稍衰弱」，中兄扶羅韓「亦別擁眾數萬為大人」。接著，軻比能殺扶羅韓，扶羅韓子泄歸泥及部眾悉屬比能。步度根由是怨比能，數次相攻擊，以「部眾稍寡弱」，將其眾萬餘落，堅守太原郡（後漢治晉陽縣，今山西省太原市西南汾水之東岸）、鴈門郡（東漢治陰館縣，今山西省代縣西北），招回歸泥及其部落。[142]（2）「東部鮮卑」，素利、彌加、厥機等三人「皆為大人」， 分佈在遼西郡（東漢治陽樂縣，今遼寧省義縣之西）、右北平郡（東漢治土垠縣，今河北省唐山市豐潤區之東南）、漁陽郡（東漢治漁陽縣，今北京市懷柔縣梨園莊東南）塞外。[143]（3）「小種鮮卑」，由軻比能領導，他「以勇健，斷法平端，不貪財物，眾推以為大人」。同時「每鈔略得財物，均平分付，一決目前，終無所私，故得眾死力，餘部大人皆敬憚之，然猶未能及檀石槐也」。主要根據地在代郡、上谷郡沿邊塞外。太和二年至青龍元年間（228-233），軻比能一度制伏及誘結鮮卑各部，「盡收匈奴故地，自雲中（東漢治雲中縣，今內蒙古呼和浩特市托克托縣古城村之西，末年棄治）、五原（東漢治九原縣，今內蒙古包頭市九原區麻池鎮之西北，末年棄治）以東抵遼水，皆為鮮卑庭。數犯塞寇邊，幽、并苦之」。

---

[140] 劉宋·范曄撰，《後漢書》（台北市：鼎文書局，1979 年 11 月再版，新校標點本），卷 90，〈鮮卑傳〉，頁 2994。

[141] 《後漢書》，卷 90，〈鮮卑傳〉，頁 2994。

[142] 西晉·陳壽撰，《三國志》（台北市：鼎文書局，1979 年 11 月再版，新校標點本），卷 30，〈魏書·鮮卑傳〉，頁 835-836。

[143] 《三國志》，卷 30，〈魏書·鮮卑傳〉，頁 840。

青龍三年（235），曹魏幽州刺史兼領護烏桓校尉王雄派遣勇士韓龍刺殺軻比能，更立其弟，造成「種落離散，互相侵伐，彊者遠遁，弱者請服」。[144]當軻比能雄霸期間，沒有拓跋氏參與其事的證據。

檀石槐聯盟崩潰後，拓跋氏未見持續參與事，應是因爲其後至曹魏間，拓跋氏「國」的部落起了變化。力微「元年，歲在庚子。先是，西部內侵，國民離散」。[145]此處的「元年」，是拓跋史有紀年之始，錢大昕謂「神元皇帝元年，歲在庚子。是歲，魏文帝受漢禪，改元黃初」，[146]即黃初元年，公元 220 年。「先是」乃指黃初元年以前之漢末期間，「西部內侵，國民離散」，似應包括兩事：一是曹魏時的「西部」，在《三國志》有提到「西部鮮卑蒲頭」，[147]拓跋氏有可能遭到此部族的攻擊，因史書對「蒲頭」部族缺乏他記詳載，詳況無可考。二是拓跋氏與禿髮氏的分裂。力微因傳說是聖武帝詰汾與天女所生，天女抱他給詰汾時預言：「此君子也，善養視之。子孫相承，當世爲帝王」。[148]而詰汾原本就生長子爲匹孤，理當繼位，力微卻因神異而繼位爲部落領袖，匹孤約於 219 年離開塞北陰山，往西遷移，後來抵達河西，成爲禿髮鮮卑的源流。[149]力微與匹孤的爭位，理應有所衝突，匹孤往西遷移後，有可能曾回擊力微，故謂「西部內侵」；復以匹孤出走，帶走了部分部衆，拓跋氏部落民因此分割離走，乃說「國民離散」。經此分裂，拓跋氏元氣大傷，力微就「依於沒鹿回部大人竇賓」，後來更「與賓攻西部」，軍敗失馬步行，以所乘駿馬給竇賓，賓爲了報恩，將女兒嫁給力微，併讓力微率所部北居長川（古城遺址，在今內蒙古烏蘭察布市興和縣西北 15 公里處），至三十九年（259）「遷於定襄之盛樂」。[150]

[144] 《三國志》，卷 30，〈魏書‧鮮卑傳〉，頁 838-839。

[145] 《魏書》，卷 1，〈序紀〉，頁 3。

[146] 清‧錢大昕撰，《廿二史考異》，（台北市：鼎文書局，1979 年 9 月初版，錢大昕讀書筆記廿九種本），第一冊，卷 28，〈魏書一‧序紀〉，頁 543。

[147] 據《三國志》卷 30〈魏書‧鮮卑傳〉載有「西部鮮卑蒲頭」（頁 839）。

[148] 《魏書》，卷 1，〈序紀〉，頁 3。

[149] 周偉州，〈禿髮鮮卑和河西鮮卑〉，收入氏著，《西北民族史研究》（鄭州市：中州古籍出版社，1995 年 7 月初版一刷），頁 89-91。

[150] 《魏書》，卷 1，〈序紀〉，頁 3。

遷居長川之後，力微努力於部落的鞏固及擴大，「積十數歲，德化大洽，諸舊部民，咸來歸附」。至二十九年（249），寶賓臨終，交待其二子歸順力微，其子不從，暗中準備反抗，被力微所殺，「盡并其眾，諸部大人，悉皆款服，控弦上馬二十餘萬」。再到三十九年（259），「遠近肅然，莫不懾服」。[151]此間力微把所建立的「國」之部落聯盟，較獻帝時代更爲龐大，聯盟所涉及的部落成員，詳見於《魏書》〈官氏志〉，馬長壽先生認爲，志中所載諸部落，多係出於力微時期及以前，其具體的分群：（1）宗室八姓：〈官氏志〉有謂「帝室十姓」，獻帝所立八部：拓跋氏、紇骨氏、普氏、拔拔氏、達奚氏、伊婁氏、丘敦氏、俟亥氏（侯氏）。加上獻帝另立之乙旃氏、車焜氏，共成帝室十姓，計有 10 姓。[152]是後來形成的名稱。在力微時，以拓跋氏爲核心，七姓環繞拱衛，爲宗室八姓。[153]（2）內入諸姓：「神元皇帝時，餘部諸姓內入者」。族屬複雜，成員至少有匈奴、丁零、柔然、烏桓、東部鮮卑等族。[154]原屬外部落，〈官氏志〉總計記載 75 姓，都是力微時或以前從戰勝兼併來的。[155]（3）四方諸姓：〈官氏志〉爲「凡此四方諸部，歲時朝貢，登國初，太祖散諸部落，始同爲編民」。[156]所載有東方 2 部，南方 7 部，西方 16 部，北方 10 部，總計 35 部。所謂「朝貢」，應非稱臣做附庸而入貢的王朝式之朝貢，只能解作政治上互相交聘，經濟上互相有交易，是平等的民族往來關係。以上總計聚集 120 個部落姓氏，形成一個部落聯盟。[157]

第七節　「玄朔」之地理時空有待深究

〈釋老志〉所說「魏先，建國於玄朔」，其「玄朔」一詞，經由前面的討論和說明，已知「魏先」是指拓跋氏先公先王，「建國」是指部落組織的演變；

---

[151] 《魏書》，卷 1，〈序紀〉，頁 3。

[152] 《魏書》，卷 113，〈官氏志〉，頁 3006。

[153] 馬長壽，《烏桓與鮮卑》，頁 236。

[154] 《魏書》，卷 113，〈官氏志〉，頁 3006。

[155] 馬長壽，《烏桓與鮮卑》，頁 238。

[156] 《魏書》，卷 113，〈官氏志〉，頁 3014。

[157] 馬長壽，《烏桓與鮮卑》，頁 239。

那麼,「玄朔」一詞,從「於」字的於格語,即知是指「魏先」居住的處所,亦即「建國」的疆域,是一個地理空間語詞。

「玄朔」,亦見於《魏書》他處。《魏書》〈禮志一〉云:

> (太和十四年)中書監高閭議以為:「……大魏稱制玄朔」。[158]

> (太和)十五年正月,侍中、司空、長樂王穆亮,侍中、尚書左僕射、平原王陸叡,侍中、吏部尚書、中山王王元孫,侍中、尚書、駙馬都尉、南平王馮誕,散騎常侍、都曹尚書、新泰侯游明根,散騎常侍、南部令鄧侍祖,秘書中散李愷,尚書左丞郭祚,右丞、霸城子衛慶,中書侍郎封琳,中書郎、泰昌子崔挺,中書侍郎賈元壽等言:「臣等受敕共議……,大魏興於雲朔。……臣等謹共參論,伏維皇魏世王玄朔」。[159]

《魏書》〈官氏志〉亦說:

> 魏氏世君玄朔。[160]

上引資料顯示,「玄朔」,是指拓拔氏先公先王之居住地,亦為北魏朝廷一致所公認,包括鮮卑大臣,如穆亮、[161]陸叡;[162]漢族大臣,如高閭、[163]崔挺、[164]游明根、[165]郭祚、[166]馮誕。[167]一般詞典如《辭源》,將玄朔釋為「極北之地」。[168]對拓跋氏來說,可以意指極遙遠的北方地區。惟其具體所指地理空間,還有待另行探究。因《魏書》〈序紀〉載云:「國有大鮮卑山,……其後,世為君長,

---

[158] 《魏書》,卷108-1,〈禮志〉,頁2744。
[159] 《魏書》,卷108-1,〈禮志〉,頁2738。
[160] 《魏書》,卷113,〈官氏志〉,頁2971。
[161] 穆亮之祖先為「代人」,「其先世效節於神元、桓、穆之時」(《魏書》,卷27,〈穆亮傳〉,頁661,667)。
[162] 陸叡之祖先為「代人」且「世領部落」(《魏書》,卷40,〈陸叡傳〉,頁901、911)。
[163] 高閭為「漁陽雍奴人」(《魏書》,卷54,〈高閭傳〉,頁1196)。
[164] 崔挺「博陵安平人」(《魏書》,卷57,〈崔挺傳〉,頁1263)。
[165] 游明根為「廣平任人」(《魏書》,卷55,〈游明根傳〉,頁1213)。
[166] 郭祚為「太原晉陽人」(《魏書》,卷52,〈郭祚傳〉,頁1421)。
[167] 馮誕為「長樂信都人」(《魏書》,卷83上,〈馮誕傳〉,頁1818、1820)。
[168] 《辭源》,頁1093。

統幽都之北，廣漠之野」；[169]而且，後來還有兩次遷徙。同時，前引文獻又謂「大魏稱制玄朔」，「世王玄朔」，「世君玄朔」，「世」係指世世代代的長期時間跨度，可證若用詞典所釋「極北之地」，來解釋〈釋老志〉「玄朔」一語的地理空間，實過於空泛、抽象，是無意義的，無助於「〈釋老志〉論拓跋氏佛教淵源西域」課題之研究，務必深研出「玄朔」之地理時空的明確範圍。

---

[169]《魏書》，卷1，〈序紀〉，頁1。

第四章　拓跋史、魏王朝與佛教之關係年代

　　經由第二章與第三章之討論，顯示出一個值得研究的年代學課題，即〈釋老志〉釋部的年代學內容是如何呢？即釋部的整個拓跋氏史、魏王朝與佛教關係之年代如何呢？這是以〈釋老志〉之魏佛教溯源所進行的對應思考：

　　一、〈釋老志〉魏佛教溯源起始年代，是拓跋珪登國元年（386）至皇始二年（397）的開疆，以之可對應思考該志的魏佛教斷限年代，與《魏書》〈太祖紀〉的魏王朝斷代年代之關係：該志與之相同的年代，是公元386-550年；與之不同的年代，是公元377-550年，這個差異究竟是如何形成的呢？

　　二、〈釋老志〉之魏佛教溯源終極點，是「魏先」至神元帝三十九年（258）階段，其間之年代，於史籍唯神元帝有紀年，在此以前便發生了年代問題：「魏先」所涉重要年代，從文獻推算之年代，各有不同，又有異於考古學年代，這些如何達成協調性或一致性呢？

　　三、〈釋老志〉對魏佛教之溯源終極點在「魏先」，其既牽扯拓跋史年代問題，則可對應思考該志對佛教的終極溯源點：印度佛教、佛法的起源年代，而粗略觀之，確有其問題：（1）其以七佛說為佛教起源，七佛的前六佛，其年代本質為何呢？（2）第七佛為釋迦牟尼佛，生於周莊王十年（前687），是如何的選定呢？（3）是佛陀傳法活動過程之年代，諸經論記載有所差異，該志是如何選定的呢？（4）其謂第一次佛法結集，就有「乃綴文字」，成立「十二部經」（十二分教），這樣的年代之混淆，是如何形成的呢？

　　四、〈釋老志〉對魏佛教之溯源的終極點，為「魏先」與西域佛教之關係，有關「魏先」年代問題，已如前述；至於西域佛教年代，則可對應思考該志中所言之西域佛教傳播年代，而略作觀察，亦確有其問題：（1）其謂阿育王傳播佛教年代，是在佛滅「百年」後，而造佛舍利塔為傳播之象徵，這敘事是如何形成的呢？（2）關於狹義西域（新疆）佛教的起源年代，《魏書》〈西域傳〉說是老子化胡的結果，其說是如何形成的呢？

第一節　魏王朝與魏佛教之斷代年代問題

〈釋老志〉對魏佛教起源，其溯源起點，是拓跋珪創建魏王朝的開疆，其年代是：拓跋珪登國元年（386）至皇始二年（397）。〈釋老志〉中與之相對應而可思考的年代問題是：魏佛教史斷代年代與魏王朝斷代年代之關係。先看魏佛教史之斷代上下限，〈釋老志〉載云：

> 太祖平中山，經略燕趙，所逕郡國佛寺，見諸沙門、道士，皆致精敬，禁軍旅無有所犯。[1]

> 自魏有天下，至於禪讓，佛經流通，大集中國，[2]

上文顯示了〈釋老志〉敘述北魏佛教史斷代，上限起於「自魏有天下」，意即「太祖平中山，經略燕趙」之開疆。此一過程，是始於道武帝登國元年（386）即代王位，至皇始二年（397）十月「平中山」（見第二章），從起元角度來說，是以登國元年爲起元。至於下限，是「至於禪讓」，當指孝靜皇帝元善見（在位 534-550）武定八年，公元 550 年，將帝位「禪讓」於北齊文宣帝高陽，東魏滅亡。

有關魏王朝斷代之年代，本應見於《魏書》〈序例〉，可惜它已亡佚，[3]古代紀傳體史書之斷代年代標準，都在帝王的本紀編年之紀年，此處必須參酌《魏書》帝紀的紀年體例來看，茲說明如下：

依照《魏書》帝紀，魏王朝之斷代史斷限，是起元於拓跋珪元年，終於孝靜帝武定八年，公元 377-550 年，總計 173 年。關於上限起元，是在北魏開國皇帝道武帝拓跋珪（在位 398-409）的〈太祖紀〉，採用無年號紀年，書「元年」，[4]公元 377 年，時拓跋珪方七歲，尚未即帝位，據實是不得稱作道武帝，可稱爲拓跋珪元年。這個起元，是依照古代史書之本紀的編年體例，《魏書》

---

[1] 《魏書》，卷 114，〈釋老志〉，頁 3030。

[2] 《魏書》，卷 114，〈釋老志〉，頁 3048。

[3] 周一良，〈魏收之史學〉，收入氏著，《周一良集》（瀋陽市：遼寧教育出版社，1998 年 8 月初版一刷），頁 335-336。

[4] 《魏書》，卷 2，〈太祖紀〉，頁 19。

〈序紀〉與〈太祖紀〉之間的紀年必須銜接，〈序紀〉紀年終於拓跋什翼犍代國建國三十九年，[5]公元376年，與〈太祖紀〉的拓跋珪「元年」（377），正好年代相銜接，故以拓跋珪元年爲起元。關於下限年代，是〈孝靜帝紀〉，載魏王朝最後一個皇帝東魏孝靜帝元善見（在位534-550）之史事，本卷原文已亡佚，今本是以《北史》同紀及其他各書資料補入，[6]以之爲準，下迄於武定八年五月「丙辰，詔歸帝位於齊國，即日遜於別宮」，[7]即公元550年，禪位於北齊文宣帝高洋（在位550-559）。

上述魏王朝之斷限，必須有三點說明：（1）《魏書》〈太祖紀〉之有年號紀元，是「登國元年春正月戊申，帝即代王位，郊天，建元」，[8]爲公元386年，代王拓跋珪十六歲。照撰史書法，這個年代，不能稱作起元，即非斷代斷限之上限。（2）〈序紀〉載魏王朝有「百六十載，光宅區中」，[9]以160年計算，當起元於登國五年（390），不符古代撰史「起元」必須以元年爲開端之體例，在北齊修國史過程中，魏收曾與陽休之、李德林討論齊史「起元」問題，[10]深知起元體例，《魏書》應不致誤謬到以登國五年來起元，其所說北魏「百六十載」，當是164年的略說。所謂164年，即起元於前述〈太祖紀〉登國元年之公元386年，迄於〈孝靜帝紀〉武定八年之公元550年，總計164年。

如上所述，《魏書》有兩種魏王朝斷代年代：（1）公元377-550年，總計173年。（2）公元386-550年，總計164年。

如此一來，〈釋老志〉釋部的斷代年代，相同於前述之第（2）個年代之公元386-550年；不同於第（1）個年代之公元377-550年。

以上所說《魏書》的斷代年代差異問題，如何加以通釋呢？是欲明瞭〈釋老志〉釋部整個拓跋氏與佛教關係年代，所必要解決的問題。

5　《魏書》，卷1，〈序紀〉，頁16-17。

6　《魏書》，〈魏書述要〉，頁4；〈魏書目錄〉，頁2。

7　《魏書》，卷2，〈孝靜紀〉，頁313。

8　《魏書》，卷2，〈太祖紀〉，頁20。

9　《魏書》，卷1，〈序紀〉，頁17。

10　唐・李百藥撰，《北齊書》（台北市：鼎文書局，1980年3月三版，新校標點本），卷42，〈陽休之傳〉，頁563。

第二節 「魏先」年代的問題

如第二章所說，〈釋老志〉對魏佛教溯源，是以登國元年（386）至皇始二年拓跋珪開疆爲起點，往前沿著拓跋史溯源：（1）溯源烈帝元年（329）至道武帝登國元年（386）階段（2）溯源神元帝三十九年（258）至烈帝元年（329）階段（3）溯源「魏先」至神元帝三十九年（258）階段。前兩個階段的拓跋史紀年，都是明確可稽。後一個階段，則只有下限年代明確，至於其「魏先」之起點及過程間所涉年代，則多有問題存在。

首先，是魏先的最早年代不明。〈序紀〉說拓跋氏祖源，是黃帝少子昌意，在文獻上，黃帝時代的紀年是何年呢？是無法明確獲得的。其餘問題說明如下：

壹、拓跋氏住大鮮卑山時代之年代之疑問

〈序紀〉說昌意後代住在大鮮卑山，這個時期的年代，學界都用推算的，而其說法各有差異，茲舉例如下：

米文平先生的推算，即有不同的年代：（1）成帝毛的年代：成帝毛至拓跋燾（408-452）有30代，以一代25年計算，毛相當於公元前一、二世紀。（2）始均年代：拓跋燾至毛的三十代，再加計毛以前六十七世到始均，可上推「公元前一千七八百年，相當於夏末商初時代」。[11]（3）另一個遠祖年代：天興元年（398），道武帝聲稱「昔朕遠祖」，「逮于朕躬，處百代之季」，[12]據此「百代」，以一代30年計，則其遠祖距天興元年以前3000年，即約公元前2602年。[13]然而，此年代屬於拓跋氏何位先公、先王問題，是不明的。

---

[11] 米文平曾計算過拓跋遠祖年代，其中頗有疏誤：第一，米氏對毛至拓跋燾（408-452）的世代謂「三十代」，以一代25年計算，毛「相當於公元前一、二世紀」，是有錯誤的，實際是公元前342-298年；第二，米氏又以拓跋燾至毛的三十代，再加計毛以前六十七世，認爲可上推「公元前一千七八百年，相當於夏末商初時代」，仍然有誤；蓋扣除毛的重複一世，依96世計算，以一世25年計算，當爲公元前1948-1992年（以上據米文平，〈鮮卑石室的發現與初步研究〉，收入氏著，《鮮卑史研究》，頁35）。第三，在他處作者又說毛至拓跋燾「二十三代」（米文平，〈嘎仙洞北魏石刻祝文考釋〉，收入氏著，《鮮卑史研究》，頁49），是錯誤的；因拓跋氏以毛至獻明皇帝爲二十八代帝，加上拓跋燾以前之道武、明元二帝，爲三十代，故毛至拓跋燾的世代謂「三十代」。

[12] 《魏書》，卷1，〈太祖紀〉，頁32。

[13] 此亦依米文平的方法計算。惟米氏的計算基準中，有一代「二十年」，有一代「三十年」；

　　卜弼德（P. A. Boodberg）先生對〈序紀〉年代的推算，不同於米文平先生之說：（1）始均年代，始均與舜同時代，推算舜的年代，約在公元前 2210 年上下，較之米先生所推公元前一千七八百年，差距三、四百年。（2）始均年代：從始均到成帝毛相隔 67 世，以一世 30 年計算，在始均和毛之間相隔 2010 年，因此，毛的年代應當是公元前 200 年。[14]與米先生所推公元前一、二世紀，相差一兩百年。

　　姚大力先生據卜弼德先生之說，另行做推估，先算出舜至力微出生之公元 174 年，總共有 2406 年，依此年數，則知（1）始均年代：他與舜同時代，舜約在公元前 2232 年，與卜氏所推，相差 22 年。（2）成帝拓跋毛年代：再「按古意一世爲三十年計算，則「2406 年則共合八十世。從力微之前的詰汾往前數，追溯到毛之後的節皇帝貸共十三世。二者相減，從舜時代的始均直到毛爲止，恰好還剩下六十七世代」。[15]則毛年代約公元前 222 年，較之卜先生所推，相差 22 年。

　　綜合上面文獻推算年代來看，米文平先生所推算年代，較之卜氏，差距很大；姚先生所推估年代，較之卜氏有較小的差距，故再較之米氏，仍然差距很大；三者之間，完全缺乏一致性的關係或可能性。

　　最後，有關嘎仙洞的考古年代，是公元前 1800 年至公元前一世紀。在考古遺存方面，據嘎仙洞清理〈簡報〉，洞內的文化堆積有三個時間：一是保護溝 GKPT2 第二層，爲花崗岩碎片堆積，是李敞來此致祭刻祝文琢壁所剝落的石片，絕對年代當即北魏太平真君四年（443）。第二，保護溝 GKPT2 第 3 層，有陶片、細石器、骨器、獸骨等，其木炭標本 C-14 測定年代，爲距今 2450±80 年，約當公元前 500 年前後，「相當於戰國初期」。第三探溝 GPT3 第 3 層，地層中的動物骨骼證明年代爲全新世；文化性質單純，均爲細石器，包括石葉、

前者與一般計算基準差距太大，故僅採後者（米文平，〈嘎仙洞北魏石刻祝文考釋〉，收入氏著，《鮮卑史研究》，頁 49-50）。

[14] 這是卜弼德（P. A. Boodberg）的推算，見姚大力，〈論拓跋鮮卑部的早期歷史：讀魏書序紀〉，《復旦學報(社會科學版)》，2005 年第 2 期，頁 20。

[15] 以上均見：姚大力，〈論拓跋鮮卑部的早期歷史：讀魏書序紀〉，《復旦學報（社會科學版）》，2005 年第 2 期，頁 20-21）。

石片、石核、刮削器、石簇等，僅在其下有兩件打製的大型石器，細石器選材及加工技術都不斷在進步，其中沒有陶器併存。可惜，對此細石器，發掘的考古學者沒有提供具體的年代，只說到「發現了石器石代、戰國時期、北魏時期的文化堆積」，僅意指細石器年代，應甚早於戰國時代，可是年代難以判定。蓋其縱「具備中石器時代的基本條件，但因嘎仙洞遺址始終處於原始森林的生態環境之中，經濟類型單一，其自身的文化發展是緩慢的，其中石器時代文化的起止年代問題，相對其他地區可能應該有所差別」；[16]也就是說，文化演化變遷速度緩慢之民族，當其他民族進入銅器時代，它仍然滯留於石器時代，拓跋氏顯然就是此般民族。因此，嘎仙洞細石器的年代，不可拘泥於「中石器」及「全新世」的斷代，必須注意到其遠古石器文化之滯留不前，不能用一般文化的階段性轉換之普遍年代標準，予以判斷其細石器所屬年代。例如，中國北方草原或荒漠地帶的其他人群，在距今二、三萬年前，已開始使用細石器為狩獵工具，而延續的時間相當長，有的要晚至距今 7000-6000 年，乃至距今 5000 年，「所以中石器的概念，至今還只能是一種假說」。[17]縱使被推測為中石器時代的細石器遺址年代，也有晚至距今 4000 年左右的。[18]因此，嘎仙洞的細石器年代之判定，目前依然處於不明狀態，恐怕須待更多的拓跋氏考古遺存出土細石器，方能有個明確的答案吧！

　　從上述來看，拓跋氏遠祖住在大興安嶺的年代，依據考古遺存年代遠早於戰國時代初年（前 500）以前，且可往前再推至細石器時代的延續期，上限可能在「距今至少三、四千年以前，拓跋氏祖先『統幽都之北』，即在大興安嶺北部一帶居住」，[19]即約在「公元前 1800 年時，拓跋鮮卑的祖先們就已生活在這裡（大興安嶺北段）」。[20]下限是約在公元前一世紀。

　　綜合上來所說，〈釋老志〉所說「魏先」年代，關涉了拓跋氏史初階段的

---

[16] 米文平，〈鄂倫春自治旗嘎仙洞遺址 1980 年清理簡報〉，收入氏著，《鮮卑史研究》，頁 38-45。

[17] 田廣金、郭素新，《北方文化與匈奴文明》（南京市：江蘇教育出版社，2005 年 4 月初版一刷），頁 47-48。

[18] 崔樹華，〈內蒙古發現的中石器時代遺存〉，《蒙古學資訊》，1998 年第 4 期，頁 39-41，48。

[19] 米文平，〈嘎仙洞北魏石刻祝文考釋〉，收入氏著，《鮮卑史研究》，頁 50。

[20] 李治亭主編，《東北通史》，頁 81。

年代疑問，這個疑問不僅牽涉到文獻記載的年代推算，還糾纏著文獻與考古兩種年代的對勘和融釋。這也是探究〈釋老志〉釋部整個拓跋氏與佛教關係年代，所必須要處理的問題。

貳、第一、二次遷徙年代之疑問

　　關於拓跋氏的第一次遷徙時間，學界觀點頗不一致，其間還有不少令人疑問之處。茲分別說明如下：

　　首先，有謂兩次遷徙都發生於東漢期間：這是最常見的年代，主要有兩說：（1）馬長壽先生主張，公元一世紀前半葉，約東漢光武帝建武年間（25-55），宣帝進行第一次遷徙。過了七代，在和帝和平元年至靈帝光和三年間（150-180），檀石槐任聯盟之盟主時，獻帝先擔任聯盟之西部大人後，於東漢末年聯盟瓦解時，再命聖武帝南遷。[21]（2）公元一世紀前半葉，東漢光武帝建武年間（25-55），進行第一次遷徙。是在第一次遷徙。經歷七代，在順帝永和元年至靈帝光和四年間（137-181），獻帝第二次遷徙，加入「檀石槐聯盟」為西部大人。[22]這兩種年代，頗有問題，姑以一代以 25 年計算（實應依古人一世 30 年才正確，為配合學者多用一世 25 年，並為「縮小」其錯誤，遂使用之，以下同），七代為 175 年。如此，第二次遷徙在公元 200-230 年間，即東漢獻帝建安五年（200）至曹魏明帝太和四年（230），檀石槐聯盟早已於崩解了。因此，對第（1）說而言，則不可能在 180 年聯盟瓦解時南遷；對第（2）說而言，則根本趕不上加入存在於 137-181 年的聯盟。

　　其次，有謂東漢末至曹魏間進行兩次遷徙：姚大力先生認為，宣帝與檀石槐聯盟（約 150 年代-181 年）大略同時，亦約此時第一次遷徙，未加入聯盟。獻帝的第二次遷徙，「必定發生在後檀石槐勢力在 230 年代被曹魏摧毀，漠南草原形成一時間的權力真空的時候」；而兩次遷徙之間的年代，相隔七世。[23]此說有不妥當之處：（1）為了克服年代論證上「不容回避的困難」，竟對〈序紀〉

---

[21] 馬長壽，《烏桓與鮮卑》，頁 226。

[22] 王仲犖，《魏晉南北朝史》，上冊，頁 507-508；李治亭主編，《東北通史》，頁 81。

[23] 姚大力，〈論拓跋鮮卑部的早期歷史：讀魏書序紀〉，《復旦學報(社會科學版)》2005 年第 2 期，頁 19，21-27。

記載力微年壽104歲，在無證據亦無論證下，逕自以不實爲由，將力微年壽改爲68歲，[24]使力微無端的遭致減壽36歲。如此推算出來的年代，真假值是如何呢？（2）姚先生既主張，第一次遷徙在檀石槐聯盟（約150年代-181年）間，經七世再進行第二次遷徙；若依照其說，則以一世25年計算，相隔七世爲175年，第二次遷徙將發生於公元325-356年間，爲前趙劉曜光初七年（325）至前秦苻生壽光二年（356）間。此時，較之姚先生所說第二次遷徙在「檀石槐勢力在230年代被曹魏摧毀，漠南草原形成一時間的權力真空的時候」，要往後延遲了95-126年，可證其年代推算顯然兜不合，差距過大。甚且，「230年代」以後的漠南草原，曾有過爲期95-126年的「權力真空」狀態嗎？（3）依據上述年代，姚先生所說第一、二次遷徙的時間，是揣測得使年代無法兜合之假設。同時，中國史的年代框架，若要承納下他的假設，則拓跋史、北魏史、魏晉十六國史，就都必須爲其假設隨意改寫，此階段以後的全體中國史，亦復如是。

最後，有謂西漢末至東漢末之間，進行兩次遷徙：這是經由考古遺存與〈序紀〉等文獻相印證所提出的，學者的看法，頗稱相當一致。

關於第一次遷徙，米文平先生認爲，「大約在公元前2000多年以前」，離開嘎仙洞，走出森林，到了公元一世紀前葉，「來到草原邊緣，今額爾古納市，後又來到呼倫湖畔」。[25]這就是說，公元前一世紀末葉，[26]拓跋氏開始了第一次遷徙，證據是1980年6月在鄂溫克自治旗伊敏流域的孟根楚魯墓群第1號墓，此墓群是拓跋鮮卑的文化遺存，經碳14測定，年代爲距今2190±95年及2120±80年，爲西漢時期，[27]約公元前140年或公元前60年左右。所出土的手製夾砂黑褐陶敞口罐，在陶器表面上有矸光暗條痕，正是拓跋文化一脈相傳的

---

[24] 姚大力，〈論拓跋鮮卑部的早期歷史：讀魏書序紀〉，《復旦學報(社會科學版)》2005年第2期，頁23-25，27。

[25] 米文平，〈拓跋鮮卑文化發展模式〉，收入氏著，《鮮卑史研究》，頁116。

[26] 米先生上引文連載於《呼倫貝爾日報》1995年6月1日至7月21日（米文平，〈作者小傳〉，收入氏著，《鮮卑史研究》，頁532），由1995年上推「公元前2000多年以前」，至少在公元前5年以前。

[27] 米文平，〈拓跋鮮卑與慕容鮮卑同源的考古學研究〉，收入氏著，《鮮卑史研究》，頁447。

特徵，從嘎仙洞開始存在，綿延至北魏時期。[28]同時，孟根楚魯墓群，年代上緊接嘎仙洞之後，地理位置又較遠離嘎仙洞而靠近呼倫貝爾草原，應為拓跋氏由森林通往草原過程中的一個駐留地。到了公元一世紀前葉，拓跋氏到達呼倫貝爾草原邊緣，證據是 1987 年發掘的額爾古納右旗駐地拉布達林鎮（已改為額爾古納市）小西山東南坡上的墓群；在年代方面，M24 出土 5 枚西漢孺子嬰在位王莽攝政居攝二年（7）鑄「大泉五十」銅錢，表示墓葬時間不早於東漢初年；在遺存方面，與札賚諾爾拓跋鮮卑墓葬有許多相同或相似處，諸如前寬後窄之長方形土坑豎穴、木棺葬、樺樹皮製成之用品；4 件斂口陶罐分別為尊、碗、缽、壺；以上遺存，在種類上，與札賚諾爾墓群基本相同。還有 3 件長鼓腹的陶罐，在型態上，很接近嘎仙洞遺址出土的斂口罐。尤其手製夾砂素面陶、斂口罐，是其陶器的基本類型，器表有豎向壓光條紋，這都是拓跋氏文化遺存的特徵。總之，它是拓跋氏的文化遺址，年代處於第一推寅宣帝率部南遷過程中，「初出森林的頭一個停留地」，當在公元一世紀前葉，即東漢初年。至於 1959 年首次在呼倫貝爾湖北岸發掘的札賚諾爾墓群，時間為東漢中晚期，是證明第一推寅遷徙所至之「大澤」，正是呼倫貝爾湖，為第二推寅獻帝鄰第二次遷徙以前，拓跋氏居住在呼倫貝爾湖畔時期的遺址，[29]亦不必是第一推寅率部剛到達呼倫貝爾湖畔的遺址及時間，他率部來到此「大澤」的時間，亦應在公元一世紀前半葉間。[30]

第一次遷徙之路線，據米先生的推斷，有兩種可能，第一條可能路線是：嘎仙洞所在的甘河一帶─→向西南溯諾敏河─→越過大興安嶺─→順海拉爾河─→抵達呼倫貝爾湖一帶的呼倫貝爾草原。第二條可能路線是：嘎仙洞所在的甘河一帶─→向西越過大興安嶺─→順圖里河─→下根河─→經莫爾根河─→抵達呼倫貝爾湖一帶的呼倫貝爾草原。[31]

拓跋氏第二次遷徙，是到達「匈奴故地」居住。米先生認為，年代約在公元二世紀中葉，即在公元 156-166 年間（或公元 163-166 年）。此時，鮮卑檀

---

[28] 米文平，〈鄂倫春自治旗嘎仙洞遺址 1980 年清理簡報〉，收入氏著，《鮮卑史研究》，頁 43-44。

[29] 米文平，〈大鮮卑山研究〉，收入氏著，《鮮卑史研究》，頁 214-215。

[30] 米文平，〈拓跋鮮卑文化發展模式〉，收入氏著，《鮮卑史研究》，頁 120。

[31] 米文平，〈拓跋鮮卑的兩次南遷考實〉，收入氏著，《鮮卑史研究》，頁 59。

石槐（約 137-181）部落聯盟（約 150 年代至 181 年）成立，勢力範圍東達大
興安嶺以東的松嫩平原，西至阿爾泰山脈，包括整個蒙古草原的西部，拓跋鮮
卑所在的呼倫貝爾草原當在聯盟範圍內，於是約當公元 163 年，檀石槐拓疆至
「東卻夫餘」而「西與鮮卑接」之際，獻帝鄰便加入了檀石槐領導的聯盟，乃
率眾遷入漠南匈奴故地。[32] 其遷徙過程，就如《魏書》〈序紀〉所載，獻帝鄰
在位之際，「時有神人言於國」，「宜復徙居」，他因衰老「以位授子」聖武帝詰
汾，再由「獻帝命南移」，經「山谷高深，九難八阻」，「歷年乃出。始居匈奴
之故地」，[33] 意指匈奴的發祥地，為今內蒙古河套及大青山（位於陰山山脈中）
一帶。[34] 由於拓跋氏「其遷徙策略」，多出自獻帝鄰，乃「號曰推寅，蓋俗云
『鑽研』之義」。[35] 他是繼領導第一次遷徙的宣帝推寅後的第二個推寅，也是
檀石槐聯盟西部大人中的「推演」。[36]

　　另有孫危、魏堅先生，從考古遺存提出的兩次遷徙年代是：（1）第一次遷
徙年代，為公元前一世紀末至公元一世紀，即西漢末年至東漢初年，離開嘎仙
洞到達呼倫貝爾湖。本期主要墓葬遺址，計有五處：呼倫貝爾市額爾古納右旗
之拉布達林、七卡，滿州里市扎賚諾爾，陳巴虎旗完工，新巴虎左旗伊和烏拉。
（2）第二次遷徙，是公元二世紀初至公元二世紀下半葉，即東漢中晚期，遷
移至匈奴故地。本期主要墓葬遺址，計有八處，還包含其他部分遺存：呼倫貝
爾市海拉爾區團結，鄂溫克族自治旗伊敏河兩岸的孟根楚魯、伊敏車站，興安
盟科右旗北瑪尼吐，赤峰市林西縣蘇泗汰，巴林左旗南楊家營子，烏蘭察布盟
察右後旗三道灣一期、商都縣東大井，以上計八處遺址；還有錫林郭勒正藍旗
和日木圖的三鹿紋牌飾，亦屬本期。[37]

---

[32] 米文平，〈拓跋鮮卑的兩次南遷考實〉，收入氏著，《鮮卑史研究》，頁 58-62；米文平，〈拓
跋鮮卑南遷大澤考〉，收入《同前書》，頁 62-64；米文平，〈拓跋鮮卑文化發展模式〉，收
入《同前書》，頁 121，123-124。

[33] 《魏書》，卷 1，〈序紀〉，頁 2。

[34] 林幹，《中國古代北方民族通史》，頁 84。

[35] 《魏書》，卷 1，〈序紀〉，頁 2。

[36] 馬長壽，《烏桓與鮮卑》，頁 243。

[37] 孫危、魏堅，〈內蒙古地區鮮卑墓葬的初步研究〉，收入魏堅主編，《內蒙古地區鮮卑墓葬的
發現與研究》，頁 211-225。

綜觀上述，〈釋老志〉所說「魏先」至神元帝三十九年之階段，所關涉的
拓跋氏第一、二次遷徙的年代，是仍有疑問存在，不僅牽涉到文獻記載的年代
推算之差異，又包含著文獻與考古兩種年代的對勘、融通。這也是討論〈釋老
志〉釋部整個拓跋氏與佛教關係年代，所必須處理的問題。

第三節　印度佛教起源年代問題

〈釋老志〉對魏佛教之溯源終極點在「魏先」，如前面第二節所示，牽扯
到了拓跋史年代問題；則〈釋老志〉與之具有對應關係者，乃是其對佛教的終
極溯源點：印度佛教、佛法的起源年代。大略來看，在年代上，確有存在著問
題：（1）以七佛為佛教起源，前六佛做為佛教起源，其本質及屬性問題為何呢？
（2）第七佛釋迦牟尼生年是如何選定的呢？（3）釋迦牟尼傳法活動年代是如
何選定的呢？（4）第一次佛法結集說之內容，是如何形成的呢？

壹、七佛為佛教起源的年代問題

關於印度佛教的起源，〈釋老志〉是採用七佛說，其云：

> 釋迦前有六佛，釋迦繼六佛而成道，處今賢劫。文言：將來有彌勒佛，
> 方繼釋迦而降世。釋迦……於四月八日夜，從母右脅而生。……釋迦生
> 時，當周莊王九年。[38]

上文說「釋迦前有六佛」，係意指佛教之起源，歷經了「七佛」的承傳：毘婆
尸（巴 Vipassin,梵 Vipaśyin）佛→尸棄（巴 Sikhin,梵 Śikhin）佛→毘舍婆（巴
Vessabhū,梵 Viśvabhu）佛→拘留孫（巴 Kakusandha,梵 Krakucchanda）佛→拘
那含牟尼（巴 Konāgamana,梵 Kanakamuni）佛→迦葉（巴 Kassapa,梵 Kāsyapa）
佛等六佛，再傳承至釋迦牟尼佛，共為七佛。以上漢譯名，係據長阿含部《大
行經》；[39]其他漢譯七佛名或有不同，如第一維衛佛，第二式佛，第三隨葉佛，

---

[38] 《魏書》，卷 114，〈釋老志〉，頁 3027。
[39] 後秦・佛陀耶舍、竺佛念譯，《大行經》，長阿含經，大正藏第一冊，頁 1 下。

第四拘樓秦佛，第五拘那含牟尼佛，第六迦葉佛，第七釋迦文佛。[40]依照七佛，佛教的起源狀況，說明如下：[41]

毗婆尸佛，生於過去九十一劫（Kappa），人壽八萬歲時。出身剎利王種（Khattiya），姓拘利若（Koṇḍañña），父名槃頭（Bandhumant），母名槃頭婆提（Bandhumatī）。其時，王城名槃頭婆提（Bandhumatī）。坐波波羅（Pāṭalī）樹下成正覺，三會說法，初會弟子有十六萬八千人，二會弟子有十萬人，三會弟子有八萬人。尸佛有二弟子，一名騫茶（Khaṇḍa），二名提舍（Tissa），在諸弟子中最為第一。有執事弟子，名曰無憂（Asoka）。有子名曰方膺。

尸棄佛，生於過去三十一劫，人壽七萬歲時。出身剎利種，父明相（Aruṇa），母名曰光曜（Pabhāvatī），生於明相（Aruṇavatī）城中。坐分陀利（Puṇḍarīka）樹下成正覺，三會說法，初會弟子有十萬人，二會弟子有八萬人，三會弟子有七萬人。有二弟子。一名阿毘浮（Abhibhū），二名三婆婆（Sambhava），為諸弟子中最為第一。有執事弟子，名曰忍行（Khemaṁkara）。有子名曰無量。

毗舍婆佛，生於過去三十一劫，人壽六萬歲時。出身剎利王種，父名善燈（Suppatīta），母名稱戒（Yasavatī）。是時，王城名曰無喻（Anopama）。坐婆羅（Sāla）樹下成正覺，二會說法，初會弟子有七萬人，次會弟子有六萬人。毘舍婆佛有二弟子。一名扶遊（Soṇa），二名鬱多摩（Uttara），為諸弟子中最為第一。有執事弟子，名曰寂滅（Upasannaka）。有子名曰妙覺。

拘留孫佛，生於賢劫（巴 Bhaddakappa）中，人壽四萬歲時。出身婆羅門種（Brahmaṇa），姓迦葉（Kassapa），父名祀得（Aggidatta），母名善枝（Visākhā）。是時，王名曰安和，王城亦名安和（Khemavatī）。坐尸利沙（Sirīsa）樹下成正覺，一會說法，弟子四萬人。有二弟子，一名薩尼（Sañjiva），二名毘樓（Vidhūra），在諸弟子中最為第一。有執事弟子，名曰善覺（Buddhija）。有子

---

40 東晉・帛尸梨蜜多羅譯，《佛說灌頂摩尼羅亶大神呪經》（佛說灌頂經），卷8，大正藏第二十一冊，頁517下。

41 以下所述，係綜參：後秦・佛陀耶舍、竺佛念譯，《大本經》，長阿含經，大正藏第一冊，頁1上-3下；曹魏・佚名譯，《七佛父母姓字經》，大正藏第一冊；北魏・菩提流支譯，《佛說佛名經》，大正藏第十四冊。

名曰上勝。

拘那含佛，生於賢劫，人壽三萬歲時。出身婆羅門種，父名大德（Yaññadatta），母名善勝（Uttarā）。是時，王名清淨，王城亦名清淨（Sobhavatī）。坐烏暫婆羅門（Udumbara）樹下成正覺，一會說法，弟子三萬人。有二弟子，一名舒槃那（Bhiyyosa），二名鬱多樓（Uttara.），是諸弟子中最為第一。有執事弟子，名曰安和（Sotthija）。有子名曰導師。

迦葉佛，生於賢劫，人壽二萬歲時。出身婆羅門種，父名梵德（Brahmadatta），母名財主（Dhanavatī）。其時，王名汲毗（Kikin），王城名波羅奈（Bārāṇasī）。坐尼拘律（Nigrodha）樹下成正覺，一會說法，弟子二萬人。有二弟子，一名提舍（Tissa），二名婆羅婆（Bhāradvāja），乃諸弟子中最為第一。有執事弟子，名曰善友（Sabbamitta）。有子名曰集軍。

釋迦牟尼佛，生於賢劫，人壽百歲時。剎利王種，姓瞿曇（Gotama），父名淨飯（Suddhodana），母名大清淨妙（Māyā.）。是時，王所治城名迦毗羅衛（Kapilavatthu）。坐鉢多樹下成正覺，一會說法，弟子千二百五十人。有二弟子，一名舍利弗（Sāriputta），二名目揵連（Moggallāna），在諸弟子中最為第一。有執事弟子。名曰阿難（Ānanda）。有子名曰羅睺羅。前引〈釋老志〉文說，佛陀生於周莊王「九年」，應作「十年」（前687）才正確，因其係據三國孫吳人謝承《後漢書》所載：「佛以癸丑七月十五日，托生於淨住國摩耶夫人腹中，至周莊王十年甲寅四月八日始生」。[42]

據以上所說，〈釋老志〉的佛教起源的年代，便有了如下兩大疑問：

首先，所謂七佛的前六佛，其生存年代都以「劫」來計算，實際是指無量時間，無法精確或約略算定時間跨度，那麼，這段六佛時期，是歷史時代呢？還是傳說時代呢？抑或為一種宗教信仰而已呢？

其次，關於釋迦牟尼佛年代，是如何的選定呢？蓋佛陀年代，印度佛教本無明確記載，後世印度佛教徒說法不一，有關佛陀生存年代，說一切有部《十八部論》主張公元年467-387年，赤銅鍱部《善見律毗婆沙》主張公元前569-489

---

[42] 孫吳‧謝承撰，清‧汪文台輯，《後漢書》（台北市：鼎文書局，1978年11月三版，點句本，新校本後漢書附編第六冊），頁64-65。

83

年，上座部《異部精釋》主張公元前 511-.431 年。[43]至於現代學者，亦有各種考訂，如林屋友次郎先生考證佛陀生卒年代約公元前 667-587 年，[44]宇井伯壽先生考證佛生卒年代約公元前 466-386，[45]中村元先生考證佛約滅於公元前 463-383，[46]平川彰先生考證佛生卒年約公元前 463-383 年。[47]在此狀況下，古來印度佛所傳佛陀年代資料，便已十分龐雜；[48]佛教傳入中土以後，佛徒更加計算出前述的不同年代，再加其他說法，佛滅年代之異說，有百種以上。[49]如上所述，就有了〈釋老志〉如何擇定佛陀年代的問題了。

貳、佛法起源的年代問題

關於佛法起源年代，首先是佛陀傳法活動年代。〈釋老志〉說：

> 釋迦年三十成佛，導化羣生，四十九載，乃於拘尸那城娑羅雙樹間，以
> 二月十五日而入般涅槃。[50]

佛陀年代問題，不止於生卒年代有異說，其成道年齡、傳法年數、入般涅槃時間，同樣都有不同的記載，如關於佛陀住世年齡，以三十成道加上教化四十九載，則佛陀住世 79 歲。而佛教經論所載有三說：《佛般泥洹經》、《方等般泥洹經》等說是 79 歲，《大般涅槃經》、《金光明最勝王經》等說 80 歲，《長阿含經》、《雜阿含經》、《毗奈耶雜事》等說 80 餘歲，而一般都說 80 歲。[51]那麼，上引

---

[43] 印順，《印度佛教思想史》，頁 8-9。

[44] 林屋友次郎，〈佛滅年代私考〉，收入氏著，《佛教及佛教史の研究》（岡谷市：喜久屋書店，1948 年 5 月初版），頁 3-92。

[45] 宇井伯壽，〈佛滅年代論〉，收入氏著，《印度哲學史》，第二冊（東京市：岩波書店，1965 年 8 月），頁 5-111。

[46] 中村元，《ゴータマ・ブッダ》，第一冊，中村元選集決定版第十一卷（東京市：春秋社，1993 年 7 月初版第二刷），頁 108-112。

[47] 平川彰，《原始佛教とアビダルマ佛教》，收入平川彰著作集第二卷（東京市：春秋社，1991 年　月初版），頁 1-68。

[48] 塚本啓祥，《初期佛教教團史の研究》（東京市：山喜房佛書林，1980 年 2 月初版二刷），詳參頁 27 以下。

[49] 中村元，《ゴータマ・ブッダ》，第一冊，中村元選集決定版第十一卷，頁 107。

[50] 《魏書》，卷 114，〈釋老志〉，頁 3027。

[51] 中村元，《ゴータマ・ブッダ》，第二冊，中村元選集決定版第十二卷（東京市：春秋社，1995 年 3 月初版第二刷），頁 354。

〈釋老志〉所說佛陀傳法活動時間，是如何選定的呢？

〈釋老志〉的另一個佛法起源年代，是佛陀入般涅槃後的第一次結集，其云：

> 初，釋迦所說教法，既涅槃後，有聲聞弟子大迦葉、阿難等五百人，撰集著錄。阿難親承囑授，多聞總持，蓋能綜覈深致，無所漏失。乃綴文字，撰載三藏十二部經。[52]

上文係據古代傳說，佛教聖典的成立，是佛入般涅槃後的第一年夏天，五百弟子，在王舍城（Rajagrha）召開的「第一次結集」大會。[53]其所本資料，依照塚本善隆先生的看法，應爲西晉安法欽所譯《阿育王傳》及北魏吉迦夜與曇曜共譯的《付法因緣傳》。[54]不過，據〈釋老志〉上文所敘有如下疑問：

第一個疑問，依《阿育王傳》及《付法因緣傳》，第一次結集，大會是由迦葉主持，安排三藏結集次序。[55]迦葉以阿難「多聞總持，有大智慧，常隨如來，梵行清淨，最後法中，利安眾僧，知見具足，佛常讚歎」，命他修經藏。[56]其後，迦葉「又念尊者優波離，佛說持律最爲第一」，命他修律藏。[57]最後，

---

[52] 《魏書》，卷114，〈釋老志〉，頁3028。

[53] 水野弘元著，劉欣如譯，《佛教經典史論》（台北市：東大圖書公司，1996年11月初版），頁9。

[54] 塚本隆善認爲，題稱北魏吉迦夜與曇曜共譯的《付法因緣傳》可能是曇曜所編輯，不是翻譯；當爲〈釋老志〉作者所熟悉的文字。這都是有可能的。惟說第一次結集始於「諸律」，則與傳說之結集「三藏」不符（其說見氏著，《魏書釋老志の研究》，頁120）。

[55] 北魏·吉迦夜、曇曜譯，《付法藏因緣傳》，卷1云：「時諸比丘問大迦葉：先集何法？迦葉答曰：先修多羅」（大正藏第五十冊，頁300上）。西晉·安法欽譯《阿育王傳》，卷4，〈憂波毱多因緣之餘〉，「時諸比丘五百羅漢等，悉皆已集，而作是言：我等先集何法？尊者迦葉答言：先集修多羅」（大正藏第五十冊，頁113上）。

[56] 《付法藏因緣傳》，卷1，大正藏第五十冊，頁300上。《阿育王傳》，卷4，〈憂波毱多因緣之餘〉，在決定結集時：「（迦葉）又語：阿難長老！汝是佛弟子多聞總持，有大智慧，常隨從佛，有清淨行，知見具足，最後法中，利安眾僧，佛所讚歎」，必須前往參與。至結集經藏時，「迦葉言：阿難多聞第一，諸修多羅藏阿難盡持，我等今共問於阿難而修集之」（大正藏第五十冊，頁112下，113中）。

[57] 《阿育王傳》，卷4，〈憂波毱多因緣之餘〉，「於是迦葉命優波離，集毘尼藏」（大正藏第五十冊，113中）。《付法藏因緣傳》，卷1云「於是迦葉命優波離，集毘尼藏」（大正藏第五十冊，頁300中）。

迦葉自集論藏。[58]此即〈釋老志〉所說的「撰載三藏」。至於說到「乃綴文字」，則兩書都未提及，且與歷史事實不符。第一次結集所成立的四部阿含聖典，其時間有不同論斷，或謂在佛入般涅槃起，至公元前 300 年左右，部派還沒有分立的時代；[59]或認為公元前二世紀以前（即公元前三世紀間）一直延續到公元五世紀。[60]同時，當時的結集，只是修訂口傳之差異，再選出記憶力優秀者為專業口傳持誦，[61]聖典之載諸文字，要晚至公元前一世紀。[62]

第二個疑問，〈釋老志〉說第一次結集成立「十二部經」，《阿育王傳》只說第一次結集目標在「聚集三藏經書」，[63]沒說到十二部經，《付法因緣傳》亦復如此。「十二部經」即所謂十二分教，是把佛陀說法的形式及內容分成十二類，[64]並非完成於第一次結集，其成立過程，古今來有很多異說，[65]如前田慧

---

[58] 《阿育王傳》，卷 4，〈優波毱多因緣之餘〉云：「尊者迦葉作是念：我今當自誦摩得勒伽藏，即告諸比丘」（大正藏第五十冊，頁 113 下）。《付法藏因緣傳》，卷 1 云：「迦葉自集阿毘曇藏」（大正藏第五十冊，頁 300 中）。

[59] 印順，《原始佛教聖典之集成》（台北市：正聞出版社，1986 年 2 月四版），頁 867-868。

[60] 前田惠學，《原始佛教聖典の成立史》（東京市：山喜房佛書林，平成 11 年 6 月，初版第七刷），頁 613-616。

[61] 佛陀說法到結集的過程是：佛陀「口說」→弟子及其他聽者「記憶於內心」→向他人「口傳」→經久以後形成精簡的定形語句併附解說而口頭「傳誦」→所傳有差異而引起爭端遂有「結集」。至於結集的程序是：召開集體的僧伽會議→由公認記憶力優秀者口頭「誦出」→所誦語句須經共同審定與同意以成為「合誦」→擬訂次序編纂→結集成經與律－→選出記憶力優秀者為專業口傳持誦（印順，《原始佛教聖典之集成》，頁 14-18）。

[62] 服部正明，長尾雅人著，許明銀譯，《印度思想史與佛教史述要》（台北市：天華出版事業公司，1986 年 5 月初版），頁 119。

[63] 《阿育王傳》，卷 4，〈優波毱多因緣之餘〉云：「諸天空中出大音聲而作是言。諸佛弟子皆從佛去。法燈欲滅大闇將至。若不聚集三藏經書。若諸羅漢入涅槃已佛法即滅」（大正藏第五十冊，頁 112 中）。

[64] 其涵義是：（1）修多羅（Sūtra），是集結、貫穿、攝持佛法，屬於「長行」散文體裁。（2）祇夜（Geya），在經中對散文宗旨精簡化為頌、偈，以是韻文為體裁。（3）記說（Vyākaraṇa），亦作記別、授記，述弟子過去及未來事，並解說佛法之了義，以問答為體裁。（4）伽陀（Gāthā），是獨立的偈頌，非解說散文之偈頌，以詩歌為體裁。（5）自說（Udāna），因感觸自然舒發的、不待請問的說法，以韻文或散文為體裁。（6）本事（Itivṛttaka），說過去久遠的事，展轉傳來，也不明為誰說，在何處說，為何事說，以長行及頌為體裁。（7）本生（Jātaka），是佛說本身宿世菩薩行修道歷程。（8）方廣（Vaipulya），是佛廣說種種甚深法義。（9）未曾有法（abbhūta-dharma），是說如來甚希有事、佛及弟子甚希有事、三乘、三寶希有事及另加上世間甚希有事。（10）因緣（Nidāna），是表明佛說經、律的諸因緣。（11）譬喻（Avadāna），為通俗弘化，使聽法者易解，以具體事物為比喻例證說法。（12）論議（Upadeśa），是研究甚深經藏藏，宣暢一切經之旨義。（詳參印順，《原始佛教聖典之集成》，

學先生主張，十二分教的形成分爲三個階段：（1）先有「九分教」的五支：契經、祇夜、記別、伽陀、本事。（2）接著成立九分教的四支：本生、緣起、方廣、未曾有法。（3）最後增加因緣、譬喻、論議形成了十二分教。[66]印順先生則作四階段說：（1）最原始的狀態是修多羅、祇夜、授記。（2）後來有了伽陀、優陀那分別，逐使修多羅、祇夜、授記、伽陀、優陀那成立五分教。（3）接著逐漸發展成爲修多羅、祇夜、授記、伽陀、優陀那、本事（如是語）、本生、方廣（有明）、未曾有法，稱爲九分教」。（4）然後在九分教上增加了因緣、譬喻、論議，成爲十二分教。[67]

上面兩個疑問，引發了〈釋老志〉對第一次結集年代認知的問題：即佛典文字化、十二分教之成立，在年代上，〈釋老志〉爲何會把它們錯置到第一次結集呢？

第四節　阿育王傳播佛教年代問題

〈釋老志〉對魏佛教之溯源的終極點，在人物上是爲「魏先」，在佛法上是西域佛教之關係，魏先既存在拓跋史年代問題；同樣的，仍須考量到西域佛教的年代問題，依此，則該志與之另一個具有對應關係者，當是志中所言之西域佛教之傳播年代。此處先略觀阿育王傳播佛教之年代問題。

佛陀滅後，佛法如何傳播呢？〈釋老志〉敘及了孔雀（Maurya）王朝的阿育王（Asoka, 約前 268 年即位）。阿育王把佛法遠傳，是眾所周知之事。而對於此事，〈釋老志〉卻只提到阿育王建佛舍利塔，其敘事範圍比實際狀況狹隘甚多，這種差距，至少令人思考到：〈釋老志〉的阿育王年代距佛滅「百年」後，以及造佛舍利塔之敘事，是如何形成的呢？此處暫無法詳說各「問題」，只能對勘〈釋老志〉所說與若干史實之差距，以顯示問題發崛之「可能」。

〈釋老志〉載佛陀滅後，阿育王傳播佛法之傳播云：

頁 493-621）。
[65] 林屋友次郎，〈十二部經に關する研究〉，收入氏著，《佛教及佛教史の研究》，頁 657-758。
[66] 前田惠學，《原始佛教聖典の成立史》，頁 479。
[67] 印順，《原始佛教聖典之集成》，頁 493-621。

佛既謝世，香木焚屍。靈骨分碎，大小如粒，擊之不壞，焚亦不焦，或有光明神驗，胡言謂之「捨利」。弟子收奉，置之寶瓶，竭香花，致敬慕，建宮宇，謂為「塔」。塔亦胡言，猶宗廟也，故世稱塔廟。於後百年，有王阿育，以神力分佛捨利，於諸鬼神，造八萬四千塔，佈於世界，皆同日而就。[68]

據其所據，與史實相符者，是佛陀滅後的舍利的傳播。佛陀在拘尸那（kuśīnagar, kusinārā, kuśinagarī）入滅，[69]由當地的末羅人（Mallā）收殮，舉行火葬（jhapitā）典禮，將殘存的遺骸（śarīra,舍利）分給中印度的八個部族，他們都建塔供養，得火葬用瓶子者，建瓶塔以祀，得殘灰者，建灰塔以祭。1898 年，在釋迦族故址畢普羅瓦（Piprāhwā）發掘故塔，出土骨壺，上有銘文載此為釋迦族所祀佛陀遺骨，字體同於阿育王碑文或更為古老，被認為是佛陀真骨，於是部分轉讓於泰國國王，部分贈予日本，供奉在名古屋覺王山日泰寺，骨壺藏於加爾各達博物館。1958 年，在毗舍離舊址亦出土舍利瓶，上無銘文，亦被認為是佛陀真骨。由此可知，《涅槃經》所謂「八王分骨」，應為歷史事實。[70]塔，梵語是 stūpa，漢譯或作塔廟、佛寺、塔寺、寺等，而塔廟又有從 stūpaḥ 譯出。[71]後來舍利塔信仰興盛起來，佛舍利塔的供養，部派佛教有崇拜之風，更是大乘佛教興起的重要信仰基礎，其初期經典般若經，就主張佛塔的供養，是菩薩行的實踐。[72]

至於阿育王傳播佛法，〈釋老志〉卻只提到阿育王建佛舍利塔，其敘事範圍比實際狀況狹隘甚多，以下就略述阿育王傳播佛法之略況，以示其差距，而應去探討〈釋老志〉之阿育王年代及造塔之敘事的形成。

佛陀成道後，最初傳法，是在鹿野苑（**Migadāya,Mṛgadāva**）向五比丘說

---

[68] 《魏書》，卷 114，〈釋老志〉，頁 3028。

[69] 拘尸那之拼音法見：中村元，《ゴータマ・ブッダ》，第二冊，中村元選集決定版第十二卷，頁 358-359。

[70] 平川彰，《インド佛教史》（東京市：春秋社，2001 年 4 月十四版），上卷，頁 53。

[71] 平川彰，《初期大乘佛教の研究》，平川彰著作集第四卷（東京市：春秋社，1992 年 4 月初版二刷）頁 189-310。

[72] 梶芳光運，〈波羅蜜思想と他力觀〉，收入宮本正尊編，《佛教の根本真理》（東京市：三省堂，1957 年 8 月初版三刷），頁 244-246。

法，往後**45**年遊行教化不輟，至**80**歲入般涅槃。他親自行化的地理空間範圍，如依《遊行經》記載，佛陀所遊化諸國有摩揭陀國（Māgagha）、毘舍離國（Vesālī）、迦維羅衛國（Kapilavatthu）、遮羅頗國（Allakappa）、跋離國（Bulayo）、羅摩伽國（Rāmagāma）、毘留提國（Veṭhadīpa）、波婆國（Pāvā）、拘尸國（Kusinārā）。[73]綜合性的來看，據原始佛教聖典所載佛陀遊行所經路線，[74]每年雨季進行三個月的安居地點，[75]佛陀說法的場所，[76]則佛陀教化遊行路線及範圍，是以兩個中心點展開：一是西方舍衛城，一是東方王舍城，佛陀以兩城為定點，循環的往來兩城之間，然後在兩城之間的路上岔出其他路線，到別的地方去教化，形成佛陀直接教化之地區，其往返遊行路線的主幹是（⟷表示往、返）：（西方）拘舍羅國（*Kosala*）首都舍衛城（*Sāvatthī*）⟷釋迦族的迦毘羅衛（*Kapilavatthu*）⟷末那國（*Malla*）首都波婆（Pāvā）⟷跋祇國（*Vajji*）首都吠舍離城（*Vesālī*）⟷（東方）摩揭陀國（*Magadha*）首都王舍城（*Rājāgaha*）⟷迦尸國（Kāsi）首都波羅奈（*Bārāṇasī*），然後再由此主幹幅射到其他地區，整個範圍計有 10 國，東達鴦迦（Aṅga）首都瞻波（*Campā*），北至釋迦族的迦毘羅衛城與舍衛城之間的聯繫通道，西抵拘樓國的劍磨瑟曇（Kammāsadamma），南及跋磋（*Kosala*）的憍賞彌（*Kosambī*）。[77]

　　佛陀在世時期，有關傳教活動，除了他本身之外，還有佛陀親教弟子。其事詳況難考，事跡比較清楚的，首先有大迦旃延（*Mahākaccāna*），他在受佛陀親教之後，回到故鄉的阿槃提國（*Avanti*）傳教，後來延伸到西部蘇維拉國（*Sovīra*）的露魯卡（*Roruka*），西北部的殊羅仙納國（*Sūrasena*）首都磨都

[73] 後秦‧佛陀舍耶、竺佛念譯，《遊行經》，長阿含部，卷 2-4，大正藏第一冊，頁 11 上-30 上；參照：塚本啓祥，《初期佛教教團史の研究》，頁 350-351。
[74] 前田惠學，《原始佛教聖典の成立史研究》，頁 59-64。
[75] 前田惠學，《原始佛教聖典の成立史研究》，頁 69-72；塚本啓祥，《初期佛教教團史の研究》，頁 368-380。
[76] 前田惠學，《原始佛教聖典の成立史研究》，頁 64-69。
[77] 龍山章真著，櫻部建補注，《インド佛教史》（京都市：法藏館，1977 年 7 月三版一刷），頁 36；水野弘元主編，許羊主譯，《印度的佛教》（台北市：法爾出版社，1988 年 11 月初版一刷），頁 53-56；荒木教悟等著，《印度佛教史概說》（高雄市：佛光出版社，1998 年 11 月三版），頁 20-21。

羅（*Madhurā*）；往後更到遙遠南方的阿帕羅恩塔（*Aparānta*）去傳法。其次是富留那（*Puṇṇa*），在習得佛法後，亦回到西部故鄉殊納帕羅恩塔（*Sunpāranta*）傳教。這顯示佛陀在世之際，佛法向西部地區開始擴散出去。[78]經由弟子傳教，佛教在印度境內的流布圈，漸從佛陀親教地區，往其他地區伸展。

　　佛滅之後，弟子及再傳弟們如何傳教，詳情亦無可考，只能從兩方面來看：（1）佛滅百年後第二次結集時，諸長老的住地記錄，可以看出在此百年內佛教流布圈有所擴大跡象，蓋長老的住地，頗有新增存在有佛教之國名，如僧伽賒國、伽那慰闍國、摩偷羅國（Mathur*ā*）、達嚫那婆多國、薩寒若國（Sahaj*ā*）、波羅梨弗國（P*āṭ*aliputra）。另亦增加了有佛教存在的城市，如廣嚴城（Vai*śā*li）、大惠城（M*ā*hiṣmat*ī*）、波吒離子城（P*āṭ*aliputra）、僧羯世城（S*āṃkāś*ya？）、流轉城（*Ś*rughna？）。以上意味，佛教流布圈之地理的擴大。[79]（2）第二次結集，因戒律紛爭，教團產生根本分裂，有上座部及大眾部，接著兩部有產生枝末分裂，約形成於公元前三世紀至公元紀年開始之際，佛教進入部派佛教時期，有關他們的地域分布，史料相當缺乏，只有片斷資料可知梗概，亦能顯示佛教流布圈的擴大：在北印度，分布於烏萇國（*Udyāna*）、犍陀衛（*Gandhāra*）、陀歷（*Dard*）、羅夷（*Lakhi*）。在西印度，分布於跋那（*Varṇa*），摩頭羅（*Mathurā*），另據刻文，知此地有正量部、有部、大眾部等。在中印度，佛教沒很興盛，卻見分布於僧伽施（*Sāṅkāśya*）、罽饒夷（*Kānyakubja*）、舍衛城、巴連弗邑（*Pāṭaliputra*）、拘睒彌（*Kāuśāmbi*）。東印度分布於多摩梨帝（*Tāmralipti*）。[80]顯示部派的紛紛成立，有助於佛教流布圈的擴大。

　　由上可見，佛陀在世及滅後一百多年間，佛教在印度的流布圈，是隨著時間漸次的擴大，惟始終仍拘限於印度境內，沒有廣泛的傳播到印度以外地區。

　　佛教之能傳布於全印度，又向印度以外傳播，走上世界宗教之路，是始於孔雀王朝的阿育王。阿育王即位第九年（前*261*），於歌達維利（*Godāvarī*）河

---

[78] 前田惠學，《原始佛教聖典の成立史研究》，頁 118-123。
[79] 塚本啓祥，《初期佛教教團史の研究》，頁 380-386。
[80] 水野弘元主編，許羊主譯，《印度的佛教》，頁 101-102。

東，靠近孟加拉（**Bongal**）灣地區進行征服羯陵迦（**Kalinga**）戰役中，因戰況至爲激烈，他目睹殺戮慘酷之狀，深感悲痛，頓起懺悔之念，受高僧尼瞿陀（**Nigrodha**）教化，遂於本年至翌年之間（前**261-260**），皈依佛教，到了即位第十一年（前**259**）起，全力的對內全面提倡佛法，公元前**253**年，召集佛教僧侶於華氏城，舉行第三次結集。更早在第十一年至十二年間（前**259-258**）對外遣派布教師向各地傳布佛法，據《善見律毘婆沙》及其他資料，其概況如下：**81**

　　一、派遣末闡提（**Majjhantika**）進入罽賓（**Kāśhmīr**）及犍陀羅（**Gandhāra**）傳法，爲諸人民說《蛇喻經》（**Īsivisopamasuttanta**），八萬人悟得佛法，出家一萬人。這兩個地方，當在今印度西北境。

　　二、派遣摩訶提婆（**Mahādeva**）進入摩醯娑慢陀羅（**Mahīśamaṇḍala**）傳法，爲說《天使經》（**Devadǐtasutta**），四萬人得法眼（**Dhammacakkhu**），皆悉隨之而出家。本地爲今歌達維利河與奇斯得那（**Kistna**）之間，或謂即今賣索耳（**Mysore**）。

　　三、派遣勒棄多（**Rakkita**）進入婆那婆私（**Vonavāsi**）傳法，爲說《無始流轉教說》（**AnamataggapariyĻyakathĻ**），六萬人得法洞察（**DhammĻbhisamaya**），三萬七千人出家，即起五百精舍（**VihĻra**）。婆那婆私意指「荒地」，大約是中印度累治譜坦那（**Rājputāna**）毗連之地。

　　四、派遣曇無德（**Yona-Dharmarakkhita**）進入阿波蘭多迦（**Aparantaka**）傳法，爲諸人民說《火聚譬喻經》（**AggikkhandhǐpamasuttantakathĻ**），三萬七千人得飲法甘露（**DhammĻmata**），刹帝利族（**Khattiya**）男一千人出家，女六千人出家，如是佛法流布。此地是指判查布（**Panjāb**）以西，位於印度西陲地區。

　　五、派遣摩訶曇無德（**Mah-Dharmarakkhita**）進入摩訶勒咤（**Mahāraṭṭha**）

81　南齊・僧伽跋陀羅譯，《善見律毘婆沙》，卷 2，大正藏第二十四冊，頁 682 上-689 中；漢譯本對照巴利本 頗多互異不明 其文之對照修正係據：長井真琴〈巴利善見律序文和譯〉，收入氏著，《南方所傳佛典の研究》（東京市：國書刊行會，1936 年 4 月），頁 67-171。部分說明參照：羽溪了諦著，賀昌群譯，《西域之佛教》（上海市：商務印書館，1956 年 12 月重印第一版第一刷），頁 40-47。

傳法，爲說《摩訶那羅陀迦葉本生說話》（*MahĀnĀradakassapajĀtaka*），八萬四千人得道果（*Maggaphala*），一萬三千人出家，如是佛法流通。此地爲孟買東西歌達維利河上游西部，爲中印度地區。

六、派遣摩訶勒棄多（*Mahārakkita*）進入臾那世界（*Yonaloka*）傳法，爲說《迦羅羅摩經》（*KĀlakĀrĀmasuttanta*），教化超過七萬三千人，十萬人得道果瓔珞（*Maggaphaālaṅkāra*），一萬人出家。此地即雅發那斯（*Yavanas*）人所曾居住的印度西北境地區。

七、派遣末示摩（*Majjhima*）、迦葉（*Kassapagotta*）、末利提婆（*Mālikadeva*）、度陀比恩諾沙（*Dhundhābhinnossa*）、沙法剌沙提婆（*Sahasadeva*）等進入雪山（*Himavanta*）邊傳法，爲說《初轉法輪經》（*Dhammacakkappavattanasuttanta*），八億人得道果之寶，大德五人，各到一國教化，各大德化十萬人出家，如是佛法流通雪山邊。雪山，即喜馬拉雅山，其邊地即今尼泊爾（*Nepāl*）。

八、派遣須那（*Soṇaka*）、鬱多羅（*Uttara*）進入黃金國（*Suvaṇṇabhūmi*）傳法，爲國人民說《梵網經》（*BrahmajĀlasuttanta*），說已六萬人皆得法洞察，受三歸五戒，三千五百人爲比丘僧，一千五百人爲比丘尼，於是佛法流通。此地所在，說法不一，或謂孟加拉灣之濱的緬甸沿岸之北古（*Pegu*）及摩爾邁（*Moulnein*）；或謂馬來半島古稱「金地」，應指本島。後說應較正確。

九、派遣摩哂陀（*Mahinda*）、一地臾（*Ittiya*）、鬱地夜（*Uttiya*）、參婆羅（*Sambala*）、拔陀沙羅（*Bhaddasāla*）等渡海至師子國（*Lankā*）傳法，說《往昔偈讚》（*DĀpava sa*）、《平等心經》（*Samacittasuttanta*）、《犢譬喻經》、《小象跡喻譬經》（*Cūlahatthipadopamasutta*），國王與四萬大眾，一時俱受三歸等，此國佛法興盛。此地即今錫蘭島。此地曾於散紫（*Sānchī*）附近發掘比亥爾沙塔（*Bhīlsāstūpa*），塔中銘文有「爲雪山（*Hemavant*）邊之阿闍梨（*Āchariya*）、迦葉瞿曇（*Kāsapa Gota*）」骨壺上有末示摩（*Majjhima*）之名。此一銘文，相符於錫蘭的阿育王傳法之傳說。

十、未知傳法者，在孔雀王朝境內，傳法於臾那人（*Yonas*），爲住印度西北境之亞發那斯人。堪波加斯人（*kambojas*），即印度北部雪山邊之住民，

或謂之為西藏人。內布拉喀之內布拉旁諦斯人（**Nabhapamtis**），住何地及族屬不詳。賀扎斯人（**Bojas**），約為伯雷爾（**Bārar**）之伊里布爾（**Ilichpur**）居民。比丁利喀斯人（**Pitinnikas**），不詳。安提那斯人（**Andhras**），即歌達維利河與克里斯托納河流域之土著。普林達斯人（**Pulindas**），係指住在文底耶山（**Vindhya**）與薩特浦拉山（**Satpura**）的獷猛族。

十一、未知傳法者，傳至七王之所在地：（**1**）傳至希臘（**Yona**）王安提阿（**Antiochos**）。即安提阿匿斯（**Antiochos Theos**），自公元前**261-246**領有敘利亞（**Syria**）及西亞細亞。（**2**）傳至托勒密（**Potlmy**），即公元前**285-247**年在位埃及王托勒密斐拉德爾佛斯（**Potlmy Philadelphos**）。（**3**）傳至安提峨那斯（**Antigonos**），為公元前**278**（或前**277**）至公元前**239**年的馬其頓（**Macedonia**）王安提峨納斯干那特斯（**Antigonos Gonotas**）。（**4**）傳至馬加斯（**Magas**），即公元前**258**年殁世之施勒尼（**Cyrene**）王。（**5**）亞歷山大（**Alexander**），約為公元前**272-258**年在位的愛比爾斯（**Eprus**）王。在以上五王南方外，復傳至二王所在地：（**6**）卓納（**Chola**）王國，與特利晴諾樸里（**Trinopoly**）相近，都城在烏雷育兒（**Uraiyūr**）。（**7**）判達雅（**Pandya**）王國，約今馬都拉（**Madura**）及廷涅味力（**Tinnevelly**）之地區。

綜觀前述，阿育王把佛教傳播到全印度及周邊地區、中亞地區，或有可能更遠至埃及、希臘。

第五節　西域佛教起源年代問題

接續前面第四節所提的西域佛教年代問題。〈釋老志〉提到了西域佛教，對於西域佛教起源年代，於《魏書》〈西域傳〉說是老子化胡的結果，這是很值得探討的問題。

有關西域佛教，〈釋老志〉多有記載，如說：「漢武元狩中，遣霍去病討匈奴，至皋蘭，過居延，斬首大獲。昆邪王殺休屠王，將其眾五萬來降。獲其金人，帝以為大神，列於甘泉宮。金人率長丈餘，不祭祀，但燒香禮拜而已」。「及開西域，遣張騫使大夏還，傳其旁有身毒國，一名天竺，始聞有浮屠之教」。接著，哀帝元壽元年，博士弟子秦景憲受大月氏王使伊存口授浮屠經」。其後，

「後孝明帝夜夢金人，項有日光，飛行殿庭，乃訪羣臣，傅毅始以佛對。帝遣郎中蔡愔、博士弟子秦景等使於天竺，寫浮屠遺範」。[82]

至於西域佛教起源年代如何呢？〈釋老志〉未具體說明佛法之傳至，而在《魏書》中，則載有西域佛教之起源者，見於〈西域傳〉「于闐國」條，其云：

> 于闐國，……都城方八九里，……俗重佛法，……城南五十里有贊摩寺，即昔羅漢比丘盧旃為其王造覆盆浮圖之所，石上有辟支佛跣處，雙跡猶存。于闐西五百里有比摩寺，云是老子化胡成佛之所。[83]

上文是把西域佛教起年代定於老子化胡，老子化胡說流行於兩晉南北朝（265-580）期間。當時，儒、佛、道三教論爭，其中一個焦點是在三教之「道」的優劣比較，優劣之判準有一個關鍵條件，即是「道」的歷史性：優越的「道」必然具有愈悠古的淵源，「道」的淵源愈古老者必然愈優越。老子化胡說，就是在這背景下產生的。[84] 西晉惠帝年間（290-306），道士王浮每與沙門帛遠辯論佛、道之邪正，王浮屢次失敗，遂造作《老子化胡經》，說佛教由此而起，原書已佚，所說卻迭經演傳，致有各類的化胡經出現，[85]如唐代神清《北山錄》提到《化胡經》，慧寶注說：「晉時王浮道士所撰，一卷；後漸添成十一卷」，[86]《老子化胡經》由一卷增演為十卷，可見化胡說敷演之甚，縱使在「屢朝毀除顯是偽說」下，依然持續有「欲存老子化胡者」。[87]從中僅只能獲得片斷資料，略見于闐比摩城化胡之年代，一是或在「《化胡經》乃云：幽王之日度關」，[88]即周幽王年間，老子出關化胡；二或說老子生於殷王湯甲庚申二月十五日，周昭王癸丑年出關化胡。[89]

---

82 《魏書》，卷114，〈釋老志〉，頁3025。

83 《魏書》，卷102，〈西域傳〉，頁2262-2263。

84 阮忠仁，〈從歷代三寶紀論費長房的史學特質及意義〉，《東方宗教研究》，新1期（1990年），頁98-107。

85 楠山春樹，《老子傳說の研究》（東京市：創文社，1976年），頁437-469；福井康順，〈老子化胡經の諸相（上）〉，《支那佛教史學》，第1卷第3期（1937年10月），頁24-46。

86 唐·神清撰，《北山錄》，卷2，〈法籍興第三〉，大正藏第52冊，頁583中。

87 《佛祖統紀》，卷40，大正藏第49冊，頁372上-中。

88 甄鸞，《笑道論》，卷上，收入《廣弘明集》卷9，大正藏第52冊，頁145上。

89 佚名，《老子化胡經》〈老子西昇化胡經序說第一〉云「是時太上老君，以殷王湯甲庚申之

　　西域佛教起源年代，定於周代老子之出關化胡，與史實之間，有著完全不符的極大差距，以下茲略述佛法傳至西域之略況，以示其差距，來體現《魏書》以老子化胡為西域佛教起源之說的形成，是一個值得探討的問題。

　　如第四節所述，阿育王派遣摩訶勒棄多（***Mahārakkita***）進入臾那世界（***Yonaloka***）傳法，傳法對像之雅發那斯（***Yavanas***）人，即住在今阿富汗，顯示佛法已傳播到高附（***Kabul***）河流域。[90]年代應在公元前三世紀中葉。[91]接著，傳至以下地區：

　　一、大夏：塞琉古斯帝國到了安條克二世（***Antochus II,***前**261-246**），開始大衰落，公元前**246**年，去世，帝國與中亞屬地發生決裂，巴克特里亞總督狄奧多塔斯（***Diodotus***），率先以此地獨立為一個王國，王國以巴克特里亞為中心，北方為索格底那，以及今阿富汗的大部分土地，史稱希臘-巴克特里亞王國（***Graceo-Bactrian Kingdom,***公元前**250-135**年，或於**141-128**年間滅亡，殘存政權於公元**5-10**年間滅亡）。到了米蘭德（***Menander,***前**150-135**在位），疆域擴大到最大範圍，即增加了印度北部的領土，包括旁遮普之大部分，遠抵拉維河（***Ravi***）畔；或可能曾深入恒河流域，遠達中國（***Madhyadeśa***）、摩揭陀國（***Magadha***）。在公元前**130**年，伊朗語族游牧人塞克羅克人（***Sacaraucae***）、阿色尼人（***Asianni***）、吐火羅人（***Tochari***），相繼入侵，王國領土紛紛淪陷。[92]

　　佛教傳入大夏王國的時間，或據阿育王敕諭，認為當在公元前三世紀；[93]或以為在阿育王以後，佛教才傳播到此地，約當公元前二世紀。[94]到了米蘭德

歲建□之月，庚辰□二月十五日誕生于毫。……至于照【昭】王，其歲癸丑，便即西邁，過函谷關」（大正藏第 54 冊，頁 1266 下）。志磐，《佛祖統紀》卷 40 云：「永嘉謝守灝，述老君實錄，引諸書言，老子數數下生，商高宗時生於亳州，乘鹿升天，一也。商紂時降於岐山，至周武王為柱史；昭王二十二年，度關授尹令道德經，西遊不反，二也」（大正藏第 49 冊，頁 371 下）。

[90] 羽溪了諦，《西域之佛教》，頁 48。

[91] B.N.Puri, Buddhism in Central Asia（Delhi: Motilal Banarsidass,1987），p.90.

[92] 哈爾馬塔（J.Harmatta）主編，徐文堪、芮傳明譯，《中亞文明史》，第二卷（北京市：中國對外翻譯出版公司，2002 年 8 月初版二刷，頁 67-71；麥高文（William Montgomery McGovern）著，章巽譯，《中亞古國史》（北京市：中華書局，2004 年 8 月初版一刷），頁 78。

[93] 羽溪了諦著，賀昌群譯，《西域之佛教》，頁 49-50。

[94] B.N.Puri, Buddhism in Central Asia, p.91.

國王，與佛教那先（**Nāgasena**）比丘進行希臘哲學與佛教哲學的對論，結果米蘭德敗陣，承認佛教思想的優越，願意信仰佛教。此事編成爲巴利文《彌蘭陀王問》（**Milindapaḷho**），漢譯有三種：一是東晉時譯而失譯者的《那先比丘經》二卷本或三卷本，二是佚名譯《那先譬喻經》四卷，三是東漢安世高譯《那先比丘經》一卷。本經巴利本原型的形成，年代約在公元前**100-50**年，全書編纂的形成年代，約在公元**1-100**年。米蘭德的信佛與提倡，有助於大夏境內的佛教更爲倡盛。[95]

　　二、安息：即帕提亞王國（**Parthian Kingdom,**前**248-**公元**223**），安息是帕提亞（**Parthia**）的音譯，位於裏海東南方一帶。帕提亞人是伊朗語族，爲薩爾馬希安人（**Sarmatians**）的一支，最初稱爲帕奈人（**Parnae**），原居北土耳其斯坦平原，公元前**248**年，正當塞琉古斯王朝分裂之際，由酋長阿爾塞克（**Arsak**）率領南進，佔領塞琉古斯的帕提亞（**Parthia**）省，建立獨立王國，亦以帕提亞爲族稱。王國最初疆域，包含東北方伊朗的帕提亞，以及西南方土耳其斯坦。到了密斯代來斯一世（**Mithradates I,**前**173-138**在位），大拓領土，先奪取巴克特里亞的若干主要城市，接著侵佔塞琉古斯王國領土，包括西部伊朗、米底亞省、波斯省、美索不達米亞、幼發拉底河之西部，使塞琉古斯王國領土僅存敘利亞，[96]此時的疆域，西起美索不達米亞，東越阿姆河，約包含今日的整個伊朗。至公元**224**年，爲波斯薩珊王朝所滅。[97]

　　佛教傳入安息的年代，約於公元前一世紀，[98]大抵直接由大夏國傳入，因安息疆域夙與佛教流行之大夏國相接，政治上之交涉不絕，而兩國商業上之往來，尤爲頻繁，大夏之佛教乃流入安息。另外，自西元前一世紀中葉以後，大月氏之勢力遠及於安息，大月氏君主以宏布佛教爲己任，使佛教又更進步傳播

---

[95] 中村元、早島鏡正譯，《ミリンダ王の問い》（東京市：平凡社，2001 年 2 月，初版第二十九刷），第一冊，中村元撰〈解說〉，頁 308-380。

[96] 麥高文（William Montgomery McGovern）著，章巽譯，《中亞古國史》，頁 79，83-84；哈爾馬塔（J.Harmatta）主編，徐文堪、芮傳明譯，《中亞文明史》，第二卷，頁 94-99。

[97] ；馬大正、馮錫時主編，《中亞五國史綱》（烏魯木齊市：新疆人民出版社，2000 年 2 月初版一刷），頁 15-16。

[98] B.N.Puri, Buddhism in Central Asia, pp.93-97.

於安息。[99]或有學者專從考古提出疑問，謂安息佛教考古遺存，年代不早於公元一、二世紀，有的年代晚至公元五、六世紀，縱於南部有阿育王碑出土，「碑文不一定可證明有佛教的存在」。安世高等人是否在故土安息國學到佛法，然後再傳到中國，是須要存疑的。[100]然而，此說亦有疑點存在，首先，安世高曾到安息以外的那個地方學佛法呢？是找不到證據的。其次，當佛教初傳時，不一定立刻有佛教建築可供後世考古發掘。最後，考古發掘本身存有很大的概率性，特定遺址之發掘，縱不出現於現在，也有可能出現於將來，所以考古很難當下就做爲一個歷史事蹟是否存在的普遍判準，或唯一判準。整體來說，安息佛教之傳入年代，還是要尊重安世高、安玄等事跡所提供的文獻記錄。

　　三、康居：屬於遊牧部落聯盟國家，位於索格底納（***Sogadiana***），或稱粟特，疆域包括塔什干（***Tashkend***）綠洲，以及嬀水（***Oxus,*** 今阿姆河***,Amu Daria***）與藥殺水（***Jaxartes,*** 今錫爾河***,Syr Daria***）之間。公元前二世紀中葉，中亞部落入侵大夏，遊牧民族南遷，康居趁機擴張領土，此時它臣屬於月氏，亦臣屬於匈奴。後來康居推行獨立政策，如公元前***101***年與大宛聯盟，幫助大宛對抗漢朝。到了公元二至三世紀間，它的獨立地位，顯示在其獨立發行之貨幣，這種情形持續到了公元三世紀末。此後不久，康居衰落了，後爲嚈噠所滅。[101]佛教傳入康居的年代，約在公元前二世紀末至公元前一世紀初之間，[102]

　　四、貴霜王朝（***Kuṣāṇa Empire***）：這是大月氏所建立的王朝。他們原居河西走廊祈連與敦煌之間，匈奴崛起之後，先於公元***174***年以前遭冒頓單于（前***209-174***在位）襲擊，後約於公元前***176***年左右，老上單于（前***174-161***在位）大舉進攻，大月氏王被殺，遂舉族遷徙到伊犁河流域。接著，大月氏曾殺烏孫王難兜靡而奪其領土，烏孫昆莫爲報此仇，在匈奴協助下，攻擊大月氏，結果月氏戰敗，再往南遷住於嬀水之北，最初臣服於大夏。公元前***91-80***年間，大

---

[99] 羽溪了諦著，賀昌群譯，《西域之佛教》，頁 157-171。

[100] 參照中村元《ゴータマ・ブッダ》中之貴霜的佛跡。

[101] 哈爾馬塔（J.Harmatta）主編，徐文堪、芮傳明譯，《中亞文明史》，第二卷，頁 372-373；王治來，《中亞史綱》（長沙市：湖南教育出版社，1986 年 12 月初版一刷），頁 72-85，126；古正美，《貴霜佛教政治傳統與大乘佛教》（台北市：允晨文化公司，1993 年 3 月初版），頁 25-28，382-383。

[102] B.N.Puri, Buddhism in Central Asia, pp.98-100.

月氏征服了大夏，就移往嬀水之南，佔領阿姆河以北的索格底納地區，分成五翕侯共同統治管理，疆域大抵在阿姆河南北兩岸之地區；這個局面，延續至公元前一世紀前半期，計有**100**多年。到了公元一世紀**40-50**年間，五翕侯之一的丘就卻（*kujura Kadphises,*在位約**30-80**），兼併了其他四個翕侯，開始號稱「貴霜」，疆域達到安息、高附、濮達、罽賓等地，約包括今日阿富汗及巴基斯坦北部地區，西鄰波斯，東接中亞，南與印度相鄰，建立了貴霜王朝，定都犍陀越。繼位者閻膏珍（*Vima Kadphises ,*在位約**80-102**），平服統治區內的叛亂，拓展領土至印度河流域一帶。到了迦膩色迦一世（*Kaniṣka I,*在位約**103-125**），國勢達於極盛，首都遷至白沙瓦。至公元三世紀，王朝開始衰落，淪為波斯薩珊王朝的附庸；待至公元四世紀後半，貴霜勢力復興，稱為寄多羅，一直沿續到公元五世紀中期，終為嚈噠所滅。[103]

貴霜王族之信仰佛教，約始於五翕侯時代的公元前一世紀中葉，君王的崇佛活動，是從丘就卻就展開了。[104]不過，為佛教文獻所推崇的崇佛者，是「迦膩色迦王」，他究竟是那位國王呢？由於貴霜歷史極缺乏文獻記載，加以有關統治者之編年記錄模糊，至今仍無法精確排定，且有迦膩色迦名號之王至少有三位，遂導致學者的認定分歧：（1）或有主張，迦膩色迦一世（在位公元**103-125**），推廣佛教，召開迦濕彌羅（*Kaśmir*）佛教結集大會。[105]（2）或有認為，迦膩色迦一世（在位公元前**58-30**）與迦膩色迦二世（在位公元**110**年至**120**年以後的幾年），均為崇佛者，至二世達於空前盛況。[106]（3）另有以為，迦膩色迦一世（在位公元**128-150**）與二世（在位公元**156-192**）崇佛。[107]（4）亦有主張，迦膩色迦二世（在位約公元**143-**？），即迦膩色迦二世之後，其子

[103] 王治來，《中亞史綱》，頁 123-146。

[104] 羽溪了諦著，賀昌群譯，《西域之佛教》，頁 66-69；古正美，《貴霜佛教政治傳統與大乘佛教》，頁 23-87。

[105] 古正美，《貴霜佛教政治傳統與大乘佛教》，頁 398-402；黃振華，〈佉盧文貴霜王號研究〉，收入馬大正、王嶸、楊鐮主編，《西域考察與研究》（烏魯木齊市：新疆人民初版社，1997年 5 月初版二刷），頁 202。

[106] 羽溪了諦著，賀昌群譯，《西域之佛教》，頁 75-109。

[107] 中村元等監修，《アジア佛教史・インド篇：大乘佛教》（東京市：佼成出版社，1980 年 6月初版四刷），頁 21-22。

瓦濕色迦（*Vasiṣka*）與長子迦膩色迦二世及兄弟胡書色迦（*Huviṣka*），一起執政，成爲「三王」時期，其間二世大力崇佛。[108]（5）還有據佛教文獻判斷，崇佛的迦膩色迦王只有一位，應是迦膩色迦三世，而既有的在位年代之公元**200-222**年，是有問題的，應改爲公元**187-225**；他才是唯一的崇佛者。[109]（6）有不少人，爲了避免無法確定的爭議，就僅說迦膩色迦王倡導佛教，不指定是三位中的那位。[110]無論如何，貴霜有位迦膩色迦王致力發展佛教，使佛教十分發達，目前無從確定是那位國王。同時，由於貴霜統治地區具有多元宗教，諸如希臘宗教、印度波羅門教、祆教、佛教、地方宗教，每個國王的信仰及提倡對象，都與時推移，各教都曾被當做對象，佛教不是唯一受崇奉的宗教。[111]

　　五、印度北部：公元前**522-26**年，是波斯帝國阿契美尼德王朝（*Achaemenid Dynasty* 前**553-330**）領土的一部分。公元前**326-321**年，被亞歷山大征服而親自及其部屬短暫統治。約公元前**321-189**年，由孔雀王朝統治，阿育王派遣末闡提（*Majjhantika*）進入罽賓（*Kāshmīr*）及犍陀羅（*Gandhāra*）傳法，故此地佛教是起源於公元前三世紀。到了約公元前**189-50**年，孔雀王朝衰落，希臘－巴克特里亞王朝（大夏）入侵，佔領該區，其間有所中斷。約公元前**90-70**年爲塞種人（*Śakas*）或稱斯基泰人（*Scythian*）毛艾克斯（*Mauaks*）統治。公元前**50**年至公元**10**年，爲帕提亞王朝（安息）阿澤斯世系統治；公元**10-60**年，爲帕提亞岡多法勒斯（*Gondophares*）統治。公元**60-230**年，受貴霜王朝的統治。**230-340**年，爲波斯薩珊王朝統治。**340-450**年，換成寄多羅貴霜統治，**450-670**年嚈噠人統治，在其長期毀佛下，佛教文物遭到嚴重的破壞。[112]

　　在上述歷史過程中，所興起的佛教是說一切有部。此部有一個師傳譜系：佛陀ｆ迦葉ｆ阿難（*Ānanda*）ｆ商那和修（*Sāṇakavāsin*）ｆ優波毱多（*Upagupta*）

---

[108] 哈爾馬塔（J.Harmatta）主編，徐文堪、芮傳明譯，《中亞文明史》，第二卷，頁 252-253。

[109] 古正美，《貴霜佛教政治傳統與大乘佛教》，頁 398-412。

[110] B.N.Puri, Buddhism in Central Asia, p.100；馬大正、馮錫時主編，《中亞五國史綱》，頁 20；王治來，《中亞史綱》，頁 141-142；芮傳明，《中國與中亞文化交流》（上海市：上海人民出版社，1998 年 10 月初版一刷），頁 163-169。

[111] 哈爾馬塔（J.Harmatta）主編，徐文堪、芮傳明譯，《中亞文明史》，第二卷，頁 244-258。

[112] 達尼（Ahmad Hasan Dani）著，劉麗敏譯，《歷史之城：塔克西拉》（北京市：中國人民大學出版社，2005 年 5 月初版一刷），頁 71-136。

*i*提多迦（*Dhūtika*），[113]富羅那（*Pūrna*）*i*寐者柯（*Mecaka*）*i*迦旃延尼子（*Kātyānīputra*）創立說一切有部。[114]這個普系，應多屬傳說成份，富樓那與寐者柯，都爲公元一世紀之人，年代晚於迦旃延尼子，做爲其師承，完全不足探信。而商那和修、優波毱多、提多迦都等三人，有曾在北方傳法的活動之事跡，[115]與說一切有部流形地區一致，當有其聯繫關係。至於其師承遠溯到佛陀及直傳弟子迦葉與阿難，目的不外是欲取得教義的正統性，與其教義之間，難說有實質的傳承關係。無論如何，說一切有部，是迦旃延尼子所始創，他大約生存於公元前**100-1**年，約於公元前**50**年前後撰述《阿毘達磨發智論》，成立說一切有部，造論地點，是玄奘《大唐西域記》所說的印度北方之至那僕底國（*Cīnabhukti*）；這正吻合摩偷羅（*Mathurā*）出土的獅子柱頭銘文所示，此部成立於公元前一世紀中葉。[116]或有認爲，他造論是公元前**150**年左右，地點是佛教文獻所載的「東方」，這不是指印度東部，是從北方來看，恒河流域都可說是東方，[117]縱如所說，說一切有部，最後終究是大盛於印度西北部。

六、犍陀羅（Gandhāra）：位於印度和西亞的邊境地帶，在印度河西岸，包括白沙瓦谷地，以及現代的斯瓦特（*Swat*）、布奈（*Buner*）、巴爵爾（*Bajaur*），此地區在佛教史上的地位，是形成了犍陀羅佛教藝術。依照主持這地區考古的專家約翰·馬歇爾（*John Marshall*）的看法，它迭經不同民族政權的統治，文化呈現多元累積及交匯，而具有世界性，從中印度藝術與希臘藝術融合起來，產生了佛教藝術。佛教雕刻藝術之出現，始於阿育王統治期間（前

---

[113] 《阿育王傳》卷 7 云：「今涅槃時到，（優波毱多）語提多迦言：子！佛以法付囑迦葉，迦葉以法付囑阿難，阿難以法付我和上商那和修，商那和修以法付我，我今以法付囑於汝！」（大正藏第五十冊，頁 126 中）。

[114] 隋·吉藏，《三論玄義》卷 1 云：「佛滅度後，迦葉以三藏付三師：以修多羅付阿難，以毘曇付富樓那，以律付優婆離。阿難去世，以修多羅付末田地，末田地付舍那婆斯（即商那和修），舍那婆斯付優婆掘多（即優波毱多），優婆掘多付富樓那，富樓那付寐者柯，寐者柯付迦旃延尼子」（大正藏第四十五冊，頁 9 中）。

[115] 印順，《說一切有部爲主的論書與論師之研究》（台北市：正聞出版社，1987 年 2 月四版），頁 99-106，112。

[116] 靜谷正雄，《小乘佛教史研究：部派佛教成立變遷》（京都市：百華苑，1978 年 7 月初版），頁 112-116。

[117] 印順，《說一切有部爲主的論書與論師之研究》，頁 112-116。

274-232），到了公元前**150**年至公元**50**年間，有所發展而更爲興盛，風格上屬於印度藝術流派時期，多以法輪、蓮花等象徵物，來表現佛陀或佛法，尙無具體的人像佛陀。塞種人時代，犍陀羅佛教藝術的萌芽期，希臘藝術雖然衰頹，卻開始廣泛應用，出現了人像之佛教雕像，有佛陀及有翅飛天。帕提亞時代，是其童年期和青春期早期，主要是該地希臘藝術復興，促進佛教藝術有著更高境界的發展。貴霜時代是其青春期晚期及成熟期，完成了犍陀羅佛教藝術的優雅、生動、細膩、風韻等的獨特風格。[118]

七、新疆：佛教確於何時傳入狹義西域（今新疆地區）？由於文獻不足考定，亦因佛教遺址早已屢遭破壞，新疆的考古發現，仍無可判定之遺存，很難提出較精確的年代。[119]其困難之窘況，當如季羨林先生以龜茲爲例所說：「是一個異常棘手的問題，語言在這裏幫不了忙，考古發掘工作目前也還無能爲力，我們當前所能做到的只能是根據古代典籍，加以比較探討，得出一點不十分確切的結論，如此而已」。[120]亦由於如此，學者的見解，分歧相當大，以下僅略舉若干說法：

余太山先生等學者的看法，《漢書》〈西域傳〉未記載任何佛教事跡，佛教之傳入西域，表示班勇於東漢順帝永建二年（127）離開西域之前，西域「未流行佛教」；故鄯善佛教，在東漢已有傳入跡象，曹魏齊王芳嘉平（249-254）及晉武帝泰始（265-274）年間已有佛塔；于闐佛教，在公元二世紀中葉傳入；龜茲佛教，約在公元二世紀中傳入。[121]

薛宗正先生等綜合中西學者的研究認爲，于闐佛教，依照藏語文獻所載，佛教在于闐立國後 105 年傳入，推算合爲公元前 84 年（漢明帝始元三年），此年代「未必完全可信，卻是有文字記載的開始」。龜茲佛教，據《比丘尼大戒》

---

[118] 馬歇爾（John Marshall）著，許建英譯，《犍陀羅佛教藝術》（烏魯木齊市：新疆美術攝影出版社，1999 年 8 月初版一刷）；書中歷史過程年代多以世紀約數表達，故有關年代是參照：達尼（Ahmad Hasan Dani）著，劉麗敏譯，《歷史之城：塔克西拉》，頁 71-136。

[119] 賈應逸、祁小山，《印度到中國新疆的佛教藝術》（蘭州市：甘肅教育出版社，2002 年 9 月初版一刷），頁 88。

[120] 季羨林，〈佛教傳入龜茲和焉耆的道路和時間〉，《社會科學戰線》，2001 年第 2 期，頁 230。

[121] 余太山主編，《西域通史》（鄭州市：中州古籍出版社，2003 年 1 月二版一刷），頁 219-220，228-229，241-242。

譯出時「大法流此（龜茲）五百年」予以考察，至遲在漢武帝之世（在位前141-87）佛教已傳入。焉耆佛教，傳入時間略遲於龜茲。鄯善佛教，傳入時間稍晚於于闐。疏勒佛教，傳入的時間則已無可考。[122]

賈應逸女士與祁小山先生則主張，大抵公元前 1 世紀左右，佛教已傳入西域，至公元 1-2 世紀間轉盛例如，豐尼亞一號漢墓發現一塊臘染藍印花棉布，上面有項光菩薩像、佛教藝術中的摩竭魚（makara）、獅子等，是為佛教傳入之跡。和闐曾發現公元 2 世紀抄寫的佉盧文《法句經》，對原文字略有改變，加入樓蘭語，顯示非初傳抄本，是佛教通行至已有瞭解後的改寫，佛教傳入時間當為更早。到了東漢中期，約公元 171 年前後，迦膩色迦一世末年，貴霜王朝內部動亂，部分人民及官員，主要是月氏人、康居人、安息人、天竺人，陸續遷到新疆、甘肅、青海，甚至達到洛陽，他們更促進了西域佛教的發展。[123]

新疆社會科學院宗教研究所的研究指出，佛教大約於公元前100年左右傳到龜茲。最遲到公元前74年左右，部派佛教的說一切有部已經傳入于闐。佛教傳入喀什的時間與於闐大體相當。[124]

金唯諾先生認為，佛教之傳入西域，約在東漢順帝陽嘉、永和年間（132-141）。[125]

聶靜潔先生以為，佛教初傳龜茲應在漢武帝在位期間（前 156-87，在位前141-87）。[126]

[122] 薛宗正等著，《中國新疆古代社會史》（烏魯木齊：新疆人民出版社，1997 年 8 月初版一刷），頁 142。

[123] 賈應逸、祁小山，《印度到中國新疆的佛教藝術》，頁 88-89。

[124] 方廣錩，〈關於初傳期佛教的幾個問題〉，《法音》，1998 年第 8 期，http://fy.fjnet.com/dharma/9808/b9808f02.htm

[125] 金維諾，〈中國新疆早期佛教彩塑的形成與發展〉，《雕塑》，2000 年第 1 期，頁 32。

[126] 聶靜潔，〈20 世紀西域佛教史若干問題研究述評〉，《西域研究》2005 年第 1 期，頁 100。

第五章　釋「風俗淳一」

　　〈釋老志〉所說:「魏先建國於玄朔,風俗淳一,無爲以自守,與西域殊絕,莫能往來。故浮圖之教,未之得聞,或聞而未信也」。關於「風俗淳一」句,塚本善隆先生把漢文標點作:「風俗淳一、無爲以自守。」是把兩句連讀,故和譯爲「國家之風俗淳一而從無爲來自守」。[1]此一和譯,是把該句完全保留爲漢字,沒有語意的解說。因此,本章之目的,乃在解讀其句的語意。

　　在《魏書》語料中,「風俗淳一」之句,迄只發現於〈釋老志〉,尚未能於該書他處發現同樣的語句。所幸,其書仍有相關之語料,可資解讀。不過,爲了使語料更周全,本章旁採了其他輔證之語料。

　　經由分析後,「風俗淳一」句的語意內涵是:風俗,是指由自然、人爲兩大元素所塑造的人類生活慣行,簡稱爲「俗」。風俗,其範圍廣泛的包含了各層面之文化,是指整體文化。「淳一」,意指最周全、清淨的德行。合起來說,「風俗淳一」意謂:最周全、清淨德行的文化,或文化都爲最周全、清淨的德行。茲說明下列各節。

第一節　風俗之形成及定義

　　何謂風俗呢?意指在自然環境因素與人爲因素交互作用下,所型塑的人類生活慣行。這不僅是風俗之定義,亦由之顯示了風俗之形成的狀況。茲說明如下:

　　北魏以前的定義,當推東漢應劭(約153-196)《風俗通義》〈自序〉所說:

> 風者,天氣有寒煖,地形有險易,水泉有美惡,草木有剛柔也。俗者,含血之類,像之而生,故言語歌謳異聲,鼓舞動作殊形,或直或邪,或善或淫也。聖人作,而均齊之,咸歸於正;聖人廢,則還其本俗。[2]

---

[1] 塚本善隆,《魏書釋老志の研究》,頁147-148。

[2] 應劭撰,王利器校注,《風俗通義校注》(台北市:漢京文化事業公司,1983年9月初版,新

風俗的形成有兩大因素：一是從人類與住地自然環境交互作用形成的，「風」，是指自然環境的不同構造，包括了氣候溫度的寒暖，地形的高岐及平緩，水資源品質的優劣，植被性質的剛硬與柔軟等。「俗」，是指在上述自然環境差異中，人類在成爲生物體過程中，受自然環境形塑，而各照自然環境樣態生長成形，遂產生了說話與歌唱等語言的不同，鼓樂與舞蹈等肢體動作形態的差別，行爲正直與偏差、善良與奢亂等道德習性的差異，各種不同的人類文化，於焉形成。二是人爲的因素之影響，即「聖人」的教化作用，可以把整體文化導向端正之路；當聖人教化廢棄後，人類就返回到前述有正有邪的文化了。又《漢書》〈地理志〉云：

> 凡民函五常之性，而其剛、柔、緩、急，音聲不同，繫水土之風氣，故謂之風。好惡取舍，動靜亡常，隨君上之情欲，故謂之俗。[3]

「風」，意指人類都蘊含著五常之金木水火土等五種自然界共同元素，所以人類本性的剛強、柔弱、遲緩、急速等文化風格，不同的個性與行爲，以及不同的語言；都是五常共同元素，與不同住地的「水土」自然環境交互作用後，所產生的不同結果，這是風俗之形成的自然因素。「俗」，意指人民觀念上的各類價值判斷、抉擇取向，以及生活行爲的動態、靜態、不定狀態等複雜之變化，都是依著君王的情感與欲望之浮動，而受其影響，這是風俗之形成的人爲因素。依此，其「風」、「俗」的個別涵義，是不同於《風俗通義》的；若綜合起來看，有關風俗的形成因素，則兩者都同樣歸諸於自然與人爲兩大因素。

上面的看法，在《魏書》記載中，沒有整體的、有系統的論述，多屬分散的陳述，而重點仍在自然與人爲兩大因素對風俗的型塑作用。

關於自然因素，如說東晉南朝之南方風俗的形成。上古時代，其地居九州的南方揚州，因較「晚與中國交通」，導致「俗氣輕急，不識禮教，盛飾子女以招遊客，此其土風也」；戰國時代起，其地「則并於楚，故地遠恃險，世亂則先叛，世治則後服。秦末，項羽起江南，故衡山王吳芮從百越之兵，越王無

校標點本），〈風俗通義自序〉，頁 8。
[3] 《漢書》，卷 28 下，〈地理志〉，頁 1640。

諸身率閩中之眾以從，滅秦。漢初，封芮爲長沙王，無諸爲閩越王，又封吳王
濞於朱方。逆亂相尋，亟見夷滅」。[4]以上所言表示，在自然地理上，江南與中
原相距遙遠，遂使雙方文化交流遲晚，造成南方風俗之性質，流於輕浮易動而
急促，缺乏禮教，特別表現在女性的活動，對客人竟濃粧招呼往來，沒有禁忌。
同樣的，亦因南方地理遙距中原，又形成了江南風俗的另一個性質：當中原「世
亂則先叛，世治則後服」，這種傾向，在戰國至秦漢之間，頗有顯例。最後，《魏
書》所說「土風」一語，即前引《漢書》〈地理志〉所言「繫水土之風氣」，皆
指自然環境因素，故《魏書》之論，是與《漢書》〈地理志〉屬於同一觀點脈
絡。

　　江南以外，《魏書》復言及他地自然因素對風俗的型塑。例如，高句麗國
「土田薄瘠，蠶農不足以自供，故其人節飲食」。[5]這是自然地理的土瘠→導致
蠶農生產供給量不敷所需→形成的飲食風俗爲「節飲食」。勿吉國因「國有大
水，闊三里餘，名速末水。其地下濕，築城穴居，屋形似塚，開口於上，以梯
出入」；這是自然地理多水域→使地理環境地勢低窪而濕氣重→形成了獨特的
居住建築風俗；同時，其濃度的濕氣中，「水氣鹹凝，鹽生樹上」。[6]還有烏洛
侯國，在自然環境上，「其土下濕，多霧氣而寒」，所型塑的風俗是：「民冬則
穿地爲室，夏則隨原阜畜牧」。[7]

　　關於人爲因素，在《魏書》中，仍不乏其例。如說「自頃以來，軍國多事，
未宣文教，非所以整齊風俗，示軌則於天下也」；[8]此言強調，人爲的文教設施，
對風俗具有莫大的型塑作用，亦即是說：「聖人因時設教，所以達其志而通其
俗也」。[9]其次，「今州郡牧守，邀當時之名，行一切之法；台閣百官，亦咸以
深酷爲無私，以仁恕爲容盜，迭相敦厲，遂成風俗」。[10]這就是說，地方官吏
的行政作爲，也會型塑一地之風俗。復次，「先王沿物之情，爲之軌法，故八

---

[4] 《魏書》，卷 96，〈僭晉司馬叡傳〉，頁 2092-2093。

[5] 《魏書》，卷 100，〈高句麗傳〉，頁 2215。

[6] 《魏書》，卷 100，〈勿吉傳〉，頁 2220。

[7] 《魏書》，卷 100，〈烏洛侯傳〉，頁 2224。

[8] 《魏書》，卷 4 上，〈世祖紀〉，頁 97。

[9] 《魏書》，卷 101，〈史臣曰〉，頁 2251。

[10] 《魏書》，卷 60，〈韓顯宗傳〉，頁 1340。

刑備於昔典，姦律炳於來制，皆所以謀其始跡，訪厥成罪，敦風厲俗，永資世範者也」。[11] 其意是指，刑法制度，同樣是型塑風俗的動力。最後，如說于闐國「俗重佛法，寺塔僧尼甚眾，王尤信尚，每設齋日，必親自灑掃饋食焉」。[12] 統治者的好尚，更是型塑全國風俗的關鍵力量。

關於自然與人為因素交互型塑風俗，正如《魏書》載孝文太和十五年詔書之言：

> 樂者，所以動天地，感神祇，調陰陽，通人鬼。故能關山川之風，以播德於無外。由此言之，治用大矣。逮乎末俗陵遲，正聲頓廢，多好鄭衛之音以悅耳目，故使樂章散缺，伶官失守。今方釐革時弊，稽古復禮，庶令樂正雅頌，各得其宜。今置樂官，實須任職，不得仍令濫吹也。[13]

音樂，可以融貫於自然界，觸動上天與大地，感應神祇，調和陰陽之氣，流通於人類和鬼類。因此，音樂能夠交融於自然的山川之「風」，將王者的德教傳佈至最廣擴的領域。可惜近世的「俗」已凋落，雅正的音樂乃告停廢，人們多傾向喜愛浮亂的音樂，以愉悅耳目感官為目的，雅樂文獻亦散佚不全，所以切須考察古禮，來恢復雅樂及樂官制度。這就是說，整個自然界與人類的交互關係，是風俗形成的一個因素；其間可以用人為的因素來加以改變風俗，那就是運用雅樂的製作，樂可以介入人與自然界之間，把兩者融貫起來，從中傳播王者的道德教化，改正人類的風俗，即更革人類的文化。

第二節　風俗即整體文化

如前節所說，風俗，意指在自然環境因素與人為因素交互作用下，所型塑的人類生活慣行。這已顯示，風俗廣涉人類生活之各類情節，泛涉人類生活文化領域。再進一步考察《魏書》的語料，「風俗」一詞所指涉之生活對象，確實泛含了一切生活之事物，可證風俗的內涵，即是整體文化。茲說明如下：

---

[11] 《魏書》，卷 64，〈郭祚傳〉，頁 1422-1423。

[12] 《魏書》，卷 102，〈西域傳〉，頁 2262。

[13] 《魏書》，卷 109，〈樂志〉，頁 2829。

　　風俗，包含政治制度。有關君主的總體施政，辛雄對孝莊帝建議「臣聞王者愛民之道有六」，包括「使民不失其時，則成之也；省刑罰，則生之也；薄賦斂，則與之也；無多徭役，則樂之也；吏靜不苛，則喜之也。伏惟陛下道邁前王，功超往代，敷春風而鼓俗，旋至德以調民」。「若不除煩收疾」，則「皇恩無逮於民俗」。[14]地方官吏的總體施政，亦在風俗之內，文成帝太安元年六月詔曰：

　　　夫為治者，因宜以設官，舉賢以任職，故上下和平，民無怨謗。若官非其人，姦邪在位，則政教陵遲，至於凋薄。思明黜陟，以隆治道。今遣尚書穆伏真等三十人，巡行州郡，觀察風俗。入其境，農不墾殖，田畝多荒，則徭役不時，廢於力也；耆老飯蔬食，少壯無衣褐，則聚斂煩數，匱於財也；閭里空虛，民多流散，則綏導無方，疏於恩也；盜賊公行，劫奪不息，則威禁不設，失於刑也；眾謗並興，大小嗟怨，善人隱伏，佞邪當途，則為法混淆，昏於政也。諸如此比，黜而戮之。善於政者，褒而賞之。其有阿枉不能自申，聽詣使告狀，使者檢治。若信清能，眾所稱美，誣告以求直，反其罪。使者受財，斷察不平，聽詣公車上訴。其不孝父母，不順尊長，為吏姦暴，及為盜賊，各具以名上。其容隱者，以所匿之罪罪之。[15]

　　所謂「風俗」，涵蓋地方官吏應予處理的事務，如農業經濟生產的興衰，政制推行的良否，刑法執行的公正性，徭役進行時間的適當性，飲食三餐的豐闕，衣服穿著、社會治安與道德，家庭與社會倫理，流離人口安頓的妥善與不當等等，實為人民生活的各項活動，即人民的生活整體文化。

　　王朝官制內部，亦有風俗在演變，天興三年十二月道武帝詔：「上古之治，尚德下名，有任而無爵，易治而事序，故邪謀息而不起，姦慝絕而不作。周姬之末，……秦漢之弊，……於是忠義之道寢，廉恥之節廢，退讓之風絕，毀譽之議興，莫不由乎貴尚名位，而禍敗及之矣。古置三公，職大憂重，故曰『待

---

[14]　《魏書》，卷 77，〈辛雄傳〉，頁 1697。
[15]　《魏書》，卷 5，〈高宗紀〉，頁 114-115。

罪宰相」，將委任責成，非虛寵祿也。而今世俗，僉以台輔爲榮貴，企慕而求之」。[16]上古官制中，都重視德道及職務責任，不計較名位利祿；經周朝末年至秦漢間的淪替後，便因只爭取名位利祿，喪失了廉恥道德、忠義職責、退讓不爭等爲官原則，以致興起了對別人毀譽的議論。

風俗，涵蓋刑法。孝文帝時，韓顯宗奏曰：「有國有家，必以刑法爲治，生民之命，於是而在。……今州郡牧守，邀當時之名，行一切之法；台閣百官，亦咸以深酷爲無私，以仁恕爲容盜。迭相敦厲，遂成風俗」。[17]宣武帝時，郭祚奏曰：「先王沿物之情，爲之軌法，故八刑備於昔典，姦律炳於來制，皆所以謀其始跡，訪厥成罪，敦風厲俗，永資世範者也」。[18]這顯示刑法執行，只在手段上講求嚴酷，會形成一種不好的風俗；若能刑罰適當，確實達到治姦罰罪而無貸，則可以讓風俗更優美。

風俗，亦含經濟生活。文成帝時，「牧守之官，頗爲貨利。太安初，遣使者二十餘輩循行天下，觀風俗，視民所疾苦。詔使者察諸州郡墾殖田畝、飲食衣服、閭里虛實、盜賊劫掠、貧富強劣而罰之，自此牧守頗改前弊，民以安業」。[19]此處所說的風俗，重點是在經濟生活，所以治安之目的，也是爲了使「民以安業」，提高經濟生活。在經濟上，風俗又兼括了手工業，太平真君五年正月詔曰：「自頃以來，軍國多事，未宣文教，非所以整齊風俗，示軌則於天下也。……其百工伎巧、騶卒子息，當習其父兄所業，違者師身死」；[20]此詔是爲了整齊全國風俗，強制手工業必須世襲，顯示經濟生產活動型態，是風俗的一部分，將經濟生產活動型態改變，就能達到改變風俗的效果。

風俗，包含社會階級制度的生活：孝文帝太和十一年，以平城「自承平日久，豐穰積年，競相矜夸，遂成侈俗。車服第宅，奢僭無限；喪葬婚娶，爲費實多；貴富之家，童妾袨服；工商之族，玉食錦衣」；乃建議禁奢侈及「令貴

---

16 《魏書》，卷 2，〈太祖紀〉，頁 37。
17 《魏書》，卷 60，〈韓顯宗傳〉，頁 1340。
18 《魏書》，卷 64，〈郭祚傳〉，頁 1422-1423。
19 《魏書》，卷 110，〈食貨志〉，頁 2851。
20 《魏書》，卷 4 上，〈世祖紀〉，頁 97。

賤有別」。[21]孝文帝時，李彪以當時富豪「壯制第宅，美飾車馬，僕妾衣綾綺，土木被文繡，僭度違衷者眾矣。古先哲王之為制也，自天子以至公卿，下及抱關擊柝，其宮室車服各有差品，小不得踰大，賤不得踰貴。……今或者以為習俗日久，不可卒革，臣謹言古人革之之漸」。[22]孝文帝行漢化以後，洛陽都城的里坊，原按身份地位、職業做住宅的區位分類：宮城、官署、皇室宗族居宅區、官員住宅區、一般平民住宅區、手工業者住宅區、商業者住宅區、喪葬業者住宅區、市場區、異邦異民族住宅等之區位劃分。[23]目的是依據身分、職業的區分，來便利進行管理。[24]韓顯宗發現實際狀況出了問題，里坊中四民雜居，破壞了都城優美風俗的形成，將造成「令伎作家習士人風禮，則百年難成；令士人兒童效伎作容態，則一朝可得。是以士人同處，則禮教易興；伎作雜居，則風俗難改」。原因是「假令一處彈箏吹笛，緩舞長歌；一處嚴師苦訓，誦詩講禮。宣令童亂，任意所從，其走赴舞堂者萬數，往就學館者無一」。由此「則伎作不可雜居，士人不宜異處之明驗也」，故解決辦法是依照「古之聖王，必令四民異居者，欲其業定而志專。業定則不偽，志專則不淫。故耳目所習，不督而就；父兄之教，不肅而成」，此即「孔父云里仁之美，孟母弘三徙之訓，賢聖明誨」。[25]以上是以「禮」的身分尊卑秩序，來穩定社會階層人際秩序，可由行住衣著等生活文化來區別尊卑。[26]就風俗的角度來看，禮的生活內容一旦混亂，風俗便頹廢了，改革之道，唯有從禮著手，恢復身份秩序的社會階級制度，使各階級回歸各自的生活環境及生活內容，才能創造出優美的風俗。

　　風俗，亦指涉禮、樂、學校教育。關於禮，孝文帝為文明太后行三年之喪

---

[21] 《魏書》，卷 60，〈韓麒麟傳〉，頁 1333。

[22] 《魏書》，卷 62，〈李彪傳〉，頁 1382-1383。

[23] 俞偉超，〈中國古代都城規劃的發展階段性〉，收入洛陽文物與考古編輯委員會編，《漢魏洛陽故城研究》（北京市：科學出版社，2000 年 9 月初版一刷），頁 445-446；王鐸，〈北魏洛陽規劃及其城史地位〉，收入《同前書》，頁 492-503；段鵬琦，〈漢魏洛陽城的幾個問題〉，收入《同前書》，頁 470-471。

[24] 劉淑芬，〈中古都城坊制初探〉《中央研究院歷史語言研究所集刊》第六十一本第二分（1992 年 3 月），頁 304-305；劉淑芬，《六朝的城市與社會》（台北市：學生書局，1992 年 10 月），頁 180-181。

[25] 《魏書》，卷 60，〈韓顯宗傳〉，頁 1341。

[26] 瞿同祖，《中國法律與中國社會》（台北市：里仁書局，1982 年 12 月），第三、四章。

禮時說：「朕承累世之資，仰聖善之訓，撫和內外，上下輯諧。稽參古式，憲章舊典，四海移風，要荒革俗」。[27]關於樂，孝文帝太和十一年（487）文明太后令云：「先王作樂，所以和風改俗，非雅曲正聲不宜庭奏」。[28]孝文帝太和十六年（492），孝文帝詔曰：「禮樂之道，自古所先，故聖王作樂以和中，制禮以防外。然音聲之用，其致遠矣，所以通感人神，移風易俗。……禮樂事大，乃爲化之本」。[29]孝文帝太和十八年（494），高閭表製樂曰：「孔子曰：『移風易俗，莫尚於樂。』然則樂之所感，其致遠矣」。[30]宣武帝詔曰：「王者功成治定，制禮作樂，以宣風化，以通明神，理萬品，贊陰陽，光功德，治之大本」。[31]劉芳說「樂者，感物移風，諷民變俗，先王所以教化黎元」。[32]關於學校，太平真君五年正月詔曰：「自頃以來，軍國多事，未宣文教，非所以整齊風俗，示軌則於天下也。今制自王公已下至於卿士，其子息皆詣太學。……不聽私立學校。違者……主人門誅」。[33]文明太后時，高允建議「宜如聖旨，崇建學校以厲風俗」，於是「顯祖從之。郡國立學，自此始也」。[34]中山王元英向宣武帝建議：「崇道顯成均之風，蘊義光膠序之美，是以太學之館久置於下國，四門之教方構於京瀍」。[35]

　　上述「風俗」一語，意指整體文化的用法，並非孤立的使用，而是北魏時代所說「風俗」，本即泛含各層面之文化，而包含著整體文化。

第三節　風俗簡稱「俗」

　　「風俗」簡稱「俗」，由來已久，北魏以前已有其例。大抵起源於把「風俗」分稱「風」或「俗」的習慣。《孝經》〈廣要道章〉說：「移風易俗，莫善

27　《魏書》，卷108-3，〈禮志三〉，頁2783。

28　《魏書》，卷109，〈樂志〉，頁2829。

29　《魏書》，卷109，〈樂志〉，頁2829-2830。

30　《魏書》，卷107上，〈律曆志上〉，頁2658。

31　《魏書》，卷109，〈樂志〉，頁2831-2832。

32　《魏書》，卷109，〈樂志〉，頁2832。

33　《魏書》，卷4上，〈世祖紀〉，頁97。

34　《魏書》，卷48，〈高允傳〉，頁2078。

35　《魏書》，卷19下，〈中山王元英傳〉，頁498。

於樂」；是對「風俗」一辭的連綴，將之分開爲單字的「風」與「俗」。邢昺注疏標題謂「注風俗至樂」，則是將單字「風」、「俗」，視同於連綴的「風俗」；故一面用連綴釋其義：「風俗移易，先入樂聲」，一面用單字釋其義：「大人風聲謂之風，隨其越舍之情欲故謂之俗」，[36]意指王朝施政稱爲「風」，人民受其影響之情欲行爲稱爲「俗」。《荀子》於〈彊國篇〉說，至秦國「入境，觀其風俗」。[37]在〈樂論篇〉，則謂「樂行」得「移風易俗，天下皆寧」。[38]同樣把「風俗」分成「風」與「俗」。綜合上述，「風俗」可分言成「風」或「俗」兩字，兩字涵義，或是相同，或有差別。

由於「風俗」分成「風」與「俗」。「風俗」就可簡稱「風」，或簡稱「俗」。例如，《左傳》載泠洲鳩說：「天子省風以作樂」，注家將「風」釋爲「風俗」，[39]指民間風俗。東漢應劭著《風俗通義》自云：「謂風俗通義，言通於流俗之過謬，而事該之於義理也」；[40]《後漢書》〈應劭傳〉也說他「撰《風俗通》，以辯物類名號，釋時俗嫌疑」；[41]可見應氏將風俗簡稱爲「俗」，都同意指民間風俗，此類之例尚多。[42]

風俗簡稱俗，在《魏書》中，有其例證，亦由「風」、「俗」分言，乃至形成風俗簡稱俗。長孫稚、祖瑩論樂說：「安上治民莫善於禮，移風易俗莫善於樂」。[43]這是風、俗分言。高閭〈至德頌〉說北魏「德侔往聖，移風革俗，天保載定」；游雅「作牧河汾，移風易俗」；[44]這也是風、俗分開來說，隨之，

---

[36] 宋・邢昺撰，《孝經注疏》（台北市：中華書局，1966 年 3 月台一版，四部備要本），〈廣要道章第十二〉，頁 3a。

[37] 楊倞注，王先謙集解，《荀子集解》（台北市：世界書局，1972 年 10 月新一版，新編諸子集成本），卷 14，〈樂論篇〉，頁 254。

[38] 《荀子集解》，頁 254。

[39] 杜預注：「省風俗，作樂以移之」。以後注家多依其解，而有詳略。見竹添光鴻撰，《左傳會箋》（台北市：鳳凰出版社，1978 年 9 月影印四版），卷 24，〈昭公二十一年〉，頁 39；楊伯峻，《春秋左傳注》，〈昭公二十一年〉，頁 242。

[40] 《風俗通義校注》，〈風俗通義序〉，頁 4。

[41] 《後漢書》，卷 48，〈應劭傳〉，頁 1614。

[42] 《風俗通義校注》，〈風俗通義序〉注引之各資料，頁 1-17。

[43] 《魏書》，卷 109，〈樂志〉，頁 2837。

[44] 《魏書》，卷 48，〈高允傳〉，頁 1084。

高閭又把兩者分開來簡稱：「率土移風」，「家殊俗」。[45]由於如此，風俗可以簡稱「風」，如張袞謂「岷蜀殊風，遼海異教」；[46]元詳等論吏治說：「昔黃、龔變風，不由削祿」。[47]風俗亦可簡稱「俗」，如張倫謂「荒遐之俗，政所不及」。[48]至於北魏道武帝天興元年（398）六月詔書謂：「天下分裂，諸華乏主，民俗雖殊，撫之在德」。[49]天興三年（400）詔說：「觀民風俗，察舉不法」；[50]兩詔把「民俗」、「民風俗」互用，同樣顯示風俗得以簡稱俗。

　　風俗簡稱爲俗，《魏書》中還有他例。其書卷一百東方諸國傳，載獻文帝給百濟王國餘慶的兩道詔書，一曰：「風俗之和，士馬強盛」；二曰：「具列往代之迹，俗殊事異」；[51]其風俗、俗之互用，即風俗簡稱俗。又其言及各國風俗，則都謂之「俗」；高句麗國「其俗淫，好歌舞」；[52]勿吉國之「俗以人溺洗手面」；[53]失韋國「俗又無羊」，「俗亦愛赤珠，爲婦人飾」；[54]烏洛侯國「其俗繩髮，皮服，以珠爲飾」；[55]契丹國來朝貢，「靈太后以其俗嫁娶之際，以青氈爲上服，人給青氈兩匹，賞其誠款之心」；[56]以上都同樣把風俗簡稱作俗。另外，《魏書》卷一百一西南方諸國傳，非魏收等撰原書之文，是從《北史》尋回的《魏書》文，[57]其「史臣曰」云：「氐、羌、蠻、獠，風俗各異，嗜欲不同，言語不通，聖人因時設教，所以達其志而通其俗也」；[58]風俗，顯然簡稱爲俗。故本卷說到各國風俗，依然簡稱俗，吐谷渾國「其俗，丈夫衣服略同於

---

[45] 《魏書》，卷54，〈高閭傳〉，頁1195，1204，1205。

[46] 《魏書》，卷24，〈張袞傳〉，頁614。

[47] 《魏書》，卷21上，〈北海王元詳傳〉，頁560。

[48] 《魏書》，卷24，〈張倫傳〉，頁617。

[49] 《魏書》，卷2，〈太祖紀〉，頁32-33。

[50] 《魏書》，卷2，〈太祖紀〉，頁36。

[51] 《魏書》，卷100，〈百濟國傳〉，頁2218-2219。

[52] 《魏書》，卷100，〈高句麗國傳〉，頁2215。

[53] 《魏書》，卷100，〈勿吉國傳〉，頁2220。

[54] 《魏書》，卷100，〈失韋國傳〉，頁2221。

[55] 《魏書》，卷100，〈烏洛侯國傳〉，頁2224。

[56] 《魏書》，卷100，〈契丹國傳〉，頁2224。

[57] 《魏書》，卷101，〈校勘記〉第一條：「蓋非魏收書之舊。其實此卷諸傳都以北史相同諸傳補而刪去魏以後事」（頁2251）

[58] 《魏書》，卷101，〈史臣曰〉，頁2251。

華夏」，「其俗貧多富少」；[59] 宕昌國「俗皆土著，居有屋宇」；[60] 高昌國「俗事天神，兼信佛法」；[61] 獠國「其俗畏鬼神，尤尚淫祀」。[62]

第四節 「淳」之語意

「淳」字之語義有二：一是淳有「厚」義，意指周全的德行。二是淳有「清」義，意指德行清淨。

淳之「厚」義。《說文》云：「淳，淥也」。[63] 淥即漉，「漉，浚也，从水鹿聲。一曰：水下兒也」。[64] 段玉裁認爲，淳之「淥」義，「恐轉寫者亂之也」，宜爲《周禮》〈考工記〉鄭注所說：「淳，沃也」，即「渥淳其帛」，「沃之以膏也」，意指「不澆」，澆意爲「凡醲者澆之則薄，故其引伸之義爲薄」；[65] 澆，是淳的反義詞，[66] 意爲薄；相對來說，淳即「厚」義，是《說文》所說：「醲，厚酒」；段注「凡厚皆得爲醲也」。[67] 故「不澆」爲不薄而即爲厚義，《說文》「厚，山陵之厚」，「古文厚，从后土」；[68]《廣韻》同「《說文》作厚曰：山陵之厚也」，又說「重也，廣也」。[69] 由此引伸爲人的道德崇高、廣大，穩重深實，即泛指道德的優美，意涵範圍廣泛，不專指任何的一種德行，是就整體而言，意指周全的德行。例如，後漢崔駰寫信給竇憲說「二君以淳淑守道」，注謂「竇太后之弟長君、少君，退讓君子，不敢以富貴驕人，故云淳淑守道」；[70] 此言「守道」，道是普遍真理，守道就不只遵守單一道德行爲，而是涵蓋普遍的道德行爲，如此便是「淳」與「淑」的狀態。

[59] 《魏書》，卷101，〈吐谷渾國傳〉，頁2240。
[60] 《魏書》，卷101，〈宕昌國傳〉，頁2242。
[61] 《魏書》，卷101，〈高昌國傳〉，頁2243
[62] 《魏書》，卷101，〈獠國傳〉，頁2249。
[63] 《說文解字注》，第十一篇上二，頁564上。
[64] 《說文解字注》，第十一篇上二，頁561下。
[65] 《說文解字注》，十一篇上二，頁563。
[66] 《說文解字注》，第十一篇上二，頁564上。
[67] 《說文解字注》，第十二篇下，頁748上。
[68] 《說文解字注》，第五篇下，頁229下。
[69] 《新校正切宋本廣韻》，頁325。
[70] 《後漢書》，卷52，〈崔駰傳〉，頁1721。

　　淳之厚義，在《魏書》語料中，有各類例證，都在意指各類德行，即周全的德行。關於個人品德之厚。例如，李瑾本性「淳謹、好學」。[71]源延「性謹厚，好學」。[72]楊順行事「寬裕謹厚」。[73]盧同個性「質器洪厚，卷舒兼濟」。[74]崔模為人具有「長者篤厚，不營榮利，頗為崔浩輕侮，而守志確然，不為浩屈」。[75]長孫陳「性寬厚，好學愛士，所歷輒為人追思之」。[76]劉文灝「性仁孝篤厚」。[77]李孝伯「性方慎忠厚」。[78]爾朱彥伯「性和厚」。[79]關於家風之厚。如楊播家族，「家世純厚，並敦義讓，昆季相事，有如父子」。其「純（淳）厚」狀況，即《魏書》「史臣曰」：「楊播兄弟，俱以忠毅謙謹，荷內外之任，公卿牧守，榮赫累朝，所謂門生故吏遍於天下。而言色恂恂，出於誠至，恭德慎行，為世師範，漢之萬石家風、陳紀門法，所不過也。諸子秀立，青紫盈庭，其積善之慶歟？」[80]人際關係良好優美也稱「厚」，崔寬「見司徒（崔）浩，浩與相齒次，厚存撫之」。[81]鄧淵「與定陵侯和跋厚善」。[82]侯剛「為元叉所厚」。[83]楊津曰：「為勢家所厚，復何容易。但全吾今日，亦以足矣」。[84]至於政治關係，如胡叟預料，北涼沮渠牧犍將滅亡，是因其「奉（北魏）正朔而弗淳」。[85]

　　淳之「清」義。《廣韻》云：「淳，清也」；[86]關於「清」，同書又說：「清，青也。去濁遠穢，色如青也。又靜也，澄也，潔也」。[87]《說文》則云：

[71] 《魏書》，卷 49，〈李瑾傳〉，頁 1098。

[72] 《魏書》，卷 41，〈源延傳〉，頁 923。

[73] 《魏書》，卷 58，〈楊順傳〉，頁 1295。

[74] 《魏書》，卷 76，〈史臣曰〉，頁 1687。

[75] 《魏書》，卷 24，〈崔模傳〉，頁 627。

[76] 《魏書》，卷 26，〈長孫陳傳〉，頁 654。

[77] 《魏書》，卷 43，〈劉文灝傳〉，頁 969。

[78] 《魏書》，卷 53，〈李孝伯傳〉，頁 1172。

[79] 《魏書》，卷 75，〈爾朱彥伯傳〉，頁 1665。

[80] 《魏書》，卷 58，綜論楊播家風，頁 1301；〈史臣曰〉，頁 1304。

[81] 《魏書》，卷 24，〈崔寬傳〉，頁 625。

[82] 《魏書》，卷 24，〈鄧淵傳〉，頁 635。

[83] 《魏書》，卷 25，〈長孫稚傳〉，頁 647。

[84] 《魏書》，卷 58，〈楊津傳〉，頁 1296。

[85] 《魏書》，卷 52，〈胡叟傳〉，頁 1150。

[86] 《新校正切宋本廣韻》，頁 107。

[87] 《新校正切宋本廣韻》，頁 190。

「清，朖，澂水之皃」；段注「朖者，明也；澂而後明，故云澂水之皃。引伸之，凡潔曰清，凡人潔之亦曰清。同瀞」。[88]關於「澂」，《說文》云：「澂，清也」。段注：「澂之言持也，持之而後清。《方言》：澂，清也；澂、澄，古今字」；「《周易》：君子以徵忿。徵者，澂之假借字」。[89]關於「淨」，《說文》云：「瀞，無垢薉也」。段注：「此今之淨字也，古瀞今淨，是謂之古今字」；「古書多假清爲瀞」。[90]《廣韻》云：「淨，無垢也」。[91]綜合來說，淳之「清」義，可指物品經過洗滌而達清潔無垢的狀態，亦可指人經由修持而心性與行爲達到清淨無垢之狀態。綜合言之，淳之「清」義，意指德行之清淨。

淳之「清」義，見諸於《魏書》，亦有例證。如宋隱臨終誡其子侄等曰：「苟能入順父兄，出悌鄉黨，仕郡幸而至功曹史，以忠清奉之，則足矣，不勞遠詣台閣。恐汝不能富貴，而徒延門戶之累耳。若忘吾言，是爲無若父也，使鬼而有知，吾不歸食矣」。[92]意謂人之出仕，但憑「清」淨德行及「忠」誠之心即可，無須牽纏人脈關係。故「清」字多用來形容當官者的「清」淨德行，諸如，王憲任上谷太守，「清身率下，風化大行」。[93]王仲智歷任中山侍郎、纓州刺史「有清平之稱」。[94]張攀，任後燕御史中丞、兵部尙書「以清方稱」；其子張蒲在北魏道武帝天興年間（398-404），因「清謹方正，遷東部大人」。[95]賈賓「歷尙書郎，以清素稱」。[96]賈禎任魯陽太守，「清素，善撫接，得百姓情」。[97]賈景興「清峻鯁正，少爲州主簿，遂栖遲不仕」。[98]竇瑾出任冀州刺史，「清約沖素，憂勤王事，著稱當時」。[99]張烈「授安北將軍、瀛州刺史，爲政清靜，

[88] 《說文解字注》，十一篇上二，頁550上。
[89] 《說文解字注》，十一篇上二，頁550上。
[90] 《說文解字注》，十一篇上二，頁560下。
[91] 《新校正切宋本廣韻》，頁431。
[92] 《魏書》，卷33，〈宋隱傳〉，頁773-774。
[93] 《魏書》，卷33，〈王憲傳〉，頁775。
[94] 《魏書》，卷33，〈王仲智傳〉，頁775。
[95] 《魏書》，卷33，〈張蒲傳〉，頁778-779。
[96] 《魏書》，卷33，〈賈賓傳〉，頁794。
[97] 《魏書》，卷33，〈賈禎傳〉，頁794。
[98] 《魏書》，卷33，〈賈景興傳〉，頁794。
[99] 《魏書》，卷46，〈竇瑾傳〉，頁1035-1036。

吏民安之」。[100]以上諸例，都是任官以清淨之德行，遂有優良之政績表現。

另外，對於清淨之德行，北魏有強調「清儉」之風，視作高尚的道德行為。如孝文帝延興十二月庚戌，詔曰：

> 《書》云：「三載一考，三考黜陟幽明。」頃者已來，官以勞升，未久而代，牧守無恤民之心，競為聚斂，送故迎新，相屬於路，非所以固民志，隆治道也。自今牧守溫仁清儉、克己奉公者，可久於其任。 歲積有成，遷位一級。其有貪殘非道、侵削黎庶者，雖在官甫爾，必加黜罰。著之於令，永為彝準。[101]

這是以「清儉」綜括任官兩大原則：一是「清」廉不貪污，二是生活及行政「儉」僕節約；如此交互運用來考課，以之判斷：官員奉公守法，為民服務，表現優良政績，澄清吏治。在實際上，北魏亦頗有「清儉」之人。安豐王元延明「既博極群書，兼有文藻，鳩集圖籍萬有餘卷。性清儉，不營產業。與中山王熙及弟臨淮王彧等，並以才學令望有名於世。雖風流造次不及熙、彧，而稽古淳篤過之」。[102]賈秀之為人，史稱：「自始及終，歷奉五帝，雖不至大官，常掌機要。而廉清儉約，不營資產」。[103]盧義僖之人格，是「性清儉，不營財利，雖居顯位，每至困乏，麥飯蔬食，忻然甘之」。[104]張僧皓之品德，有「兄弟自供儉約，車馬瘦弊，身服布裳」。[105]張恂的個性，為「性清儉，不營產業，身死之日，家無餘財」。[106]

基於前面的淳之厚、清義，《魏書》多有以「淳」形容卓越德行之例證。茲舉三類之例：(1) 關於時代之風俗文化，《魏書》〈禮志〉序云：「三才惟穆，百姓允諧。而淳澆世殊，質文異設，損益相仍，隨時作範」。[107]〈刑罰志〉序

---

100 《魏書》，卷 76，〈張烈傳〉，頁 1686。
101 《魏書》，卷 7 上，〈高祖紀〉，頁 138。
102 《魏書》，卷 20，〈安豐王元延明傳〉，頁 530。
103 《魏書》，卷 33，〈賈秀傳〉，頁 793。
104 《魏書》，卷 47，〈盧義僖傳〉，頁 1054。
105 《魏書》，卷 76，〈張僧皓傳〉，頁 1687。
106 《魏書》，卷 88，〈良吏傳·張恂〉，頁 1900。
107 《魏書》，卷 108-1，〈禮志一〉，頁 2733。

云：「生民有喜怒之性，哀樂之心，應感而動，動而逾變。淳化所陶，下以惇朴」。[108]太武帝詔云：「沙門之徒，假西戎虛誕，生致妖孽。非所以壹齊政化，布淳德於天下也」。[109]段承根作詩云：「世道衰陵，淳風殆緬。衢交問鼎，路盈訪璽」；「淳源雖漓，民懷餘劭。思樂哲人，靜以鎮躁」。[110]（2）關於朝廷政治文化，孝文帝朝，高閭作〈至德頌〉曰：「先民有言，千載一泰。昔難其運，今易其會。沐浴淳澤，被服冠帶。飲和陶潤，載欣載賴」。[111]高祐奏云：「伏惟陛下先天開物，洪宣帝命，太皇太后淳曜二儀，惠和王度，聲教之所漸洽」。[112]到了宣武帝朝，羊深奏云：「但禮賢崇讓之科，沿世未備；還淳反樸之化，起言斯繆」。[113]東魏孝靜帝朝，竇瑗奏云：「今聖化淳洽，穆如韶夏」，社會卻「有尊母卑父之論。以臣管見，實所不取。如在淳風厚俗，必欲行之」。[114]（3）關於個人品性，司馬宗龐「善射，未曾自伐。性閑淡，少所交遊。識者云其淳至」。[115]房景伯「性淳和，涉獵經史，諸弟宗之，如事嚴親」。[116]馮誕、馮脩兄弟，「誕性淳篤，脩乃浮競」。[117]

第五節 「一」及「淳一」的涵義

「淳一」的「一」，是在形容「淳」的狀態。而「一」有多義，《廣韻》釋云：「一，數之始也，物之極也。同也，少也，初也」。[118]

將上舉「一」字義，以《魏書》語料釋之，進而複合於前述淳之厚、清義，得形成為「淳一」涵義者，計有五個：（1）據「初」義，意指元始周全、清淨的德行；（2）據「初」義，意指古代周全、清淨的德行；（3）據「數之始」義，

[108] 《魏書》，卷111，〈刑罰志〉，頁2871。
[109] 《魏書》，卷4下，〈世祖紀〉，頁97。
[110] 《魏書》，卷52，〈段承根傳〉，頁1158-1159。
[111] 《魏書》，卷54，〈高閭傳〉，頁1197-1198。
[112] 《魏書》，卷57，〈高祐傳〉，頁1260。
[113] 《魏書》，卷77，〈洋深傳〉，頁1705。
[114] 《魏書》，卷88，〈良吏傳·竇瑗〉，頁1909-1910。
[115] 《魏書》，卷37，〈司馬宗龐傳〉，頁861。
[116] 《魏書》，卷43，〈房景伯傳〉，頁977。
[117] 《魏書》，卷83上，〈外戚傳·馮誕〉，頁1821。
[118] 《新校正切宋本廣韻》，頁468。

意指第一周全、清淨的德行；（4）據「物之極」，意指最周全、清淨的德行；（5）據「同」義，意指完全周全、清淨的德行。其中不符「淳一」之涵義者，是爲「少」義，因其意指部分周全、清淨的德行。茲分別說明如下：

第一義，淳之厚、清義，複合「一」之「初」的元始義，「淳一」，意指元始周全、清淨的德行。《說文》云：「一，惟初太極，道立於一，造分天地，化成萬物。凡一之始，皆从一」。[119]依此，「初」是指萬物的創生之元始，「一」即太極之元始造化出宇宙之「初」，故《爾雅》釋「初」爲「始」，郝懿行解作「初者，裁衣之始」，[120]初，係事物之元始。此義《魏書》有例證，明元帝下詔說道武帝「體道得一，天縱自然，大行大名未盡盛美」；[121]孝武帝詔云：「大魏得一居宸，乘六馭宇。考風雲之所會，宅日月之所中」；[122]程駿之學思宗老莊，向文明太后「奏〈得一頌〉，始於固業，終於無爲」；[123]袁翻奏云：「皇代既乘乾統曆，得一馭宸，自宜稽古則天，憲章文武，追蹤周孔」。[124]以上之「一」，均指宇宙元始之究極真理，或宇宙元始之主宰力量。

第二義，淳之厚、清義，複合「一」之「初」的古始義，「淳一」，意指古代周全、清淨的德行。蓋依時間次序，「初」亦是時間序列的開端，故謂「古，亦始也」，[125]這在《魏書》敘事中是普遍可見的，例如載事時間有「太祖天興初」，[126]「孝昌初」，「太昌初」，[127]「神龜初」，[128]「景明中」，「神龜中」，[129]「永熙中」，[130]「正光中」，[131]「武定末」，[132]「永興末」。[133]可見「初」在「中」之

---

[119] 《說文解字注》，第一篇上，頁 1 上。

[120] 東晉・郭璞注，清・郝懿行疏，《爾雅義疏》（台北市：藝文印書館，1973 年 10 月再版，據同治乙丑年刊本影印），卷 1，〈釋詁上〉，頁 1a-b。

[121] 《魏書》，卷 3，〈太宗紀〉，頁 60。

[122] 《魏書》，卷 11，〈廢出三帝紀・出帝〉，頁 290。

[123] 《魏書》，卷 60，〈程駿傳〉，頁 1349。

[124] 《魏書》，卷 69，〈袁翻傳〉，頁 1538。

[125] 《爾雅義疏》，卷 1，〈釋詁上〉，頁 1b。

[126] 《魏書》，卷 107 上，〈禮志三〉，頁 2659。

[127] 《魏書》，卷 32，〈高樹生傳〉，頁 752。

[128] 《魏書》，卷 32，〈高湖傳〉附闕名，頁 753。

[129] 《魏書》，卷 32，〈高徽傳〉，頁 754。

[130] 《魏書》，卷 32，〈高樹生傳〉，頁 752。

[131] 《魏書》，卷 32，〈高仁傳〉，頁 753。

[132] 《魏書》，卷 32，〈高叡傳〉，頁 753。

前，更居「末」之首，爲元始、開端義。此等用語全書普遍多有，不再贅舉。
而其元始、開端義，即表示「初」可以意指時間序列的開端。所以「初」與「一」
通用，孝文帝延興四年六月詔曰：「朕應歷數開一之期，屬千載光熙之運，　雖
仰嚴誨，猶懼德化不寬」；[134]詔中的「一」，是指王朝天命運數時序的新開端；
而孝文帝又詔曰：「太祖龍飛九五，初定中原，及太宗承基」，[135]「初」是北魏
王朝創建之時序的開端。因此，意指初、始之古的時間，得以溯自天地始成而
化生萬物的上古歷史開端，正如《魏書》〈樂志〉所云：「氣質初分，聲形立矣。
聖者因天然之有，爲入用之物；緣喜怒之心，設哀樂之器。賈桴葦龠，其來自
久」。[136]

　　第三義，淳之厚、清義，複合「一」之「數之始」義，「淳一」，意指第一
周全、清淨的德行。「數之始」，係指在量詞先後排序中，「一」位居第一。照
《魏書》所載，即如道武帝朝「數革官號，一欲防塞凶狡，二欲消災應變」。[137]
孝文帝誡南安王元楨說：「所宜慎者，略有三事：一者，恃親驕矜，違禮僭度；
二者，傲慢貪奢，不恤政事；三者，飲酒遊逸，不擇交友」。[138]任城王元澄奏
「利國濟民所宜振舉者十　條。一曰律度量衡，……二曰宜興學校，……三曰
宜興滅繼絕，……十曰羽林虎賁」。[139]由此顯示，「一」爲「數之始」，指事物
量化先後的開端。

　　第四義，淳之厚、清義，複合「一」的「物之極」義，「淳一」，意指最周
全、清淨的德行。「物之極」義，即是「最」的意思，可舉兩類例證：（1）是
王朝政權統治力量達於極點的天下統一狀態。《魏書》載，「所謂共同軌文，四
海畫一者也」。[140]天興三年十二月道武帝詔：「春秋之義，大一統之美」。[141]太

---

[133] 《魏書》，卷 32，〈高貫傳〉，頁 753。

[134] 《魏書》，卷 7 上，〈高祖紀〉，頁 140。

[135] 《魏書》，卷 108-3，〈禮志三〉，頁 2782。

[136] 《魏書》，卷 109，〈樂志〉，頁 2825。

[137] 《魏書》，卷 2，〈太祖紀〉，頁 37。

[138] 《魏書》，卷 19 下，〈南安王元楨傳〉，頁 493-494。

[139] 《魏書》，卷 19 中，〈任城王元澄傳〉，頁 475。

[140] 《魏書》，卷 108-4，〈禮志四〉，頁 2806。

[141] 《魏書》，卷 2，〈太祖紀〉，頁 37。

武帝延和元年（432）詔「啓國承家，修廢官，舉俊逸，蠲除煩苛，更定科制，務從輕約，除故革新，以正一統。」[142]陸叡奏曰：「獻文皇帝髫齓龍飛，道光率土，干戚暫舞，淮海從風，車書既同，華裔將一」。[143]任城王元澄論一統南朝云：「若留意於負荷，忿車書之未一」，「願思前王一同之功，畜力聚財，以待時會」。[144]孝文帝說：「及太宗承基，世祖纂歷，皆以四方未一，群雄競起，故銳意武功」；[145]又說「今德被殊方，文軌將一，宥刑寬禁，不亦善乎？」[146]爾朱榮云：「頃來受國大寵，未能開拓境土，混一海內，何宜今日便言勳也！」。[147]以上的「一」字，均指統一。（2）事物比較中之最高級者。如源賀吏治「時考殿最，賀治爲第一，賜衣馬器物，班宣天下」。[148]張恂「仁恕臨下，百姓親愛之，其治爲當時第一。太祖聞而嘉歎」。[149]陸俟任官「時考州郡治功，唯俟與河內太守丘陳爲天下第一」。[150]

　　第五義，淳之厚、清義，複合「一」的「同」義，「淳一」，意指完全周全、清淨的德行。「一」的「同」義，是指「完全」，得有兩種狀態：（1）指事物原本就完全相同。據《魏書》之文，東晉元帝司馬叡死後，子司馬昱「僭立」，改年曰咸安，桓溫「依諸葛亮故事，甲仗入殿」，任丞相、大司馬等職，實握大權，留鎮建業。及司馬昱（年號咸安）疾，與桓溫書曰：「天下艱難，而昌明幼沖眇然，非阿衡輔導之訓，當何以寧濟也？國事家計，一託於公」。[151]司馬德宗（年號隆安）道子擅權，後爲司馬元顯取代，「於是內外政事一決元顯」。[152]元顯主政後，「清選文學臣僚，吏兵一同宗國」。[153]巴蜀漢李勢荒淫，「群臣

142　《魏書》，卷4上，〈世祖紀〉，頁80。

143　《魏書》，卷34，〈陳建傳〉，頁803。

144　《魏書》，卷19中，〈任城王元澄傳〉，頁478-480。

145　《魏書》，卷108-3，〈禮志三〉，頁2782。

146　《魏書》，卷7上，〈高祖紀〉，頁140。

147　《魏書》，卷74，〈爾朱榮傳〉，頁1653。

148　《魏書》，卷41，〈源賀傳〉，頁921。

149　《魏書》，卷88，〈良吏傳·張恂〉，頁1900。

150　《魏書》，卷40，〈陸俟傳〉，頁901。

151　《魏書》，卷96，〈僭晉司馬叡傳〉，頁2101。

152　《魏書》，卷96，〈僭晉司馬叡傳〉，頁2106。

153　《魏書》，卷96，〈僭晉司馬叡傳〉，頁2108。

諫諍，一無所納」。[154]陸馛調職，「吏民大斂布帛以遺之，一皆不受」。[155]韓顯
宗奏請淮北「僑置中州郡縣」，「凡有重名，其數甚眾。疑惑書記，錯亂區宇。
非所以疆域物土，必也正名之謂也。愚以為可依地理舊名，一皆釐革」。[156]又
說「今州郡牧守，邀當時之名，行一切之法」。[157]袁翻論南方緣邊州郡失政，「頻
年以來，甲冑生蟣，十萬在郊，千金日費，為弊之深，一至於此，皆由邊任不
得其人」；故應對所舉之人「若不能一心奉公，才非捍御，貪惏日富，經略無
聞」，「即加顯戮，用彰其罪」。[158]元澄與元暉奏宗廟拜薦「陪拜止於四廟，哀
恤斷自緦宗。即之人情，冥然符一」。[159]以上「一」字，都指事物處於某種「完
全同質」的狀態。（2）指事物原有差異，須經調整後使之完全相同：如《魏書》
所載，孝文帝太和十九年（495）十一月詔：「案《周官》祀昊天上帝於圓丘，
禮之大者。兩漢禮有參差，魏晉猶亦未一」。[160]辛雄「三言課調之際，使豐儉
有殊，令州郡量檢，不得均一」。[161]孝文帝「又曰：圓丘之牲，色無常準，覽
推古事，乖互不一」。[162]孫惠蔚以為釋禮諸書「然持論有深淺，及義有精浮，
故令傳記雖一，而探意乖舛」。[163]宣武帝詔：「禮祭之議，國之至重，先代碩儒，
論或不一」。[164]李琰之議宗廟之祭云：「至於助祭，必謂與世主相倫，將難均一」。
[165]彭城王勰、邢巒等提議，朝廷應先「集天地之產，惠天地之民」，然後加以
課稅，朝廷與人民「取乎用乎，各有義已，..... 既潤不在己，彼我理一」。[166]裕
封德文為零陵王。德文后河南褚氏，兄季之、弟淡之雖德文姻戚，「而

[154] 《魏書》，卷 96，〈李勢傳〉，頁 2112。
[155] 《魏書》，卷 40，〈陸馛傳〉，頁 904。
[156] 《魏書》，卷 60，〈韓顯宗傳〉，頁 1342。
[157] 《魏書》，卷 60，〈韓顯宗傳〉，頁 1340。
[158] 《魏書》，卷 69，〈袁翻傳〉，頁 1539。
[159] 《魏書》，卷 108-2，〈禮志二〉，頁 2765。
[160] 《魏書》，卷 108-1，〈禮志一〉，頁 2752。
[161] 《魏書》，卷 77，〈辛雄傳〉，頁 1697。
[162] 《魏書》，卷 108-1，〈禮志一〉，頁 2752。
[163] 《魏書》，卷 108-2，〈禮志二〉，頁 2759。
[164] 《魏書》，卷 108-2，〈禮志二〉，頁 2761。
[165] 《魏書》，卷 108-2，〈禮志二〉，頁 2764。
[166] 《魏書》，卷 68，〈甄琛傳〉，頁 1511。

盡心於裕。德文每生男，輒令方便殺焉。或誘內人，密加毒害，前後非一。[167]
元熙五年，德文禪位於劉裕，裕封德文爲零陵王。德文后河南褚氏，兄季之、
弟淡之雖爲德文姻戚，「而盡心於裕。德文每生男，輒令方便殺焉。或誘內人，
密加毒害，前後非一。[168]劉芳云：「古樂虧闕，詢求靡所，故頃年以來，創造
非一，考之經史，每乖典制」。[169]

　　在前述五義以外，亦有不合〈釋老志〉「淳一」義之例。例如，淳之厚、
清義，複合「一」的「少」義，無法符合「淳一」之義。此因「少」者意指事
物中的一「部分」。照《魏書》語料，如說東晉恭帝禪位於劉裕後，「因於秣陵
宮，常懼見禍，與褚氏共止一室，慮有鴆毒，自煮食於前」。[170]陳仲儒論樂理
謂「苟有一毫所得，皆關心抱」。[171]長孫稚與祖瑩論樂禮：「雖未極萬古之徽蹤，
實是一時之盛事」。[172]明元帝泰常元年（416），東晉劉裕征伐後秦姚泓，軍隊
將假道於魏境，詔群臣商議，外朝公卿咸曰：「函谷關號曰天險。一人荷戈，
萬夫不得進」。[173]盧昶奏南方邊境「監司因公以貪求，豪強恃私而逼掠。遂令
鬻裋褐以益千金之資，制口腹而充一朝之急」。[174]太武帝延和二年（233），「詔
州郡搜揚隱逸，進舉賢俊」，云「雖徇尚不同，濟時一也」。[175]咸陽王元禧爲宣
武帝「賜死私第」，「及與諸妹公主等訣，言及一二愛妾。公主哭且罵之」。[176]李
沖論及「傅巖、呂望，豈可以門見舉？」孝文帝說：「如此濟世者希，曠代有
一兩人耳」。[177]薛安都，父廣，司馬德宗上黨太守。「安都少驍勇，善騎射，頗
結輕俠，諸兄患之。安都乃求以一身份出，不取片資，兄許之，居於別廡」；[178]

[167] 《魏書》，卷96，〈僭晉司馬叡傳〉，頁2109-2110。
[168] 《魏書》，卷96，〈僭晉司馬叡傳〉，頁2109-2110。
[169] 《魏書》，卷109，〈樂志〉，頁2833。
[170] 《魏書》，卷96，〈僭晉司馬叡傳〉，頁2110。
[171] 《魏書》，卷109，〈樂志〉，頁2836。
[172] 《魏書》，卷109，〈樂志〉，頁2839。
[173] 《魏書》，卷35，〈崔浩傳〉，頁809。
[174] 《魏書》，卷47，〈盧昶傳〉，頁1056。
[175] 《魏書》，卷4上，〈世祖紀〉，頁81。
[176] 《魏書》，卷21上，〈咸陽王元禧傳〉，頁339。
[177] 《魏書》，卷60，〈韓顯宗傳〉，頁1343。
[178] 《魏書》，卷60，〈薛安都傳〉，頁1353。

對家中的全部東西，只要取得一個家族身份，其他連財產都不要了。程駿師事劉昞，因性機敏好學，晝夜無倦。昞謂門人說他是「舉一隅而以三隅反者，此子亞之也」。[179]又程駿作〈慶國頌〉云：「希仁尚德，徽音一振，聲教四塞」；「誰云易遇？曠齡一逢」。[180]孝文帝於洛陽行漢化，見「車上婦人冠帽而著小襦襖」，責備尚書任城王元澄「何為不察？」澄回答：「著猶少於不著者」。孝文帝說：「一言可以喪邦者，斯之謂歟？可命史官書之」；「朕失於舉人，任許一群婦人輩奇事，當更銓簡耳」。[181]

第六節　「淳一」意指最周全、清淨的德行

照前面所說，「淳一」有五義：（1）元始周全、清淨的德行；（2）古始周全、清淨的德行；（3）第一周全、清淨的德行；（4）最周全、清淨的德行；（5）完全周全、清淨的德行。那麼，如合整合五義為一個「淳一」的涵義呢？若再比勘佛、道教的「淳一」，意指最清淨，則「淳一」的整體涵義應是第（4）義：最周全、清淨的德行。蓋「最」字，可以包含元始、古始、第一、完全等四義，亦可以相通於佛、道教之義；又「周全、清淨的德行」，能夠涵蓋前述所引用諸語料、佛、道教語料所顯示之義。

「淳一」一詞，既在〈釋老志〉，自須考慮其在佛、道兩教中的語義。惟「淳一」在〈釋老志〉的文獻位置，是屬於「釋」部，故道教之語義僅略為提及，而側重於佛典中的語義。

佛教的「淳一」，意指最清淨，用來描述莊嚴氛圍、道德行為、佛法狀態、修行心狀態。茲分別說明如下：

「淳一」，意指最清淨，用來描述莊嚴氛圍。東晉佛馱跋陀羅譯，《大方廣佛華嚴經》〈金剛幢菩薩十迴向品〉云：「成就清淨調御師法平等滿足，令一切眾生於淳一莊嚴，無量莊嚴，大莊嚴，諸佛莊嚴，平等滿足」。[182]此處形容莊

---

[179] 《魏書》，卷60，〈程駿傳〉，頁1345。

[180] 《魏書》，卷60，〈程駿傳〉，頁1349。

[181] 《魏書》，卷19中，〈任城王元澄傳〉，頁469-470。

[182] 東晉‧佛馱跋陀羅譯，《大方廣佛華嚴經》，卷19，〈金剛幢菩薩十迴向品〉，大正藏第九冊，頁522中。

嚴的語詞，是以「淳一」和「無量」、「大」等語對稱，其中的無量表示無限，即究極之意，因此，「淳一」含有最清淨之意。

「淳一」，意指最清淨，用來描述道德行為。西晉竺法護譯，《修行道地經》〈五陰成敗品〉云：「行不淳一，或善或惡，當至人道，父母合會精不失時子應來生」。[183]此處「不淳一」，是指眾生心性行為混雜「或善或惡」，以致會轉生人道。相對「不淳一」來說，「淳一」，則是唯有純粹之善而不雜任何惡的清淨狀態。

「淳一」，意指最清淨，用來描述佛法的本質。這有四例：（1）後秦鳩摩羅什所譯龍樹的《十住毘婆沙論》〈四十不共法中善知不定品〉云：「所說法中不使人有迷悶，所言初、後無相違過，隨此義經，應此中廣說。如經說：諸比丘為汝說法，初善、中善、後善，語善、義善，淳一無雜，具說梵行」。[184]此處之說法，其一切過程及內涵都唯有「善」，稱為「淳一無雜」，故知「淳一」意指最清淨。（2）西晉竺法護譯《大寶積經》〈寶髻菩薩會〉云：「所說唯宣菩薩之慧諸度無極，辯才大哀淳一品教。是諸菩薩皆曾被訓。諸根明達，能以一句普入一切諸佛之道」。[185]所宣說的法，既為「無極」的究極真理，則用來描述此種「品教」的「淳一」，自當意指最清淨。（3）東晉法顯譯《佛說大般泥洹經》〈序品〉，說有無量菩薩化「無量雜種蓮華，一一華上各有七百八十萬城」；「彼處無有聲聞、緣覺之名，淳一大乘」。[186]站在大乘本為立場，佛法務須袪除聲聞、緣覺二乘，且將二乘成分袪盡至「無有」，所顯現的大乘之「淳一」，當然意指最清淨。（4）後秦北弗若多羅譯，《十誦律》〈八法中遮法〉「目連！若佛法義深廣深廣無量，是我法中希有。目連！譬如大海淳一醎味，佛法亦如是。淳一解脫味，目連！若佛法淳一解脫味者，是我法中希有」，[187]佛法具有多面向的「淳一」，皆屬「希有」，應即意指最清淨；且在多面向中，淳一，是

---

[183] 西晉·竺法護譯，《修行道地經》，卷1，〈五陰成敗品〉，大正藏第十五冊，頁186下。

[184] 龍樹造，後秦·鳩摩羅什譯，《十住毘婆沙論》，卷11，〈四十不共法中善知不定品〉，大正藏第二十六冊，頁81下。

[185] 西晉·竺法護譯，《大寶積經》，卷118，〈寶髻菩薩會〉，大正藏第十一冊，頁672上。

[186] 東晉·法顯譯，《佛說大般泥洹經》，卷1，〈序品〉，大正藏第十二冊，頁856下-857中。

[187] 後秦·北弗若多羅譯，《十誦律》，卷33，〈八法中遮法〉，大正藏第二十三冊，頁239下。

其共義，亦應意指最清淨。

「淳一」，意指最清淨，用來描述修行心的狀態。其例有四：（1）東晉佛陀跋陀羅譯，《達摩多羅禪經》云：「慧者攝心住，如應善受持；所住妙功德，澄淨無垢濁，具足無減少，清淨安隱住，淳一普鮮明，凝定而不動」。[188]其心既已「澄淨無垢濁」，心之「淳一」，自意指最清淨。（2）《達摩多羅禪經》「修行者，若欲廣修慈心，先當繫心所緣，漸習，令無量滅除過惡心，不諍競，亦無怨結，無恚清淨。謂於親、中、怨三種九品眾生，無量無數。安處十方，盡三分際，淳一樂行」。[189]「慈心」既滌盡各種污垢，其樂行之「淳一」，自屬最清淨。（3）西晉竺法護譯《大哀經》〈劫世品〉云：「時萬二千天子聞所授決，淑淳一心，發無上正真道意，各自興願，寶上如來成正覺時，吾等當生於彼佛土」。[190]諸天子既發「無上正真道意」的究極生佛土之願，發出此願的「心」源之「淳一」，乃是同質的意指最清淨。

道教的「淳一」，同樣意指最清淨，用來描述「道」之清淨本質。北周道士張賓說：「原夫大道清虛，淳一無雜，祈恩請福上通天曹，白日昇仙，壽與天地同畢」。[191]「大道」，即道家之「道」，為宇宙萬物生生不息之總根源，宇宙究極真理，修仙者成仙長生的究極原理。故用來描述「大道」之「淳一無雜」，其淳一當即意指最清淨。

至此，可以綜合本章之全部討論，歸納出「風俗淳一」句的語意內涵是：風俗，是指由自然、人為兩大元素所塑造的人類生活慣行，簡稱為「俗」。風俗，其範圍廣泛的包含了各層面之文化，是指整體文化。「淳一」，意指最周全、清淨的德行。合起來說，「風俗淳一」意謂：最周全、清淨德行的文化，或文化都為最周全、清淨的德行。

188　東晉・佛陀跋陀羅譯，《達摩多羅禪經》，卷上，大正藏第十五冊，頁308上。
189　《達摩多羅禪經》，卷下，〈修行四無量三昧〉，大正藏第十五冊，頁319下。
190　西晉・竺法護譯，《大哀經》，〈劫世品〉，大正藏第十三冊，頁425中-下。
191　唐・道宣撰，《續高僧傳》，卷23，〈釋智炫傳〉，大正藏第五十冊，頁631中。

第六章　釋「無為自守」

〈釋老志〉所說：「魏先建國於玄朔，風俗淳一，無爲以自守，與西域殊絕，莫能往來。故浮圖之教，未之得聞，或聞而未信也」。關於「無爲以自守」句，塚本善隆先生的漢文標點作：「風俗淳一、無爲以自守。」是把兩句連讀，故和譯爲「國家之風俗淳一而從無爲來自守」。[1]這個和譯，只涉入漢字表層之意，尚未深入內在應有涵義。故本章之目的，乃在分析本句的語意涵義。

從語料來看，在《魏書》中，「無爲以自守」之句，應是〈釋老志〉所獨有，迄未於該書它處發現同樣的語句。所幸，《魏書》之語料，尚有「無爲」、「自守」文本。在內涵上，從「無爲」看無爲以自守，是意指只在既定範圍內作爲，不踰出其範圍外作爲；從「自守」看無爲以自守，是守住自己的既定範圍內作爲，不向其範圍外作爲。這兩者之義是相通的，故此處的語料運用及其釋義之方法，應該是可行的。

綜合「無爲」、「自守」兩個角度之語意，「無爲以自守」之涵義是：只守住在自己的既定範圍內作爲，不踰出其範圍外作爲。再者，語料顯示，這個準則之功能，包含治身、官員任官、帝王治國，而「無爲以自守」句是放在〈釋老志〉所說「魏先建國於玄朔」範疇內來說的。故「無爲以自守」的涵義，應是指向拓跋氏「建國」之治國原則。最後，這個原則的背後思想，難定於一個學派，是屬於多元混融思想。茲於下文各節說明之。

第一節　「無為以自守」思想之混融

「無爲以自守」涵義之瞭解，須有一個前提：其思想難以界定爲單一學派，是多元混融的性質。

「無爲以自守」之「無爲」、「自守」二詞，令人立即聯想，必是老莊清靜無爲思想之道。這樣的判斷，過於唐突貿然，恐會失於錯誤。其實它的思想，決非純屬道家，道家只是一個元素而已，另還有儒、佛及其他成分，逐形成多

---

[1] 塚本善隆，《魏書釋老志の研究》，頁 147-148。

元混融的性質。其原因有如下四項：

第一個原因，是道家思想演變過程趨向混合複雜化。戰國時代的老莊思想，以楚國、齊國爲核心地區，分化衍生了新的道家支派，稱爲黃老之學，或謂之黃老道家，到了秦至漢初之際發展成熟。其思想內涵的特徵是：以道家之「道」爲核心思想，發展出「虛無爲本、因循爲用」之「無爲」原理，進而「采儒墨之善，撮名法之要」，雜揉了百家之學，應用實踐於治國和治身問題。由此，黃老終究成爲龐雜思想，是學派混融狀態，兼含道、法、仁、義、禮、精氣等思想的結合，如漢儒陸賈、賈誼、韓嬰、董仲舒、劉向等代表性人物，都滲有黃老思想成分。其在論述治國、治身問題上，涉及的思想領域更爲廣泛，涵蓋了哲學、政治、經濟、軍事、天文曆法、醫學衛生等學科。[2]從歷史演變來看，漢代以降，黃老思想實際應用的範圍，同樣廣泛複雜，在治國之治術方面，漢初高帝、[3]文帝、[4]景帝期間，以重建王朝總體秩序爲目標，用道的清靜爲主軸，因循既定規範以實施無爲，不妄增舉行新施政，與民休息，[5]遂使社會經濟基礎穩定發展，讓帝國鞏固起來。[6]到了東漢，黃老亦滲透到王朝治術之中。[7]東漢末年以降，黃老思想，更合流於清談。[8]更與道教結合，[9]甚至在道

---

[2] 詳參：丁原明，《黃老學論綱》（濟南市：山東大學出版社，1997 年 12 月）；丁原明，〈從原始道家到黃老之學的邏輯發展〉，《山東大學學報(社會科學版)》，1996 年第 3 期，頁 37-44；吳全蘭，〈劉向的黃老思想〉，《廣西師範大學學報（哲學社會科學版）》，2005 年 1 期，頁 31-35；潘俊傑，〈慎到：從黃老到法家轉折性的關鍵人物〉，《西北大學學報（哲學社會科學版）》， 2004 年 3 期 ，頁 129-132。。

[3] 甯國良，〈論黃老思想與劉邦的治國實踐〉，《西北大學學報（哲學社會科學版）》，第 35 卷第 2 期（2005 年 3 月），頁 109-112。

[4] 邵金凱，〈黃老術與漢文帝治國新論〉，《徐州師範大學學報（哲學社會科學版）》，2002 年第 3 期，頁 119-123。

[5] 侯富芳，〈漢初行黃老政治原因再探 〉，《青海師範大學學報（哲學社會科學版）》，2003 年 5 期，頁 68-72；王威威，〈黃老學思想特徵新證〉，《管子學刊》，2004 年第 3 期，頁 29-32，42。

[6] 余明光，〈黃老無爲而治與西漢前期社會經濟的重建〉，《湘潭大學社會科學學報 》，2000 年第 5 期，頁 76-80；鄭建萍，〈黃老思想及其對漢初治道之影響〉，《陝西師範大學學報（哲學社會科學版）》，1997 年第 3 期，頁 80-74。

[7] 楊秀實，〈黃老思想與東漢政治〉，《華中師範大學學報（人文社會科學版）》，1998 年第 2 期，頁 90-94。

[8] 王曉毅，〈黃老復興與魏晉玄學的誕生〉，《東岳論叢》，1994 年第 5 期，頁 90-95。

[9] 余明光，譚建輝，〈黃老學術向黃老道教之轉變〉，《湘潭大學社會科學學報》，1995 年第 5

教內部滲透和擴散，以致黃老也講起了神仙思想、[10]養生，[11]乃至房中術。[12]

　　第二個原因，是無為非道家思想專利。事實上，儒家亦有修己任賢的「無為而治」之治術。《論語》〈衛靈公〉云：

　　　　子曰：無為而治者，其舜也與！夫何為哉？恭己正南面而已矣。[13]

舜，於此是個典範，是能修己的道德極高尚者，以此基礎，乃能展開無為而治。依照邢昺對上文的解釋，則含著無為自守的涵義，關於無為，是指何晏所注「言任官得其人，故無為而治」，蓋舜命伯禹作司空，棄作后稷，契作司徒，皋陶作士，垂共工，益作朕虞，伯夷作秩宗，夔龍作典樂，龍作納言，復用四岳、十二牧等賢能之臣，總計「二十二人，皆得其人，故舜無為而治」。關於自守，是指「以其任官得人，夫舜何必有為哉！但恭敬己身正南面嚮明而已」。還說此種無為，等同道家之「道貴在無為，清靜而民化之」。[14]清人簡朝亮反對邢昺將儒、老之無為加以混淆，分判了儒家無為與道家之差異：（1）舜無為之前先經歷了有為時期的奠基，舜是「繼堯」之位，即位前即「舜相堯二十有八載，蓋舜之勤勞，在相堯攝政時矣」；「由是推之，舜攝政（相堯）則有為而治」；以此基礎，「迨舜即位，惟命四岳、九官、十二牧焉，所謂二十有二人也，而眾職無況官矣」。（2）舜即帝位後因任賢而無為，是無為與有為兼融，即「舜諸臣，則有為而治也；舜一人，則無為而治者」。（3）綜合來說，「舜以有為而無為也，豈老子無為之清靜乎」。[15]其實兩造之所以不同，還有一個關鍵，那就是儒家極力主張尚賢，道家則極力反對尚賢，[16]所以舜的任賢無為，決不是

期，頁28-36。

[10] 丁原明，〈葛洪神仙道教思想與黃老學的關係〉，《文史哲》，2004年3期，頁75-80。

[11] 朱越利，〈周易參同契的黃老養性術〉，《宗教學研究》，2004年第4期，頁17-26。

[12] 朱越利，〈方仙道和黃老道的房中術〉，《宗教學研究》，2002年第1期，頁1-12。

[13] 曹魏·何晏集解，北宋·邢昺疏，《論語注疏》（台北市：中華書局，1966年3月台一版，四部備要本），卷15，〈衛靈公〉，頁1b。

[14] 《論語注疏》，卷15，〈衛靈公〉，頁1b-2a。

[15] 清·簡朝亮撰，《論語集注捕正述疏》（台北市：世界書局，1961年12月初版，十四經新疏本），卷8，〈衛靈公〉，頁9b-10a。

[16] 黃俊傑，《春秋戰國時代尚賢政治的理論與實際》（台北市：問學出版社，1977年9月初版），頁58-66，105-116，132-136。

道家的清靜無爲了。

　　第三個原因，是佛教亦有無爲思想，東漢末年已傳入漢地。東漢支婁迦讖譯《佛說遺日摩尼寶經》，論及修行菩薩道的「惡知識」中，有一種人專門「教人爲辟支佛道，自守無爲」。[17]這是從大乘的立場，批判小乘辟支佛（prteyak buddha），指責惡知識專傳授此種修行方法，只「自守」於個人的修慧開悟，而「無爲」於慈悲的救度人間。後秦竺佛念所譯《最勝問菩薩十住除垢斷結經》云：「塵勞爲縛，己已離之；自守無爲，無悕無望；度人如空，空無所成；身行口言，無無所損。是謂最勝菩薩所行三十六事上妙之法」。[18]修行已解脫塵世各種欲望與行爲的束縛，心的本質「自守」於清淨，心的活動處於「無爲」，沒有塵世的欲望，一切順著緣起而活動；在度人方面，在緣起上無度者與被度者之關係的執著，亦不執著將獲何種結果；在行爲與言語方面，不會計較任何付出而想獲得任何增益。這就是最勝菩薩所修行的三十六種最高境界的修行方法。二是指自利者心行狀態的貶義。東晉僧伽提婆與慧遠所譯《阿毘曇心論》云：「善根，無貪、無恚、無愚癡。……護者作事，行以不行，求以不求，自守無爲」。[19]人的善根，就是本無貪、嗔、癡三毒的清淨心狀態。表現在做爲保護增益世間者的一切活動上，是「自守」清淨心，順著清淨本身當爲而做事，以清淨本身爲目的，而「無爲」於清淨以外的事物與目的之活動。

　　第四個原因，是北魏文化的混融性質。道武帝建立北魏王朝之際，因以北方遊牧民族入主中原，拓跋氏鮮卑族本身沒有可做爲主流文化的素材，於是採取了多元並用的文化政策，綜計有四大要素：（1）是儒家，主要有天興元年七月的都城禮制，「遷都平城，始營宮室，建宗廟，立社稷」；[20]十一月「詔吏部郎鄧淵典官制，立爵品」，是爲國家官制；[21]十二月「即皇帝位，立壇兆告祭

---

[17] 東漢・支婁迦讖譯，《佛說遺日摩尼寶經》，大正藏第十二冊，頁190上。

[18] 後秦・竺佛念譯，《最勝問菩薩十住除垢斷結經》，卷5，〈神足品〉，大正藏第十冊，頁1000下。

[19] 法勝造，東晉・僧伽提婆、慧遠譯，《阿毘曇心論》，卷1，〈界品〉，大正藏第二十八冊，頁810下。

[20] 《魏書》，卷2，〈太祖紀〉，頁33。

[21] 《魏書》，卷113，〈官氏志〉，頁3734。

天地」、「祀天之禮用周典」等國家祀典；[22]同年冬，「詔尚書吏部郎鄧淵定律呂，協音樂」等國家樂制。[23]（2）是佛教，「太祖平中山，經略燕趙，所逕郡國佛寺，見諸沙門、道士，皆致精敬，禁軍旅無有所犯。帝好黃老，頗覽佛經」。天興元年，下詔說：「夫佛法之興，其來遠矣。濟益之功，冥及存沒，神蹤遺軌，信可依憑」。遂敕有司，「於京城建飾容範，修整宮舍。令信向之徒，有所居止」。同年，始作五級佛圖、耆闍崛山及須彌山殿，「加以繢飾」。另外，「別構講堂、禪堂及沙門座，莫不嚴具焉」。[24]（3）是道教，「太祖好老子之言，誦詠不倦」，遂在天興年間，「儀曹郎董謐因獻服食仙經數十篇，於是置仙人博士，立仙坊，煮鍊百藥」。[25]（4）四是鮮卑固有文化，官制方面，諸如八部大人、[26]中散官、[27]幢將、三郎幢將，羽林幢將、虎賁幢將、虎賁幢將等。[28]祀典方面，同年，祀典方面，同年，採用鮮卑祭天舊俗，「以夏四月親祀于西郊」；[29]樂制方面，同年有拓跋氏史詩的「掖庭中歌《真人代歌》」。[30]由於上述，北魏文化之流變的整個過程，是依照儒、釋、道三教、鮮卑文化的多元性交互關係，往前演進，也就是說，北魏文化是屬多元混融的性質。[31]

　　綜觀上來所說之思想文化背景，在北魏、東魏到北齊之間，是一個多元思想混融的時代，以致「無為以自守」，難於學派上判定歸屬於一家之學。

[22]《魏書》，卷 108-1，〈禮志一〉，頁 3734。

[23]《魏書》，卷 109，〈樂志〉，頁 2827。

[24]《魏書》，卷 114，〈世祖紀〉，頁 3030。

[25]《魏書》，卷 114，〈釋老志〉，頁 3049。

[26]《魏書》，卷 113，〈官氏志〉，頁 3734；詳參：馬長壽，《烏桓與鮮卑》，頁 266-270。

[27]鄭欽仁，《北魏官僚機構研究》（台北市：牧童出版社，1976 年 2 月初版），頁 165-206，213-239，255-263，266-277。

[28]張金龍，《魏晉南北朝近衛武官制度研究》（北京市：中華書局，2004 年 11 月初版一刷），頁 666-671 湯長平，〈敦煌研究院藏《北魏軍官籍簿》辨析〉，《敦煌學輯刊》，1998 年第 2 期，頁 62-63。

[29]《魏書》，卷 108-1，〈禮志一〉，頁 3734。

[30]《魏書》，卷 109，〈樂志〉，頁 2828。

[31]黃夏年，〈北魏儒釋道三教關係芻議〉，《晉陽學刊》，2005 年第 5 期，頁 46-52；李松，〈北魏魏文朗造像碑考補〉，《文博》，1994 年第 1 期，頁 52-57。

第二節　道家為主的「無為」以自守

從「無爲」來看無爲以自守，是意指只在既定範圍內作爲，不踰出其範圍外作爲。

在《魏書》語料中，有關從「無爲」呈現無爲以自守思想之文獻，亦如黃老思想，多屬治國、治身方面。故如第一節所說，在思想混融的時代，實難以判定此等言論即是純粹道家思想，只能就其內容說是以道家「爲主」。茲說明如下。

北魏主張以「道」治國者，是爲罕見，最著名者應屬程駿（414-485），其字騂駒，本廣平曲安（今河北省邯鄲市曲周縣）人也。六世祖良，晉都水使者，坐事流于涼州。祖父肇，呂光民部尚書。駿師事涼州著名學者劉昞，昞「以儒學稱」。在著述方面，表現了多元學思，史稱「昞以三史文繁，著略記百三十篇、八十四卷，涼書十卷，敦煌實錄二十卷，方言三卷，靖恭堂銘一卷，注周易、韓子、人物志、黃石公三略，並行於世」。駿從之所學者何呢？《魏書》本傳未予明載。僅知甚得昞之欣賞，因駿「性機敏好學，晝夜無倦。昞謂門人曰：舉一隅而以三隅反者，此子亞之也」。駿曾對昞說：「今世名教之儒，咸謂老莊其言虛誕，不切實要，弗可以經世，駿意以爲不然。夫老子著抱一之言，莊生申性本之旨，若斯者，可謂至順矣。人若乖一則煩僞生，若爽性則沖真喪」。昞說：「卿年尚稚，言若老成，美哉」。「由是聲譽益播」，沮渠牧犍擢爲東宮侍講。太武帝太延五年（439），平定北涼之際，駿隨遷至於京師平城，至高宗朝，初任著作佐郎。[32]

程駿之發揮道家治國言論，是較遲晚之事。最初，獻文帝「屢引駿與論易老之義」。對羣臣說：「朕與此人言，意甚開暢」。其間是否涉及道家治國之事，不得而知。接著，文明太后臨朝時，駿便上書，言對付南朝劉宋之策，應運用道家「守本」原理：

一、天下形勢之不利處：北魏內部，「今天下雖謐」，國境外圍卻「方外猶虞」，一是吐谷渾可汗「拾螽僥倖於西南」，二是柔然、高車等「狂虜伺釁於漠

---

[32] 《魏書》，卷60，〈程駿傳〉，頁1345；卷52，〈劉昞傳〉，頁1160。

北」。

二、征伐劉宋之不利：在上述形勢下，對南方劉宋「今廟算天回，七州雲動，將水蕩鯨鯢，陸掃凶逆」，是不利的。因南方、東南、北方三面用兵，會造成分散力量「脫攻不稱心」，無法都有勝算，陷入戰爭泥淖，「恐兵不卒解」，用「兵不卒解，則憂慮逾深」。

三、「守本」策略：基於前述之不利，「夫為社稷之計者，莫不先於守本」。守本，即「請停諸州之兵，且待後舉，所謂守本者也」，乃先收蓄北魏兵力，鞏固本國力量。再採我靜以制敵動，敵動是要去塑造出來的，須對劉宋「觀兵江澨，振曜皇威，宜特加撫慰」。撫慰，是於邊界「秋毫無犯，則民知德信」，進而「襁負而來」，便使劉宋「淮北可定」；淮北既可定，則劉宋「吳寇異圖，寇圖異則禍釁出」。然後，北魏軍隊「觀釁而動，則不晚矣」。

四、「守本」策略的優點：「然戰貴不陳，兵家所美」，守本策略正有此優點。首先，這是有勝算的戰略，因長江之險，「攻難守易，則力懸百倍，不可不深思，不可不熟慮」，實「宜先遣劉昶招喻淮南。若應聲響悅，同心齊舉」，一則「長江之險，可朝服而濟」，向南朝進軍；二則守將「（蕭）道成之首，可崇朝而懸」，獲得最後勝利。其次，這是有道德正義的戰略。當招撫南朝人民後，南朝「苟江南之輕薄，背（宋室）劉氏之恩義，則曲在彼矣」，北魏「何負神明哉」，此其一。又北魏「直義檄江南，振旅回斾，亦足以示救患之大仁，揚義風於四海」。以上策略，文明太后覆以「不從」。[33]

孝文帝太和五年（481），京師平城有「沙門法秀謀反伏誅」，程駿又上奏〈慶國頌〉，復言道家治國之道云：

> 伏惟陛下、太皇太后，道合天地，明侔日月，則天與唐風斯穆，順帝與周道通靈。是以狂妖懷逆，無隱謀之地；冥靈潛翦，伏發覺之誅。用能七廟幽贊，人神扶助者已。臣不勝喜踴。……乾德不言，四時迭序。於皇大魏，則天承祐。疊聖三宗，重明四祖。豈伊殷、周，遐契三、五。……美哉皇度，道固千祀。百靈潛翦，姦不遑起。姦不遑起，罪人得情。……

---

[33] 《魏書》，卷 60，〈程駿傳〉，頁 1347。

除棄周、漢，遐軌犧庭。周、漢奚棄？忿彼苛刻。犧庭曷軌？希仁尚德。徽音一振，聲教四塞。豈惟京甸，化播萬國。……上天無親，唯德是在。思樂盛明，雖疲勿怠。差之毫釐，千里之倍。願言勞謙，求仁不悔。人亦有言，聖主慎微。五國連兵，踰年歷時。鹿車而運，廟算失思。有司不惠，蠶食役煩。民不堪命，將家逃山。宜督厥守，威德是宣。威德如何？聚眾盈川。民之從令，實賴衣食。農桑失本，誰耕誰織？飢寒切身，易子而食。靜言念之，實懷歎息。[34]

以上所說，重點是在今後國家的施政方針，首先，應放棄兩個政治文化取向：一是對「殷、周」或「周、漢」的傳統，必須「忿彼苛刻」，將之「除棄」，以掃盡煩蕪嚴刻的施政。二是反省北魏崇佛政策的「鹿車而運，廟算失思」，不僅是治國文化政策的偏失，也是法秀叛亂的根源。此亂之平定，所幸有賴君主有德、上天及祖宗有靈的「人神扶助」。何況須知「上天無親，唯德是在」，祈佑之道，可以「差之毫釐，千里之倍」，正確之法只在「求仁不悔」而已。經此更革後，把政治文化「遐軌」導向「三」皇「五」帝之「犧庭」，推行「希仁尚德」政策，即以清靜無為實踐仁德政治：先要知曉「民不堪命，將家逃山」的苦況，革除煩苛弊政，除去「五國連兵，踰年歷時」之軍務；除去「鹿車而運」之崇佛；除去吏治中「有司不惠，蠶食役煩」之流弊。然後，明白「民之從令，實賴衣食」，而倡振「農桑」之「本」，使人民不必「飢寒切身，易子而食」，人民自會從「將家逃山」轉變成「聚眾盈川」。

〈慶國頌〉上奏後，文明太后令曰：「省詩表，聞之。歌頌宗祖之功德可爾，當世之言，何其過也。所箴下章，戢之不忘」。接著，駿又「奏〈得一頌〉，始於固業，終於無為，十篇」。文明太后令曰：「省表并頌十篇，聞之。鑒戒既備，良用欽玩。養老乞言，其斯之謂」。[35]

關於以「道」治身，有孝文帝至宣武帝之間的李謇。他十四歲時，為國子學生。「博涉經史，文藻富盛」，「以聰達見知」，其思想應屬儒家。歷任大將軍

---

[34] 《魏書》，卷60，〈程駿傳〉，頁1347-1349。

[35] 《魏書》，卷60，〈程駿傳〉，頁1349。

府法曹參軍、太宰府主簿,轉中散大夫,遷中書舍人,加通直散騎常侍。作有〈釋情賦〉,[36]文中言及老子思想,所說「承周任之有言,攬老子之知足」,即以知足為中心,走向清靜無為。蓋人生企求發展,都須「奉炯誡以周旋,抱徽猷而與屬」,在此重重規範牢籠裡,凡事多「每有偓於唯塵,恒興言於寵辱」,一面向現實庸物低頭配合,一面擔憂於榮辱之得失。究實人生應「思散髮以抽簪」,從牢籠中解放出來,祈「願全真而守朴」,回歸自守自然之本性。然而,人情所在,總會「眷疏傅以徘徊,望申公而躑躅」,自陷於幾多眷戀的牽絆;此際,更須「冀鄙志之獲展,庶微願之逢時。歌致命而可卜,詠歸田而有期」,自勵自勉於解脫有期。待解脫成功,便能「挹帝城以高逝,與人事而長辭」,斷絕塵物牽絆,與大自然同在,過著清淨無為自守的生活:「擊壤而頌,結草而嬉。援巢父以戲穎,追許子而升箕。供暮餐於沆瀣,給朝餌於瓊芝。同糟醨而無別,混名實而不治。放言肆慾,無慮無思。何鷦鷯之可賦,鴻鵠之為詩哉」。[37]

第三節 儒家為主的「無為」以自守

儒家無為之治,北魏士人多所提倡。其「無為」以自守,依然意指只在既定範圍內作為,不踰出其範圍外作為;其「既定範圍內」,倡言君德、尚賢、禮樂,甚至滲雜刑典、天象。然如第一節所說,在思想混融的時代,實難以判定此等言論即是純粹儒家思想,只能就其內容說以儒家「為主」。

太武帝時,張淵所學「明占候,曉內外星分」,任太史令。著〈觀象賦〉云:「誠庸主之難悛,故明君之所察。堯無為猶觀象,而況德非乎先哲」。依注所說,天變「玄象譴告」君主,對「庸君闇主」,終究「不能改行自新,以答天變」。對「賢君明主則不然」,會因「見天災異,懼而修德也」。如此自誠慎德,在儒家無為而治典範之「唐堯至治」,「猶歷象璇璣,闚七政」,以觀天象來勉德勵行,成為以德任賢而無為。今既說無為,則「德不及古」帝堯,豈能

---

[36] 《魏書》,卷36,〈李騫傳〉,頁837-838。

[37] 《魏書》,卷36,〈李騫傳〉,頁840。

「不觀之乎」天象以修德呢？[38]

刁雍，本性「好尙文典，手不釋書，明敏多智。凡所爲詩賦頌論并雜文，百有餘篇。又汎施愛士，怡靜寡欲。篤信佛道，著教誡二十餘篇，以訓導子孫」。顯示有儒佛並修之學思傾向。文成帝和平六年（465），他上表說：「伏惟陛下無爲以恭己」，其原則有兩大方向：（1）治理天下，務必「使賢以御世」，（2）謹行「方鳴和鸞以陟岱宗（泰山），陪羣后以昇中岳（恒山），祭祀天地山川之禮，以敬天法地之德以修己。這兩個方向的軸心，就是禮樂文化，「有國有家者，莫不禮樂爲先」。蓋「唯聖人知禮樂」，在敬天法地方面，「作樂以應天，制禮以配地」。由此，「所以承天之道」，以資「包天地之情，達神明之德」，勉德修己而踐天道。天道之實踐，是以禮樂「治人之情」，用「禮所以制外」在行爲規範，用「樂所以修內」在性情，培養出「和氣中釋，恭敬溫文」之文化氣質，達到「安上治民，莫善於禮；易俗移風，莫善於樂」，使禮穩定一切秩序，使樂改良生活文化；此即所謂「王者治定制禮，功成作樂」。然而，當今時值「三禮闕於唐辰，象舞替於周日」，帝堯、周公之禮樂文化已告淪落，這是基於歷史的變遷：帝堯於禮「修五禮以明典章」，於樂「作咸池以諧萬類」；接著「虞夏殷周，易代而起」，禮樂傳統綿延。「及周之末，王政陵遲」，禮樂漸淪失，「仲尼傷禮樂之崩亡，痛文武之將墜，自衞返魯，各得其中」。逮至秦始皇，「灰滅典籍，坑爐儒士，盲天下之目，絕象魏之章，簫韶來儀，不可復矣」。當漢朝之興起，「改正朔，易服色，協音樂，制禮儀，正聲古禮，粗欲周備」。可昔到了東漢孝章帝，用博士曹褒「定諸儀，以爲漢禮，終於休廢，寢而不行」。曹魏、西晉之時，依然「修而不備」，其禮樂之不彰，延續至今。總結來說，「五帝殊時不相沿，三王異世不相襲。事與時並，名與功偕故也。臣識昧儒先，管窺不遠，謂宜修禮正樂，以光大聖之治」。[39]

高閭爲「博綜經史」之名儒，曾爲獻文帝在平城所造鹿苑石窟佛寺撰頌文，似亦侵潤佛教。孝文帝時，奏請「甄忠明孝，矜貧恤獨，開納讜言，抑絕讒佞，明訓以體，率土移風。雖未勝殘去殺，成無爲之化，足以仰答三靈者矣」。而

---

[38] 《魏書》，卷91，〈藝術傳·張淵〉，頁1954。

[39] 《魏書》，卷38，〈刁雍傳〉，頁869-871。

其道之所在所行，端在仿效堯舜之道：「堯舜引咎之德，虞災致懼，詢及卿士，令各上書，極陳損益。深恩被於蒼生，厚惠流于后土」。分而言之，有五個方面：（1）君德，須「君人之量逾高，謙光之旨彌篤」，寬宏大量而謙虛。（2）用人，「增儒官以重文德，簡勇士以昭武功」。（3）禮樂，「修復祭儀，宗廟所以致敬；飾正器服，禮樂所以宣和」。（4）刑政，「慮獄訟之未息，定刑書以理之」。（5）制度，「懼蒸民之姦宄，置鄰黨以穆之；究庶官之勤劇，班俸祿以優之；知勞逸之難均，分民土以齊之」。[40]

孫紹「少好學，通涉經史，頗有文才，陰陽術數，多所貫涉」，學思於儒家及陰陽間混融。宣武帝時，上表建議：「伏惟陛下應靈踐阼，沖明照物，宰輔忠純，伊霍均美，既致昇平之基，應成無爲之業」。此種無爲之治，是須創造「昇平」之世乃得無爲，即解決王朝動亂，締造昇平，就不必憂慮而忙於平亂，自然獲得無爲。蓋此時之癥結在動亂，是「漠北叛命，隴右構逆，中州驚擾，民庶竊議」，即邊境擾亂，牽引了中原內部不安。推「其故何哉？皆由上法不通，下情怨塞故也」；即「往在代都」平城時期，人們都同屬「武質而治安」，自太和十八年（494）遷都洛陽「中京以來，文華而政亂」，造成邊區武質貧窮，中原繁榮文華，在生活文化上，形成差異，尤其有優劣懸殊的強烈對立狀態，邊境之民多所不滿。解決之道，須先「具論四方華夷心態」，「急須改張」，進行「文質互用」之相互調和，對邊境地「以寧其意」，「仁洽九服」。此等原則，係屬「天下者，大器也。一正難傾，一傾難正。當今之危，躡足之急」，乃創造昇平世而無爲的「寧濟之計」。[41]

宣武帝時，有房景先「幼孤貧，無資從師，其母自授毛詩、曲禮」。後作《五經疑問》，論及無爲，是以任天地之道顯德而無爲。「武王滅紂，以亳社爲亡國之誡曰：神無定方，唯人爲主，道協無爲，天地是依，棄德弗崇，百靈更祀。周武承天，禮存咸秩」。[42]

崔光，爲當世名儒，又「崇信佛法，禮拜讀誦，老而逾甚，終日怡怡，未

---

[40] 《魏書》，卷 54，〈高閭傳〉，頁 1196-1198，1205。

[41] 《魏書》，卷 78，〈孫紹傳〉，頁 1723，1725-1726。

[42] 《魏書》，卷 43，〈房景先傳〉，頁 978，979。

曾恚忿。曾於門下省晝坐讀經，有鴿飛集膝前，遂入於懷，緣臂上肩，久之乃去。道俗贊詠詩頌者數十人。每爲沙門朝貴請講維摩、十地經，聽者常數百人，即爲二經義疏三十餘卷」。孝明帝時，靈太后將幸嵩高山，上表諫說：「伏聞明後當親幸嵩高，往還累宿。鑾遊近旬，存省民物，誠足爲善」。惟「伏願遠覽虞舜，恭己無爲，近遵老易，不出戶牖。罷勞形之遊，息傷財之駕，動循典防，納諸軌儀，委司責成，寄之耳目。人神幸甚，朝野抃悅」。這是要以儒家「恭己無爲」，加上「老易」的清靜無爲，「不出戶牖」的自守，而行「罷勞形之遊」之無爲，以「息傷財之駕」。蓋太后出遊，勞民傷財之弊有：（1）損傷田間農作物：因出遊「步騎萬餘，來去經踐，駕輦雜遝，競騖交馳」；田間「雖漸農隙，所獲栖畝，飢貧之家指爲珠玉，遺秉滯穟，莫不寶惜」；而軍隊「縱加禁護，猶有侵耗，士女老幼，微足傷心」。更何況「霜旱爲災，所在不稔，飢饉荐臻，方成儉弊」。（2）破壞生態環境：時值「秋末久旱，塵壤委深」；萬騎經過，「風霾一起，紅埃四塞」。「且藏蟄節遠，昆蟲布列，蠕蠕之類，盈於川原，車馬輾蹈，必有殘殺」。（3）耗費財用：「廝役困於負擔，爪牙窘於賃乘，供頓候迎，公私擾費」。（4）諸役勞頓：「厨兵幕士，方履敗穿，晝暄夜凄，罔所覆藉，監帥驅捶，泣呼相望」。（5）民憂太后安危：「聖駕清道，當務萬安」，必須慎思。因一路有「轘關峭嶮，山路危狹」；有「乘履潤壁，蒙犯霜露」；加上「出入半旬，途越數百」；恐怕太后「飄曝彌日，仰虧和豫」。這是祖宗「七廟上靈，容或未許」，亦是天下百姓「億兆下心，實用悚慄」。以上，是太后「爲民父母，所宜存恤，靖以撫之」，能行無爲。[43]

第四節　北魏帝王的「無為」以自守

北魏帝王，多有提及無爲而治，推其思想背景，實難定於一家之學，因他們的學思，都具多元混融之迹。道武帝「好黃老，頗覽佛經」。[44]明元帝「亦好黃老，又崇佛法」。[45]道武帝初年，「雖歸宗佛法，敬重沙門，而未存覽經教，

---

[43]　《魏書》，卷 67，〈崔光傳〉，頁 1496-1497，1499。

[44]　《魏書》，卷 114，〈釋老志〉，頁 3030。

[45]　《魏書》，卷 114，〈釋老志〉，頁 3030。

深求緣報之意」。後來「及得寇謙之道，帝以清淨無為，有仙化之證，遂信行其術」。[46]獻文帝即位對佛教「敦信尤深，覽諸經論，好老莊。每引諸沙門及能談玄之士，與論理要」。[47]以上諸帝，至少是有佛、道混融現象，而所謂道家，多屬兼合百家的黃老之學。到了孝文帝，則更「雅好讀書，手不釋卷。五經之義，覽之便講，學不師受，探其精奧。史傳百家，無不該涉。善談莊老，尤精釋義。才藻富贍，好為文章，詩賦銘頌，任興而作」。[48]其學思更是混融儒、釋、道、史等學。這些狀況，正吻合北魏多元文化混融的狀態。

基於上述，北魏帝王的政治理想，在表面上，都似儒家修己任賢之無為而治，而其根抵，很難論定就是純粹儒家思想。同時，修己任賢無為而治，原本就是儒家政治的理想，在現實上極難以具體實現，北魏帝王也不例外，只能當做政治理想。縱使如此，他們的「無為」以自守，表現了一個共同原理：只在既定範圍內作為，不踰出其範圍外作為。其「既定範圍」，有修己之君德、尚賢，以及各類制度。

明元帝因服寒食散，毒性發作，不堪親理國政，崔浩遂為他設計太子監國制度，[49]於泰常七年（422）五月始「詔皇太子（拓跋燾）臨朝聽政」。[50]當時崔浩的構想正是任人無為自守：「早建東宮，選公卿忠賢陛下素所委仗者使為師傅，左右信臣簡在聖心者以充賓友，入總萬機，出統戎政，監國撫軍，六柄在手。若此，則陛下可以優遊無為，頤神養壽，進御醫藥」。在任賢制度方面，是以太子「為國副主」，居正殿臨朝；司徒長孫嵩、山陽公奚斤、北新公安同為左輔，坐東廂西面；崔浩與太尉穆觀、散騎常侍丘堆為右弼，坐西廂東面；「百僚總己以聽焉」；其效果是於「萬歲之後，國有成主，民有所歸，則姦宄息望，旁無覬覦。此乃萬世之令典，塞禍之大備也」。在明元帝的無為自守方面，原是要在「優遊無為」情況，「頤神養壽，進御醫藥」；所以他避居西宮，「時隱而窺之，聽其決斷」；滿意的對左右侍臣曰：「長孫嵩宿德舊臣，歷事四

---

[46] 《魏書》，卷114，〈釋老志〉，頁3033。

[47] 《魏書》，卷114，〈釋老志〉，頁3037。

[48] 《魏書》，卷7下，〈高祖紀〉，頁187。

[49] 詳見李憑，《北魏平城時代》，頁75-119。

[50] 《魏書》，卷3，〈太宗紀〉，頁62。

世，功存社稷；奚斤辯捷智謀，名聞遐邇；安同曉解俗情，明練於事；穆觀達於政要，識吾旨趣；崔浩博聞強識，精於天人之會；丘堆雖無大用，然在公專謹。以此六人輔相，吾與汝曹遊行四境，伐叛柔服，可得志於天下矣」。群臣向他奏詢所疑時，他還說：「此非我所知，當決之汝曹國主也」。[51]可是他始終沒有無爲自守，反而在泰常七年九月起，親自對南朝劉宋發動戰爭，一直進行到泰常八年（423）九月；其間仍不斷的到處巡視，築平城外郭周回三十里，築長城二千餘里以防柔然，直到泰常八年十月還築西宮外牆周回二十里，而於十一月便去世。[52]

太武帝即位初，即展開對外戰爭，始光元年至神䴥二年（424-429）大肆攻打柔然，使其威脅緩和下來。神䴥四年（431）六月，消滅了赫連試夏政權，九月即下詔「頃逆命縱逸，方夏未寧，戎車屢駕，不遑休息。今二寇摧殄，士馬無爲，方將偃武修文，遵太平之化」。是要以「士馬無爲」來自守於「休息」而「修文」，乃儒家的任賢無爲自守。所以他「理廢職，舉逸民，拔起幽窮，延登俊乂，昧旦思求，想遇師輔，雖殷宗之夢板築，罔以加也」。遂徵了范陽盧玄、博陵崔綽、趙郡李靈、河間邢穎、勃海高允、廣平游雅、太原張偉等，「至者數百人，皆差次敘用」；這些人「皆賢俊之胄，冠冕州邦，有羽儀之用」。「庶得其人，任之政事，共臻邕熙之美」。[53]此一措施，往後持續強調，延和元年（432）正月，[54]十二月；[55]延和三年（434）二月；[56]太延元年（435）

---

[51] 《魏書》，卷35，〈崔浩傳〉，頁912-913。

[52] 《魏書》，卷3，〈太宗紀〉，頁62-64。

[53] 《魏書》，卷4上，〈世祖紀〉，頁79。

[54] 延和元年（432）正月下詔云：「天下分崩。是用屢征，罔或寧息，自始光至今，九年之間，戎車十舉。……夫慶賞之行，所以襃崇勳舊，旌顯賢能，以永無疆之休，……啓國承家，修廢官，舉俊逸，蠲除煩苛，更定科制，務從輕約，除故革新，以正一統。群司當深思效績，直道正身，立功立事，無或懈怠，稱朕意焉」（《魏書》，卷4上，〈世祖紀〉，頁80）。

[55] 延和元年（432）十二月，「先是，辟召賢良，而州郡多逼遣之。詔曰：『朕除偽平暴，征討累年，思得英賢，緝熙治道，故詔州郡搜揚隱逸，進舉賢俊。……諸召人皆當以禮申諭，任其進退，何逼遣之有也！此刺史、守宰宣揚失旨，豈復光益，乃所以彰朕之不德。自今以後，各令鄉閭推舉，守宰但宣朕虛心求賢之意。既至，當待以不次之舉，隨才文武，任之政事。其明宣敕，咸使聞知。』」（《魏書》，卷4上，〈世祖紀〉，頁81-82）。

[56] 延和三年（434）二月詔曰：「朕承統之始，群凶縱逸，四方未賓，……故頻年屢征，……今四方順軌，兵革漸寧，宜寬徭賦，與民休息。其令州郡縣隱括貧富，以爲三級，其富者租賦如常，中者復二年，下窮者復三年。刺史守宰當務盡平當，不得阿容以罔政治。明相

五月，[57]六月；[58]都下詔再申其旨。太延二年（436）攻滅北燕，[59]五年（439）六月「西征涼州，詔恭宗（太子拓跋晃）監國」；[60]九月消滅北涼，統一北方。[61]到了太平真君四年（443）十一月下詔說：

> 朕承祖宗重光之緒，思闡洪基，恢隆萬世。自經營天下，平暴除亂，掃清不順，二十年矣。夫陰陽有往復，四時有代謝。授子任賢，所以休息，優隆功臣，式圖長久，蓋古今不易之令典也。其令皇太子副理萬機，總統百揆。諸朕功臣，勤勞日久，皆當以爵歸第，隨時朝請，饗宴朕前，論道陳謨而已，不宜復煩以劇職。更舉賢俊，以備百官。主者明為科制，以稱朕心。[62]

上文重述了如任賢的無為自守，即以「授子任賢」，「令皇太子副理萬機，總統百揆」，從而建構制度以成立無為的基礎；在此制度下，太武帝及諸功臣，均可無為「所以休息」，功臣都「以爵歸第，隨時朝請，饗宴朕前，論道陳謨而已，不宜復煩以劇職」；至於功臣的遺缺，則「更舉賢俊，以備百官」，使任賢制度無曠職。到了太平真君五年正，就實現了「皇太子始總百揆」。[63]

太子晃監國以後，逐漸形成東宮集團，極力營私，與太武帝頗有對立，在太平真君七年（446）三月太武帝下令毀佛之前後，太子晃有意拉攏涼州佛教領袖玄高等來對抗崔浩與寇謙，掩護佛教徒，曾發生玄高為太子祈福而詛說太武帝事件；[64]到了正平元年（451），太子又私取大量軍中物資，遭到宦官宗愛

宣約，咸使聞知」（《魏書》，卷4上，〈世祖紀〉，頁83）。

[57] 太延三年五月詔曰：「方今寇逆消殄，天下漸晏。比年以來，屢詔有司，班宣惠政，與民寧息。而內外群官及牧守令長，不能憂勤所司，糾察非法，廢公帶私，更相隱置，濁貨為官，政存苟且。夫法之不用，自上犯之，其令天下吏民，得舉告守令不如法者」（《魏書》，卷4上，〈世祖紀〉，頁88）。

[58] 太延元年（435）六月詔曰：「頃者寇逆消除，方表漸晏，思崇政化，敷洪治道，是以屢詔有司，班宣恩惠，綏理百揆」（《魏書》，卷4上，〈世祖紀〉，頁86）。

[59] 《魏書》，卷4上，〈世祖紀〉，頁86-87。

[60] 《魏書》，卷4下，〈世祖紀〉附恭宗紀，頁108。

[61] 《魏書》，卷4上，〈世祖紀〉，頁89-90。

[62] 《魏書》，卷4上，〈世祖紀〉，頁96。

[63] 《魏書》，卷4上，〈世祖紀〉，頁96。

[64] 曹仕邦，〈太子晃與文成帝：英年早逝的天才父子政治家大力推廣佛教於北魏的功勳及期政

告密，太子在驚懼之下，計畫謀殺太武帝，反而於是年六月被殺。[65]事後太武帝頗悔殺（太子），宗愛懼誅，於正平二年（452）春天，殺害太武帝，矯詔立太武帝子安南王拓跋余即位，自己「位居元輔」，[66]後余「疑愛將謀變，奪其權」，遂被宗愛派小黃門賈周所殺。[67]接著，羽林郎中劉尼（？-470）連絡了同種族的尚書源賀（407-479）、南部尚書陸麗，擁拓跋晃長子拓跋濬入宮，殺了宗愛、賈周，於正平二（452）年十月即位，是爲文成帝。[68]在此悲劇中，一個以任賢而優遊無爲目的太子監國制度，乃告終結消失了。[69]

此外，文成帝和平三年（462）十月下詔說：「朕承洪緒，統御萬國，垂拱南面，委政群司，欲緝熙治道，以致寧一。夫三代之隆，莫不崇尚年齒。……諸曹選補，宜各先盡勞舊才能」。[70]這如同太武帝一樣，仍在追求儒家任賢無爲自守的「垂拱南面」之治。爲達此目的，他很注重吏治的管理，例如懲治「在職之官綏導失所，貪穢過度」；[71]講究「刑賞不差，主者明爲條制，以爲常楷」；[72]嚴禁「典司之官，分職不均，使上恩不達於下，下民不贍於時」；[73]以死刑禁絕「刺史牧民，爲萬里之表。自頃每因發調，逼民假貸，大商富賈，要射時利，旬日之間，增贏十倍」；[74]期望達到「朕憲章舊典，分職設官，欲令敷揚治化，緝熙庶績。然在職之人，皆蒙顯擢，委以事任，當厲己竭誠，務省徭役，使兵民優逸，家給人贍」。[75]故《魏書》〈高宗紀〉評論說：「高宗與時消息，靜以鎭之，養威布德，懷緝中外。自非機悟深裕，矜濟爲心，亦何能若此！可謂有

治目的〉，《中華佛學學報》，第九期（1996 年 7 月），頁 99-122。

[65] 此事《魏書》與《北史》的宗愛傳記載相同，而《宋書》〈索虜傳〉與《南齊書》〈魏虜傳〉所載有異，李憑有所考證，這裡是據其說而言。見李憑，《北魏平城時代》，頁 120-130。

[66] 《魏書》，卷 94，〈閹宦・宗愛傳〉，頁 2013。

[67] 《魏書》，卷 18，〈南安王余傳〉，頁 2013。

[68] 《魏書》，卷 5，〈高宗紀〉，頁 111。

[69] 李憑，《北魏平城時代》，頁 76。

[70] 《魏書》，卷 5，〈高宗紀〉，頁 120。

[71] 《魏書》，卷 5，〈高宗紀〉，頁 116-117。

[72] 《魏書》，卷 5，〈高宗紀〉，頁 117-118。

[73] 《魏書》，卷 5，〈高宗紀〉，頁 118。

[74] 《魏書》，卷 5，〈高宗紀〉，頁 119。

[75] 《魏書》，卷 5，〈高宗紀〉，頁 121。

君人之度矣」。[76]不過，到了和平六年（465），文成帝去世前，刁雍仍上表說：
「伏惟陛下無爲以恭己，使賢以御世，方鳴和鸞以陟岱宗，陪群后以昇中岳，
而三禮闕於唐辰，象舞替於周日」。[77]這是建請施行儒家先王禮樂制度，以達
儒家任賢的無爲自守；可見在刁雍看來，文成一朝尚未確實做到儒家的無爲自
守。

　　同樣的，文明太后自孝文帝承明元年（476）五月起，至太和十四年（490）
九月去世爲止，長期臨朝執政。[78]《魏書》〈高祖紀〉評論說：「高祖幼承洪緒，
早著睿聖之風，時以文明攝事，優遊恭己」，[79]宣揚孝文帝處於儒家「恭己」
的無爲自守，這是溢美虛褒的。事實上，太和十四年，高閭上奏，盛讚朝廷改
格祭儀、宗廟、器服、禮樂、刑書，設置三長及鄰里鄉黨制、俸祿制、均田制
以「矜貧恤獨」；任用賢才方面，「增儒官以重文德，簡勇士以昭武功」，並加
考課；自身還「開納謙言，抑絕讒佞」；整個成效，縱已達到「率土移風」，已
「足以仰答三靈」對得起天、地、人或日、月、星，而卻仍「未勝殘去殺，成
無爲之化」；[80]顯示其未達儒家任賢無爲自守的境界。當馮太后去世，孝文帝
欲行古代三年之喪，群臣都諫議不可行。以整個北魏狀況來說，有如安定王元
休等所說，「欲依上古，喪終三年。誠協大舜孝慕之德，實非俯遵濟世之道」；
因時代不同，王朝的環境，非如上古之單純而可「無爲」，是如兩漢以來事繁
萬機，必須「有爲」，「不可以無爲之法，行之於有爲之辰」，[81]即是就內政來
看，「天下至廣，萬機至殷，曠之一朝，庶政必滯」。[82]對外方面，就如李彪所
言：「江南有未賓之吳，朔北有不臣之虜，東西二蕃雖文表稱順，情尚難測。

[76]　《魏書》，卷5，〈高宗紀〉，頁123。

[77]　《魏書》，卷38，〈高閭傳〉，頁870。

[78]　《魏書》，卷7上，〈高祖紀〉，頁142；卷7下，〈高祖紀〉，頁166。

[79]　《魏書》，卷7下，〈高祖紀下〉，頁

[80]　《魏書》，卷54，〈高閭傳〉，頁1204-1205。

[81]　《魏書》，卷108-3，〈禮志三〉云：「天下之至尊，莫尊於王業；皇極之至重，莫重於萬幾。
　　　至尊，故不得以常禮任已；至重，亦弗獲以世典申情。是以二漢已降，逮於魏晉，葬不過
　　　逾月，服不淹三旬。良以叔世事廣，禮隨時變，不可以無爲之法，行之於有爲之辰。文質
　　　不同，古今異制，其來久矣」（頁2779）。

[82]　《魏書》，卷108-3，〈禮志三〉，頁2777-2778。

是以臣等猶懷不虞之慮」。[83]故《魏書》〈高祖紀〉評論說：「及躬總大政，一日萬機，十許年間，曾不暇給」；一則「至夫生民所難行，人倫之高跡，雖尊居黃屋，盡蹈之矣」；二則「帝王製作，朝野軌度，斟酌用捨，煥乎其有文章，海內生民咸受耳目之賜」。三則「加以雄才大略，愛奇好士，視下如傷，役己利物，亦無得而稱之」。[84]對外更堅持統一天下之心，頻頻向南朝發動戰爭，直至去世之際。[85]

孝文帝縱未達到修己而無為之境界，對儒家之無為而治，確實既推崇又嚮往，所以曾下詔規定：「凡在祀令者，其數有五。帝堯樹則天之功，興巍巍之治，可祀於平陽。虞舜播太平之風，致無為之化，可祀於廣寧。夏禹禦洪水之災，建天下之利，可祀於安邑。周文公制禮作樂，垂範萬葉，可祀於洛陽」。[86]同時，孝文帝身後，有推崇其具有無為之風。前廢帝時，詔錄尚書長孫稚、太常卿祖瑩管理金石。及至孝武帝永熙二年（533）春，稚、瑩上表說：「臣聞安上治民莫善於禮，移風易俗莫善於樂。……高祖孝文皇帝承太平之緒，纂無為之運，帝圖既遠，王度惟新」。[87]

至於宣武帝一朝，《魏書》〈世宗紀〉評論說：「世宗承聖考德業，天下想望風化，垂拱無為，邊微稽服。而寬以攝下，從容不斷，太和之風替矣」。[88]處處說他繼承孝文帝奮鬥的成果，而得以「垂拱無為」，畢竟造成「太和之風替矣」，為北魏走向衰落的轉捩點，沒有達到儒家無為的境界，此處所謂「垂拱無為」，應是有帶著譏諷來說的成份。

以上魏帝王的治國原則，採用「無為」以自守，而〈釋老志〉「無為以自守」句，是放在「魏先建國於玄朔」內來說的。故「無為以自守」的涵義，應指拓跋氏「建國」之治國原則。

---

[83] 《魏書》，卷108-3，〈禮志三〉，頁2787。

[84] 《魏書》，卷7下，〈高祖紀下〉，頁

[85] 易毅成，〈北魏的南進政策與國勢消長〉，《中國中古史研究》第一期（台北市：蘭臺出版社，2002年9月），頁73，86附表。

[86] 《魏書》，卷108-1，〈禮志四〉，頁2750。

[87] 《魏書》，卷109，〈樂志〉，頁2836-2837。

[88] 《魏書》，卷8，〈世宗紀〉「史臣曰」，頁215。

第五節 無為以「自守」之涵義

從「自守」來看，無為以自守的涵義是：守住自己的既定範圍內作為，不向其範圍外作為。

無為以自守，放到任官來說，是在應有職掌內施政，不向職掌外擴張業務。如伊馥，「少而勇健，走及奔馬，善射，多力」，是出身武人，「及為三公，清約自守，為政舉大綱而已，不為苛碎」。[89]

無為以自守，放到任官來說，還有守住自己應遵之法律範圍行事，不越過範圍而犯法。如淮陽王元孝友，「為政溫和，好行小惠，不能清白，而無所侵犯，百姓亦以此便之」；後來任官，「以法自守，甚著聲稱」。[90]

無為以自守，用於人際關係，是守住自己的生活圈作為，不向外濫交遊，或插手閒事以免起衝突。其例有二：（1）韓子熙任官，「清白自守，不交人事」。[91]其無為自守之理據，是「儉素安貧，常好退靜」，[92]故史稱「子熙清尚自守」。[93]（2）韋休之，起家安州左將軍府城局參軍，轉給事中、河南邑中正，稍遷安西將軍、光祿大夫；「休之貞和自守，未嘗以言行忤物」。[94]（3）宣武帝時，陽固得罪中尉王顯，「顯因奏固剩請米麥，免固官」；陽固乃因「既無事役，遂闔門自守」。[95]

無為以自守，用於經濟生活，是守住自己的目標、經濟條件而作為，不向目標外要求經濟資源之增加，或企求其他。這有四個例證：（1）常景「少聰敏，初讀論語、毛詩，一受便覽」。「自少及老，恒居事任。清儉自守，不營產業，至於衣食，取濟而已。耽好經史，愛玩文詞」。[96]（2）信都芳，「好學善天文算數」；任官之後，因「性清儉質樸，不與物和」，有人「給其騾馬，不肯乘騎」，

---

89 《魏書》，卷 44，〈伊馥傳〉，頁 990。
90 《魏書》，卷 18，〈淮陽王元孝友傳〉，頁 424。
91 《魏書》，卷 60，〈韓子熙傳〉，頁 1336。
92 《魏書》，卷 60，〈韓子熙傳〉，頁 1337。
93 《魏書》，卷 60，〈史臣曰〉，頁 1351。
94 《魏書》，卷 45，〈韋休之傳〉，頁 1012。
95 《魏書》，卷 89，〈酷吏傳·張赦提〉，頁 1922。
96 《魏書》，卷 82，〈常景傳〉，頁 1800，1805。

「狷介自守，無求於物」。[97]（3）劉芳，少年時「雖處窮窘之中，而業尚貞固，聰敏過人，篤志墳典。晝則傭書，以自資給，夜則讀誦，終夕不寢，至有易衣併日之弊，而澹然自守，不汲汲於榮利，不慼慼於賤貧，乃著窮通論以自慰焉」。[98]（4）高崇，「家資富厚，僮僕千餘，而崇志尚儉素，車馬器服，充事而已。自修潔，與物無競」。[99]

無為以自守，運用為戰爭策略，是在自己的根據地內採取防守自衛，不向外進攻敵人。（1）京兆王元愉，出為冀州刺史而卻反叛，「世宗詔尚書李平討愉。愉出拒王師，頻敗，遂嬰城自守」。[100]（2）慕容白曜說：「（崔）道固孤城，裁能自守；盤陽諸戍，勢不野戰」。[101]（3）興安二年正月，劉宋遣其將領蕭道成、王蚪、馬光等人，率兵進入漢中，別令楊文德、楊頭等率諸氐羌圍武都，皮豹子欲斷其糧運，「回軍還入覆津，據險自固」。劉宋「恐其輒回，又增兵益將」。豹子乃上表說：「今外寇兵強，臣力寡弱，拒賊備敵，非兵不擬。乞選壯兵，增戍武都，牢城自守，可以無患。今事已切急，若不馳聞，損失城鎮，恐招深責。願遣高平突騎二千，繼糧一月，速赴仇池。且可抑折逆民，支對賊虜」。[102]以上是以城為己之根據地，在其範圍內，採取防守自衛。（4）北魏末年，叛亂紛起，「時葛榮將向京師，眾號百萬。相州刺史李神軌閉門自守。賊鋒已過汲郡，所在村塢悉被殘略」。[103]這是在相州之根據地，採自守策略。（5）北魏末年，爾朱天光亦「率眾西依牽屯山，據險自守」。[104]此則依山之險要之處為根據地，在那裡自守。

相同於無為以自守之例，有「自固」。如王嶷，任南部尚書，前後十四年。「時南州多事，文奏盈幾，訟者填門。嶷性儒緩，委隨不斷，終日在坐，昏睡而已。李訴、鄧宗慶等號為明察，勤理時務，而二人終見誅戮，餘十數人或黜

---

[97]　《魏書》，卷91，〈藝術傳·信都芳〉，頁1955。

[98]　《魏書》，卷55，〈劉芳傳〉，頁1219。

[99]　《魏書》，卷77，〈高崇傳〉，頁1707。

[100]　《魏書》，卷22，〈京兆王元愉傳〉，頁590。

[101]　《魏書》，卷42，〈酈範傳〉，頁950。

[102]　《魏書》，卷51，〈皮豹子傳〉，頁1131。

[103]　《魏書》，卷74，〈爾朱榮傳〉，頁1645。

[104]　《魏書》，卷75，〈爾朱天光傳〉，頁1675

或免，唯嶷卒得自保」。時人為之語曰：「實癡實昏，終得保存」。[105]

相同於無為以自守之例，又有「清靜」。這有十三例：（1）酈約，原本「樸質遲鈍，頗愛琴書」。其「性多造請，好以榮利干謁，乞丐不已，多為人所笑弄。坎壈於世，不免飢寒」。晚年一改行事風格，歷任東萊、魯郡太守期間，「為政清靜，吏民安之」。[106]（2）賈雋出為顯武將軍、荆州刺史「先是，上洛置荆州，後改為洛州，在重山中，民不知學。雋乃表置學官，選聰悟者以教之。在州五載，清靖寡事，吏民亦安」。[107]（3）邢晏，「美風儀，博涉經史，善談釋老，雅好文詠」；後任「滄州刺史，為政清靜，吏民安之」。[108]（4）王翊，「風神秀立，好學有文才」。「頗銳於榮利，結婚於元叉，超拜左將軍、濟州刺史，尋加平東將軍。清靜愛民，有政治之稱」。[109]（5）李平，「及長，涉獵羣書，好禮、易，頗有文才」。「拜長樂太守，政務清靜，吏民懷之」。[110]（6）裴叔義，「亦有學行」。孝文帝末年，任兗州安東府外兵參軍，「累遷太山太守，為政清靜，吏民安之」。[111]（7）裴芬之，「長者，好施，篤愛諸弟」；任輔國將軍、東秦州刺史，「在州有清靜之稱」。[112]（8）魏子建「為東益州刺史。子建布以恩信，風化大行，遠近清靜」。[113]（9）酷吏張赦提，將盜魁「虎子、豹子及其黨與，盡送京師，斬於闕下，自是清靜」。[114]（10）裴子修「出為張掖子都大將。張掖境接胡夷，前後數致寇掠，修明設烽候，以方略禦之。在邊六年，關塞清靜。高祖嘉之，徵為中部令」。[115]（11）甄琛任河南府尹，「奏以羽林為遊軍，於諸坊巷司察盜賊，於是京邑清靜，至今踵焉」。[116]（12）張烈「涉獵經史，

[105] 《魏書》，卷 33，〈王嶷傳〉，頁 775-776。
[106] 《魏書》，卷 42，〈酈約傳〉，頁 952。
[107] 《魏書》，卷 33，〈賈雋傳〉，頁 793。
[108] 《魏書》，卷 65，〈邢晏傳〉，頁 1448-1449。
[109] 《魏書》，卷 63，〈王翊傳〉，頁 1413。
[110] 《魏書》，卷 65，〈李平傳〉，頁 1451。
[111] 《魏書》，卷 69，〈裴叔義傳〉，頁 1534。
[112] 《魏書》，卷 71，〈裴芬之傳〉，頁 1568。
[113] 《魏書》，卷 104，〈自序〉，頁 2328。
[114] 《魏書》，卷 89，〈酷吏傳·張赦提〉，頁 1922。
[115] 《魏書》，卷 45，〈裴子修傳〉，頁 1021。
[116] 《魏書》，卷 68，〈甄琛傳〉，頁 1515。

有氣概」，任「安北將軍、瀛州刺史。爲政清靜，吏民安之」。[117]（13）劉元孫「養志丘園，不求聞達。高祖幸彭城，起家拜蘭陵太守。治以清靜爲名」。[118]

相同於無爲以自守之例，又有「與民休息」。例如，彭城王元勰，「敏而耽學，不捨晝夜，博綜經史，雅好屬文」。「勰敦尙文史」，「愛敬儒彥，傾心禮待」。「領揚州刺史。勰簡刑導禮，與民休息，州境無虞，遐邇安靜」；「勰政崇寬裕，絲毫不犯，淮南士庶，追其餘惠，至今思之」。[119]

第六節　無爲以「自守」思想之混融

無爲以「自守」的思想根柢，依然是以思想派別混融爲基礎的，難以涇、渭分明區分，指出其源流專屬何派思想。這項說明，有資料上的限制，即前節所舉諸例，在《魏書》本傳中，多無傳主學思記載，無法討論其思想派別，故此處之說明範圍，僅限於有學思記載者。

首先，關於無爲「自守」之思想派別的混融，陽固是箇典例。他「闔門自守」後，曾撰〈演賾賦〉「以明幽微通塞之事」。賦文有段似道家思想的話說：「資靈運以託己兮，任性命之遭隨。既聽天而委化兮，無形志之兩疲。除紛競而靖默兮，守沖寂以無爲」。[120]

此話意指要隨自然（天）及自我本性，回歸無爲之境，以生命的隱靜，消除一切外在紛爭。不過，若據此判斷其爲道家思想信奉者，則會大悖於事實。他的學思傾向，《魏書》本傳僅說「始折節好學，遂博覽篇籍，有文才」，[121]未具體載明學派，而所謂「博覽篇籍」，正如其生平言論及〈演賾賦〉之內容，是具有多元學派思想者。

陽固「自守」以前，原是積極入世的儒者，在長期任官過中，勤於政事，剛正不阿。曾上奏宣武帝，提出朝廷應如何有爲的策略，強調「爲治不在多方，在於力行而已」：（1）朝政方面，皇帝必須「攬權衡，親宗室，強幹弱枝，以

---

[117] 《魏書》，卷 76，〈張烈傳〉，頁 1685-1686。

[118] 《魏書》，卷 55，〈劉元孫傳〉，頁 1230。

[119] 《魏書》，卷 21 下，〈彭城王元勰傳〉，頁 571，578，579。

[120] 《魏書》，卷 89，〈酷吏傳・張赦提〉，頁 1922。

[121] 《魏書》，卷 72，〈陽固傳〉，頁 1603。

立萬世之計」；有關儲君，「當今之務，宜早正東儲，立師傅以保護，立官司以防衛，以係蒼生之心」。有關布政，「舉賢良，黜不肖，使野無遺才，朝無素餐；孜孜萬幾，躬勤庶務，使民無謗讟之響」。（2）對於天下萬民，要積極於養和教，「省徭役，薄賦斂；修學官，遵舊章；貴農桑，賤工賈」。（3）在整體文化上，務須「絕談虛窮微之論」，尤其對佛教須「簡桑門無用之費。以存元元之民，以救飢寒之苦，上合昊天之心，下悅億兆之望」。真正要積極推動的文化，是儒家古聖賢之道，堅守孝文帝漢化之路，故朝庭須「撰封禪之禮，襲軒唐之軌，同彼七十二君之徽號，協定鼎嵩河之心，副高祖殷勤之寄。上與三皇比隆，下與五帝齊美。豈不茂哉」。（4）對南朝蕭梁須積極進取：「備器械，修甲兵，習水戰，滅吳會」。[122]

陽固「自守」及其以後，陽固顯示了多元思想的混融，而表現於〈演賾賦〉。（1）他的「自守」，出於諸多古賢的鼓舞，並非只有道家思想，諸如上古以來，「痛比干之殘軀」，「哂宰嚭之見屠」，「哀越種之被戮兮，嘉范蠡之脫羈」；乃至漢代「勃計行而致位兮，錯謀合而身傾。蕭功成而福集兮，韓勳立而禍并」，「悼史遷之腐刑」。（2）他回歸無為，並非要息隱而無所活動，反而是想「誦風雅以導志兮，蘊六籍於胸襟。敦儒墨之大教兮，崇逸民之遠心。播仁聲於終古兮，流不朽之徽音。進不求於聞達兮，退不營於榮利」；這是要潛沉於儒家詩經、六經等經學，而且兼顧儒墨兩家宗旨，寄寓青山以流芳萬世，只是不鑽營當前利益而已。（3）由此，「自守」以後，陽固於心猶有不甘，還依儒家孝道思想說：「顯親揚名，德之上兮」。惟以考量外在形勢險惡，「保家全身，亦厚量兮」。況且，同流合污之「趣世浮動，違性命兮。鑒始究終，同水鏡兮。志願不合，思遠遊兮」。（4）整個來說，陽固的「自守」思想，是以道家無為來退一步，以儒家進取寄望未來，所以在「守沖寂以無為」句後，緊接兩句：「寄後賢以籍賞兮，寧怨時之弗知」；人生成就，不在當下，但求未來。同時，〈演賾賦〉結束語說：「周歷四極，騰八表兮。形勞志沮，未衷道兮。反我遊駕，養慈親兮。躬耕練藝，齊至人兮」；[123]即在無為自守中，以「練藝」有待於將來；如此，所謂「至人」之本質，豈屬道家者流呢？至多只是比喻而已。

---

[122] 《魏書》，卷72，〈陽固傳〉，頁1604。
[123] 《魏書》，卷72，〈陽固傳〉，頁1605-1610。

　　以上可見，陽固深具儒家進取思想，其「闔門自守」，是遭免官後的似道家之「無爲」退隱，其間卻又依然夾雜儒家進取之心。尤其他的「自守」，是無官狀態下之自守，自守是在不求官，把時間及精神用到儒墨兩家學問，以待將來之發展。至此，陽固的自守思想，至少就有儒、墨、道三家了。

　　再者，前文所說的無爲以自守之例證，亦有所謂「清靜」者，自然使人聯想必專屬道家思想。其實不然，理由有二：（1）依據前文所舉之例，載有當事人之學思狀況顯示，一方面，清靜之治，當有出於道家思想者，如劉元孫既「養志丘園」，淡薄名利，自關乎道家思想，其清靜治名，當與此相牽涉。另一方面，清靜之治，不必然全出於道家思想，刑晏兼具儒、釋、道、史學之多元思想，張烈兼備具儒學、史學，張赦提爲酷吏，裴子修運用優良的戰備，甄琛運用優良的治安防務。（2）再依《魏書》「清靜」二字用法：其一，它可指道家或黃老思想，如元澄說：「昔漢文斷獄四百，幾致刑措，省事所致也。蕭曹爲相，載其清靜畫一之歌，清心之本也」。[124]其二，它亦爲儒家思想之表現，如封興之「經明行修，恬素清靜。起家太學博士，員外郎」。[125]其三，它可以源自多元思想，如盧景裕「性清靜，淡於榮利，弊衣粗食，恬然自安，終日端嚴」；「少聰敏，專經爲學」；後又「寓託僧寺，講聽不已」，遂「好釋氏，通其大義」；曾「注周易、尙書、孝經、論語、禮記、老子」；[126]由此可知，景裕的「性清靜」思想原流，無法定於一家，是源自多元混融的思想。

　　最後，前文所說的無爲以自守之例證，更有所謂「與民休息」者，從其文字，不免以爲乃漢代蕭規曹隨的黃老思想。其實也不然。前文舉例之彭城王元勰，他能夠與民休息，非基於道家思想，是儒家經學兼及史學。另有盧昶，「學涉經史，早有時譽」。宣武帝時，發生「洛陽縣獲白鼠」之凶兆靈徵，便上書「伏願陛下垂叡哲之鑒，察妖災之起。延對公卿，廣詢庶政；引見樞納，博求民隱。存問孤寡，去其苛碎；輕徭省賦，與民休息。貞良忠讜，置之於朝；姦回貪佞，棄之於市」；[127]盧氏的「與民休息」，亦出於儒家經學與史學，非源出道家思想。

---

[124] 《魏書》，卷 19 中，〈任城王元澄傳〉，頁 477。

[125] 《魏書》，卷 32，〈封興之傳〉，頁 762。

[126] 《魏書》，卷 84，〈盧景裕傳〉，頁 1859-1860。

[127] 《魏書》，卷 47，〈盧昶傳〉，頁 1055-1057。

第七章 釋「與西域殊絕」

〈釋老志〉所說:「魏先建國於玄朔,風俗淳一,無爲以自守,與西域殊絕,莫能往來。故浮圖之教,未之得聞,或聞而未信也」。關於「與西域殊絕」句,塚本善隆先生的漢文標點作:「與西域殊絕,莫能往來。」是將兩句連讀,故和譯爲「因與西域之間隔絕以致不能往來」。[1]這個和譯,沒有解明「西域」、「隔絕」的內涵爲何呢?因此,本章之目的,即在分析是句的語意,以揭示其內涵。

「與西域殊絕」的語意涵義是:西域,指廣義的西域,包含今新疆及葱嶺以西諸國。殊絕,指路途遙遠及文化差異之隔絕。合起來說,「與西域殊絕」意謂:「與西域之間有路途遙遠及文化差異之隔絕」。茲說明於下列各節。

第一節 所謂西域

「西域」名稱,首見於西漢司馬遷之《史記》,[2]一是〈司馬相如傳〉所說「北征匈奴,單于怖駭,交臂受事,詘膝請和。康居西域,重譯請朝,稽首來享重譯請朝,稽首來享」。[3]西域,是指某一個特定地區;二是〈衛將軍驃騎傳〉所說「驃騎將軍去病率師攻匈奴西域王渾邪」。[4]渾邪亦稱昆邪,元狩二年(前121)霍去病西征,消滅渾邪王的主力部隊,元狩三年(前 120)秋天,渾邪王率眾歸義漢廷。[5]當時渾邪住在河西走廊,「西域王」是漢朝給予的他稱,[6]

---

[1] 塚本善隆,《魏書釋老志の研究》,頁 147-148。

[2] 田衛疆,〈西域的概念及其內涵〉,《西域研究》,1998 年第 4 期,頁 67-68。惟文中對〈司馬相如列傳〉引說「康居、西域重譯納頁」,與原文不符(頁 68)。

[3] 《史記》,卷 117,〈司馬相如傳〉,頁 3044。

[4] 《史記》,卷 111,〈衛將軍驃騎傳〉,頁 2933。

[5] 王國華,徐萬和,〈渾邪王歸漢年代辨正〉,《西北史地》,1996 年第 4 期,頁 33-38。

[6] 渾邪亦稱昆邪,即是史書中渾窳,是一個與義渠有直接關係的部族,曾游牧於匈奴右賢王之西北一帶,即今寧夏平原及黃河以西地區,西界未越過黃河,與月氏、氐、羌相鄰;大約在秦漢之間爲匈奴征服,其王成爲匈奴的貴族,當匈奴迫使月氏西遷之後,渾邪就漸游牧於河西走廊,被「漢武帝稱之爲匈奴的西域王」。見:武沐、王希隆,〈渾邪休屠族源探頤〉,收入王希隆主編,《西北少數民族史研》(北京市:民族出版社,2003 年 12 月蘭州版

不是渾邪的自稱，故「西域」是指渾邪的住地或統轄地，即《漢書》〈地理志〉所稱「張掖郡，故匈奴昆邪王地」。[7]惟張掖郡往東還有個「武威郡，故匈奴休屠王地」。[8]可見此時的「西域」一詞，不包括整個河西走廊，大約是張掖郡向西往酒泉、敦煌一帶的區域，[9]而當時渾邪王的力量是否達到後來的西域地區，是不可考的。

到了東漢班固所撰《漢書》〈西域傳〉，「西域」的範圍就明確化了，分爲兩種界定：

一、是狹義的西域，指以三十六國爲中心所界定的西域，地理範圍是：[10]是指「匈奴盛時所能控制的範圍，主要位於蔥嶺以東，天山以南」。[11]東起玉門關（今甘肅敦煌西北）、陽關（今甘肅敦煌西南）；西至蔥嶺（今帕米爾）；南有大山（今喀拉昆侖山、昆侖山、阿爾金山），北有大山（今天山）；[12]主要是指今塔里木盆地及周圍地區。[13]

二、是廣義的西域，只以西域通道爲中心而實際被記載的國家，在地理範圍上，既包含狹義的西域而又遠超過之，其地理範圍，依照絲路之交通道路來說，可分爲三個部分：

（一）東段：指敦煌以東。由西漢的首都長安（今西安）或東漢的首都洛陽出發，經隴西或固原，西行至金城（今蘭州），進入河西走廊的武威、張掖、酒泉、敦煌四郡。

初版一刷），頁 19-22。

[7] 《漢書》，卷 28 下，〈地理志下〉，頁 1613。

[8] 《漢書》，卷 28 下，〈地理志下〉，頁 1612。

[9] 《漢書》，卷 96 上，〈西域傳上〉云：「驃騎將軍擊破匈奴右地，降渾邪、休屠王，遂空其地，始築令居以西，初置酒泉郡，後稍發徙民充實之，分置武威、張掖、敦煌，列四郡，據兩關焉」（頁 3873）；由此可知，渾邪王之轄地西界，至少約到敦煌。參照：譚其驤主編，《中國歷史地圖集》，第二冊，〈西漢涼州刺史部〉（頁 33-34）、〈西漢西域都護府〉，頁 37-38。

[10] 《漢書》，卷 96 上，〈西域傳上〉云：「西域，以孝武時始通，本三十六國，其後稍分至五十餘，皆在匈奴之西，烏孫之南。南北有大山，中央有河，東西六千餘里，南北千餘里。東則接漢，阨以玉門、陽關，西則限以蔥嶺」（頁 3871）。

[11] 余太山，《兩漢魏晉南北朝正史西域傳要注》（北京市：中華書局，2005 年 3 月初版一刷），頁 225。

[12] 余太山，《兩漢魏晉南北朝正史西域傳要注》，頁 59-61。

[13] 余太山，〈兩漢魏晉南北朝正史西域傳的體例〉，收入氏著，《兩漢魏晉南北朝正史西域傳研究》（北京市：中華書局，2003 年 11 月初版一刷），頁 95-97。

（二）中段：指敦煌以西至蔥嶺以東的絲路所經地區，全部都在今新疆維吾爾自治區內。即走出玉門關（遺址為今敦煌縣西北的小方城）或陽關，穿過白龍堆，到羅布泊地區的樓蘭，就是南北兩道的分岔點：（1）從北道西行，經渠犁（今庫爾勒）、龜茲（今庫車）、姑墨（今阿克蘇）至疏勒（今喀什）。（2）從南道西行，自鄯善（今若羌），經且末、精絕（今民豐尼雅遺址）、于闐（今和田）、皮山、莎車至疏勒。（3）「北新道」，東漢初年打敗北匈奴迫西遷，佔領伊吾（今哈密）以後，開通了由敦煌北上伊吾的「北新道」。從伊吾經高昌（今吐魯番）、焉耆到龜茲，就和原來的絲路北道會合了。

（三）西段：指蔥嶺以西的絲路，主要路線復分兩道：（1）是從疏勒西行，越蔥嶺（今帕米爾）至大宛（今費爾干納）。由此西行可至大夏（在今阿富汗）、粟特（在今烏茲別克斯坦）、安息（今伊朗），最遠到達大秦（羅馬帝國東部）的犁軒（又作黎軒，在埃及的亞歷山大城）。（2）從皮山西南行，越懸渡（今巴基斯坦達麗爾），經罽賓（今阿富汗喀布爾）、烏弋山離（今錫斯坦），西南行至條支(在今波斯灣頭)。如果從罽賓向南行，至印度河口（今巴基斯坦的卡拉奇），轉海路也可以到達波斯和羅馬等地。[14]

《魏書》〈西域傳〉所載西域範圍，包含了上述的廣狹二義之空間，主要內容有二：一是出自「初，熙平中，肅宗遣王伏子統宋雲、沙門法力等使西域，訪求佛經。時有沙門慧生者亦與俱行，正光中還。慧生所經諸國，不能知其本末及山川里數，蓋舉其略云」。[15]依《洛陽伽藍記》之記載，宋雲等出發的時間，並非北魏孝明帝「熙平中」（516-517），是神龜元年（518）十一月多天，當時靈太后遣敦煌人宋雲與崇立寺比丘惠生，向西域取經，至正光二年（521）二月返洛陽，攜回佛經凡一百七十部。[16]其旅途見聞，有《北魏僧惠生使西域記》傳世。[17]不過，《魏書》〈西域傳〉只將其記錄採入，未由之形成對西域範

---

[14] 以上係據：榮新江，《中古中國與外來文明》（北京市：三聯書店，2001 年 12 月初版一刷），〈絲綢之路：東西方文明交往的通道〉（代前言），頁 1-15 ；袁森坡，《閃光的寶帶：古代絲綢之路》（台北市：萬卷樓圖書公司，1999 年 12 月初版），頁 9-13。

[15] 《魏書》卷 102，〈西域傳〉，頁 2279。

[16] 北魏・楊衒之撰，《洛陽伽藍記》，卷 5，〈聞義里〉，大正藏第 51 冊，頁 1018 中，1022 上。

[17] 北魏・惠生撰，《北魏僧惠生使西域記》，大正藏第 51 冊，頁 866 下-867 中。

圍的界說。二是太武帝太延年間（445），遣散騎侍郎董琬、高明等招撫西域，返回京師之報告。在〈西域傳〉裡，這部分是以代（平城）為起點，有距離遠近的道理數，包括廣狹義的西域，即「琬等使還京師，具言凡所經見及傳聞傍國」，提到「西域自漢武時五十餘國，後稍相并。至太延中，為十六國，分其地為四域」：（1）「自蔥嶺以東，流沙以西為一域」：蔥嶺，係指帕米爾，是為本域西界。流沙，是玉門關與鄯善之間的沙漠地帶，為本域東界。這第一域的範圍，大抵就是狹義的西域，今新疆的全部。（2）「蔥嶺以西，海曲以東為一域」：「海曲」，指自敘利亞、巴勒斯坦到小亞、巴爾幹半島一帶的地中海海域及沿岸。這第二域的範圍，是從帕米爾往西，一直到地中海的東岸。（3）「者舌以南，月氏以北為一域」：者舌，位於今塔什干一帶；月氏，指寄多羅貴霜，此時佔有吐火羅斯坦和乾陀羅以北地區。由此，第三域的範圍，為索格底亞那，吐火羅斯坦和西北次大陸的部分地區。（4）「兩海之間，水澤以南為一域」：兩海，指義大利半島東面的亞得里亞海和西面第勒尼安海；水澤，為黑海。由此第四域的範圍，是指以大利半島為中心的地中海周圍地區。[18]

第二節　「殊絕」指路途遙遠的隔絕義

關於「殊」字，《說文》云：「殊，死也」，「一曰斷也，漢令曰：蠻夷長有罪，當殊之」。段玉裁注說，「斷與死，本無二義」，因「凡漢詔云殊死者，皆謂死罪也，死罪者，首身分離，故曰殊死」，死而首身斷離，分成兩處；而「凡物之斷」，「塞其前，斷其後」，有「以丈殊人，謂遠隔敵仇不得近，亦是斷義」，都是因斷離而分成兩處。由此，殊字引出了其他語詞，依照「殊死，引伸為殊異」；依照斷義，則「凡言殊異、殊絕，皆引伸之義」。[19]可見「殊絕」，是「殊」字引伸出來的語詞。

依照章炳麟所說「殊」義：「漢澧，殊死，謂斷頭也」。[20]把「殊絕」用

---

[18] 《魏書》卷102，〈西域傳〉，頁2260以下；參照余太山《兩漢魏晉南北朝正史西域傳要注》魏書部分。

[19] 《說文解字注》，第四篇下，頁161下-162上。

[20] 章炳麟，《文始》（台北市：中華書局，1970年8月台一版），文六，頁10b。

到地理空間，就如身體與頭顱分開，各處於不同的空間，故可意指兩地之間，因路途遙遠，形成了兩地間有如「斷」般似的，即遠隔。如陶弘景的〈難鎮軍沈約均聖論〉所說：

> 禹迹所至不及河源，越裳白雉尚稱重譯，則天竺、罽賓久與上國殊絕。[21]

陶氏是說，大禹治水活動未至西域，到了周成王時代，縱有南海一帶越裳族遣使來朝貢，西域如天竺、罽賓等，還是與周朝「殊絕」。這裡的「殊絕」，意指遠隔。

《魏書》的「殊絕」語料甚少，其「殊」字並無遠隔義，「絕」字則仍是意指遠隔。茲說明如下：

「殊」，作為副詞或形容詞，用來描述某一種狀態時，有極、特別、甚、非常等涵義。例如，（1）關於恩寵之禮遇：高允謂「（崔）浩世受殊遇，榮曜當時」。[22]王叡上疏：「受先帝非分之眷，叨陛下殊常之寵」。[23]崔昂說：「獻武（高歡）禮數既隆，備物殊等」。[24]（2）關於心靈動向：李孝伯出使劉宋，太武帝詔：「久絕南信，殊當憂悒」。[25]孝文帝「車駕達河梁，見咸陽王，謂曰：昨得汝主簿為南道主人，六軍豐贍，元弟之寄，殊副所望」。[26]孝文帝弟元勰向他辭拒新官職說：「臣受遇緣親，榮枯事等，以此獲賞，殊乖情願，乞追成旨，用息謗言」。[27]宣武帝詔夏侯道遷：「卿其善建殊效，稱朕意焉」。[28]（3）關於個人的觀念行為：宋弁「自許膏腴」，孝文帝乃對彭城王元勰說：「弁人身

---

[21] 蕭梁・陶弘景，〈難鎮軍沈約均聖論〉，收入清・嚴可均輯，《全上古三代秦漢三國六朝文》（北京市：中華書局，1999 年 6 月初版七刷，據清光緒刊本校訂影印），全梁文，卷 47，頁 3220 上。

[22] 《魏書》，卷 70，〈傅豎眼傳〉，頁 1071。

[23] 《魏書》，卷 93，〈恩倖傳・王叡〉，頁 1989。

[24] 《魏書》，卷 108-2，〈禮志二〉，頁 2772。

[25] 《魏書》，卷 70，〈李孝伯傳〉，頁 1169。

[26] 《魏書》，卷 69，〈裴仲規傳〉，頁 1533。

[27] 《魏書》，卷 21 上，〈彭城王元勰傳〉，頁 575。

[28] 《魏書》，卷 71，〈夏侯道遷傳〉，頁 1583。

良自不惡，乃復欲以門戶自矜，殊爲可怪」。[29]孝文帝時，宕昌王「朝于京師，殊無禮風」；[30]當孝文帝派張禮出使吐谷渾，對其王伏連籌說：「君與宕昌並爲魏藩，而比輒有興動，殊違臣節」。[31]（4）關於事物的狀態，公孫崇所造八音之器及五度五量，由劉芳及諸儒加以考辨，尺寸度數「悉與周禮不同……。聲則不協，以情增減，殊無準據」。[32]崔光受詔推禿鷹入宮之吉凶，引曹魏「不善」前例，謂須修德方可「消災集慶」，「準諸往義，信有殊矣」，[33]意指殊有可信，即強調非常或極爲可信。以上「殊」之涵義，相同於「殊絕」。如《漢書》載元帝寵張放，命「放爲侍中、中郎將，監平樂屯兵，置莫府，儀比將軍。與上臥起，寵愛殊絕，常從爲微行出遊，北至甘泉，南至長楊、五莋，鬥雞走馬長安中，積數年」。[34]「殊絕」意指非常、極。相對來說，成帝時，王尊治京兆，有三老上書言其績效說：「尊撥劇整亂，誅暴禁邪，皆前所稀有，名將所不及。雖拜爲真，未有殊絕襃賞加於尊身」。[35]其「殊絕」意謂特別或非常、極。

「絕」有爲斷絕不通之義。元乂「廢靈太后於宣光殿，宮門晝夜長閉，內外繼絕。騰自執管鑰，肅宗亦不得見，裁聽傳食而已」。[36]高肇伐蜀，以傅豎眼征虜將軍、持節，領步兵三萬先討北巴。蕭梁「聞大軍西伐，遣其寧州刺史任太洪從陰平偷路入益州北境，欲擾動氐蜀，以絕運路」。[37]

「絕」之斷絕不通義，可以引伸意指兩地相隔遙遠而難通，即隔絕。如邢巒說：「揚州、成都相去萬里，陸途既絕，唯資水路。蕭衍兄子淵藻，去年四月十三日發揚州，今歲四月四日至蜀。水軍西上，非周年不達，外無軍援，一可圖也」。[38]揚州與成都之間，原本相距遙遠萬里，從陸路根本是隔「絕」而無法相通的；唯有靠著水路通往，那也要費將近一年的時間。

---

[29] 《魏書》，卷63，〈宋弁傳〉，頁1416。

[30] 《魏書》，卷101，〈宕昌傳〉，頁2242。

[31] 《魏書》，卷101，〈吐谷渾傳〉，頁2235。

[32] 《魏書》，卷109，〈樂志〉，頁2832。

[33] 《魏書》，卷67，〈崔光〉，頁1497-1498。

[34] 《漢書》，卷59，〈張放傳〉，頁2654-2655。

[35] 《漢書》，卷76，〈王尊傳〉，頁3234-3235。

[36] 《魏書》，卷94，〈閹官傳·劉騰〉，頁2027-2028。

[37] 《魏書》，卷70，〈傅豎眼傳〉，頁1558。

[38] 《魏書》，卷65，〈邢巒傳〉，頁1438。

　　「絕」與「遠」可以連綴成複合詞「絕遠」，意指兩地相隔遙遠而難通，同樣是隔絕。如崔浩說：「蠕蠕恃其絕遠，謂國家力不能至，自寬來久，故夏則散眾放畜，秋肥乃聚，背寒向溫，南來寇抄」。[39]由此可見，「絕」與「絕遠」，都同指兩地相隔遙遠而難通。又如《漢書》載建昭三年，陳湯與甘延壽出西域「西域本屬匈奴，今郅支單于威名遠聞」，「郅支單于雖所在絕遠，蠻夷無金城強弩之守」，「守則不足自保」。[40]《三國志》〈吳志‧吳主傳〉載孫權黃龍二年，「遣將軍衛溫、諸葛直，將甲士萬海求夷州、亶州。亶州在海中，……有數萬家，其土人時民有至 會稽貨市。會稽東活縣人海行，亦有遭風流至亶州者。所在絕遠，卒不可至，但得夷州數千人還」。[41]《晉書》載西晉武帝太康十年（289），「是歲，東夷絕遠三十餘國、西南夷二十餘國來獻」。[42]

　　「絕遠」既可指兩國之間路途遙遠難通之隔絕，自當可指本國與西域之間路途遙遠難通之隔絕。《魏書》〈西域傳〉說：「世祖以西域漢世雖通，有求則卑辭而來，無欲則驕慢王命，此其（焉耆）自知絕遠，大兵不可至故也」。[43]這裡用「絕遠」來描述北魏與西域之遠隔難通，實承襲自前代史書。《漢書》〈西域傳〉載，漢武帝遣使者持千金及金馬，向大宛請購善馬，「宛王以漢絕遠，大兵不能至，愛其寶馬不肯與」。[44]至成帝時，「康居遣子侍漢，貢獻，然自以絕遠，獨驕嫚，不肯與諸國相望」；都護郭舜乃數度建議，若是進行征討，乃「空罷耗所過，送迎驕黠絕遠之國，非至計也」。[45]《後漢書》〈西域傳〉載東漢安帝延光二年（123），朝議西域經營與防範匈奴關係時，陳忠說：「議者但念西域絕遠，恤之煩費，不見先世苦心勤勞之意也」。[46]「絕」本有「遠」的涵義（見下文），「絕遠」以「絕」再連綴上「遠」，是在強化「遠」的語義，當可意指很遠或遙遠，以致隔絕。

---

[39] 《魏書》，卷 35，〈崔浩傳〉，頁 817。
[40] 《漢書》，卷 70，〈陳湯傳〉，頁 3010。
[41] 《三國志》，卷 47，〈吳志‧吳主傳〉，頁 1136。
[42] 《晉書》，卷 3，〈武帝紀〉，頁 80。
[43] 《魏書》，卷 102，〈西域傳〉，頁 2259。
[44] 《漢書》，卷 96 上，〈西域傳上〉，頁 3895。
[45] 《漢書》，卷 96 上，〈西域傳上〉，頁 3892。
[46] 《後漢書》，卷 88，〈西域傳〉，頁 2912。

第三節 「殊方」、「絕域」之路途遙遠的隔絕義

殊字所構成的複合語，有「殊方」，意指外國。《說文》的「殊」字之死、斷義，得引伸為「殊異」。[47]《說文》又謂「方，併船也」，段注謂其意指兩船合一，得引伸為「方向」。[48]若在地理上，以本國疆域範圍做為空間視野的立足點，所相對而言的「殊異」之「方向」，便是一直達到超出境外的邦國，殊方可泛指外國。僧肇〈般若無知論〉謂鳩摩羅什「齊將爰燭殊方而匿耀涼土者，所以道不虛應」；[49]注云：「殊方，謂他國」。[50]李伏請魏王曹丕受禪位表云：「今洪澤被四表，靈恩格天地，海內翕習，殊方歸服，兆應並集，以揚休命，始終允臧」。[51]曹魏高堂隆的奏書云：「使神人響應，殊方慕義」。[52]南朝玄暢謂訶梨跋摩「欲振名殊方」，「所以跨遊殊方」。[53]宋謝靈運讚慧遠「德合理妙，故殊方齊致」。[54]陳朝釋寶瓊被譽為「匪馳令譽，孰動殊方」。[55]

《魏書》中的「殊方」，亦指外國，如謂李沖「竭忠奉上，知無不盡，出入憂勤，形於顏色；雖舊臣戚輔，莫能逮之，無不服其明斷慎密而歸心焉。於是天下翕然，及殊方聽望，咸宗奇之」。[56]「天下」是指北魏境內，相對而言，「殊方」則指北魏境外邦國。高允謂太武帝以來，「宇內不定，誅赫連積世之僭，掃窮髮不羈之寇，南摧江楚，西盪涼域，殊方之外，慕義而至」。[57]「宇內」，是指道武帝統一華北；「殊方」，是指來朝貢的外國。所孝文帝延興四年六月詔書說：「今德被殊方，文軌將一，宥刑寬禁，不亦善乎？」[58]這也是泛

---

[47] 《說文解字注》，第四篇下，頁 161 下-162 上。

[48] 《說文解字注》，第八篇下，頁 404 上-下。

[49] 僧肇，《肇論》，〈般若無知論〉，大正藏第四十五冊，頁 153 上。

[50] 文才，《肇論新疏》，〈般若無知論〉，大正藏第四十五冊，頁 213 中。

[51] 《三國志》，卷 2，〈魏書·文帝紀〉裴注引《獻帝傳》，頁 62。

[52] 《三國志》，卷 25，〈魏書·高堂隆傳〉，頁 715。

[53] 玄暢，《訶梨跋摩傳序》，收入僧祐輯，《出三藏記集》，卷 11，大正藏第五十五冊，頁 79 上-中。

[54] 劉宋·謝靈運，《廬山慧遠法師誄》，收入道宣輯，《廣弘明集》，卷 23，〈僧行篇〉，大正藏第五十=二冊，頁 267 上。

[55] 釋道宣輯，《續高僧傳》，卷 7，〈釋寶瓊傳〉，大正藏第五十冊，頁 479 中。

[56] 《魏書》，卷 53，〈李沖傳〉，頁 1181。

[57] 《魏書》，卷 48，〈高允傳〉，頁 1081，1085。

[58] 《魏書》，卷 7 上，〈高祖紀〉，頁 140。

指外國。

殊方既指外國，當亦包含著西域。班固〈兩都賦‧西都〉描述上禁苑中有「大宛之馬，黃支之犀，條支之鳥，踰崑崙，越巨海，殊方異類，至于三萬里」。[59]《魏書》〈西域傳〉謂太武帝平焉耆後，西域路通，「獲其珍奇異玩，殊方譎詭不識之物，橐駝馬牛雜畜巨萬」。[60]

在《魏書》中，「殊方」的外國義，至少又有三個同義語：（1）「殊域」，如李騫〈釋情賦〉說：「內弼諧於本朝，外闢土於殊域」；[61]殊域是相對於本朝的外國。宣武帝永平元年，司馬悅守南方邊界，遭城民斬首，主書董紹亦被擒，與悅首送至梁朝。北魏朝廷詔曰：「司馬悅暴罹橫酷，身首異所，國戚舊勳，特可悼念。主書董紹，銜命公行，囚漂殊域，事可矜愍。尚書可量賊將齊苟兒等四人之中分遣二人，敕揚州爲移，以易悅首及紹，迎接還本，用慰亡存」；[62]殊域，殆指蕭梁外國無疑。北魏和平二年製作的〈黃金合盤銘文〉曰：「九州致貢，殊域來賓，乃作茲器，錯用具珍」；[63]殊域，係指來朝貢的外國。由此亦可見，以上之「殊」的涵義，即如前述爲殊字所引伸出的「殊異」，而「域」意指邦國（見下文「絕域」釋），故「殊域」是指與本國殊異之國，即泛指外國。（2）「遐域」、「殊荒」來表達，如北涼沮渠蒙遜以河西內附，太武地欲「精簡行人」，崔浩曰：「蒙遜稱蕃，款著河右。若俾遐域流通，殊荒畢至，宜令清德重臣奉詔褒慰，尚書李順即其人也」。[64]按「遐」義爲「遠」，[65]「域」同前述爲邦國，「遐域」是指遠國。「殊」如前義爲「殊異」；至於「荒」，是指五服中的荒服，五服是以王都爲中心往外→五百里甸服→再五百里侯服→再五百里綏服→再五百里要服→再五百里荒服；其中要服已屬邊疆民族區，荒服更是最

---

[59] 班固，〈兩都賦‧西都〉，收入蕭梁‧蕭統輯，唐‧李善等注，《增補六臣注文選》（台北縣：漢京文化公司，1983 年 9 月初版，據古迂書院刊本影印），卷 1，頁 25 下。

[60] 《魏書》，卷 102，〈西域傳〉，頁 2265-2266

[61] 《魏書》，卷 36，〈李騫傳〉，頁 837。

[62] 《魏書》，卷 37，〈司馬悅傳〉，頁 859。

[63] 《魏書》，卷 110，〈食貨志〉，頁 2851。

[64] 《魏書》，卷 36，〈李順傳〉，頁 830。

[65] 《新校正切宋本廣韻》，頁 137。

偏遠地區的外族邦國；[66]「殊荒」，是指殊異於本國之外族邦國。合起來說，「遐域」與「殊荒」，都泛指外國。行人是使者，所馳赴之地都爲外國，崔浩所說行人的條件，是普遍狀況下的條件，故所謂「遐域」、「殊荒」，當泛指外國，北涼只是其中之一，非專指北涼。

另有「絕域」，仍意指外國。《魏書》〈高陽王元雍傳〉，載元雍論官制事務說：

> 既其以能進之朝伍，或任官外戍，遠使絕域，催督逋懸，察檢州鎮，皆是散官，以充劇使。……又藩使之人，必抽朝彥。或歷嶮千餘，或履危萬里，登有死亡之憂，咸懷不返之戚，魂骨奉忠，以尸將命。[67]

上文所說「絕域」，是泛指外國。《說文》的「域」作「或」，涵義是「或，邦也」；段注：「邦者，國也」。[68]「絕」有二義：一是《說文》謂「絕，斷絲也」，段注：「斷之則爲二，是曰絕」；[69]意指兩個事物斷裂而不同，即相異。二是絕有遠義，東晉孫綽〈遊天台山賦〉云：「邈彼絕域」；李善注「邈，遠也；絕，遠也」。[70]由此「絕」之遠義以及「域」之國義，「絕域」亦可稱爲「絕國」，如《淮南子》〈脩務訓〉說「絕國殊俗」，高誘注：「絕，遠」。[71]綜合來看「絕域」，若據絕的相異義，是指與本國不同的異國；[72]若據絕的遠義，則指在地

---

[66] 顧頡剛，劉起釪，《尚書校釋譯論》，頁 815-821。

[67] 《魏書》，卷 21 上，〈高陽王元雍傳〉，頁 553-554。

[68] 《說文解字注》，第十二篇下，頁 631 上。

[69] 《說文解字注》，第十三篇上，頁 645 下。

[70] 孫綽，〈遊天台山賦〉，收入《增補六臣注文選》，卷 11，頁 208 上。

[71] 西漢・劉安等撰，日・耕齋宇注，《淮鴻烈解》（台北市：河洛出版社，1974 年 3 月台景印初版），卷 19，〈脩務訓〉，頁 3-4。其他例子有如：《漢書》，卷 6，〈武帝紀〉載漢武帝元封四年詔云：「其令州、郡察吏民有茂材異等，可爲將相及使絕國者」（頁 197）。桓寬撰，《鹽鐵論》，〈崇禮〉云：「今萬方絕國之君奉贊獻者，懷天子之盛德，而欲觀中國之禮儀」（頁 40）。西漢・陸賈撰，王利器校注，《新語校注》（北京市：中華書局，1997 年 10 月初版三刷，新校標點本），卷下，〈明誠〉云：聖人「同之以風雨之化，故絕國異俗，莫不知□□□，樂則歌，哀則哭，蓋聖人之教所齊一也」（頁 157）。梁朝江淹，〈別賦〉云：「黯然銷魂者，唯別而已矣！況秦、吳兮絕國，復燕、趙兮千里。……至如一赴絕國，詎相見期？」（清・許槤編，清・黎經誥注，《六朝文絜箋注》，台北市：世界書局，1964 年 2 月初版，據光緒刊本影印，卷 1，頁 11a，13a）。

[72] 西晉江統〈徙戎論〉云：「夫夷蠻戎狄，謂之四夷，九服之制，地在要荒。春秋之義，內諸

理上，以本國爲空間視野的立足點，所相對而言的遠方之國；[73]合而言之，是泛指外國。

「絕域」既泛言外國，亦可用來指稱西域，如西漢匡衡、石顯以爲北匈奴「郅支本亡逃失國，竊號絕域（康居），非真單于」。匡衡復奏陳湯征康居「不正身以先下，而盜所收康居財物，戒官屬曰絕域事不覆校」。[74]元康二年，烏孫求婚於漢朝，蕭望之建議說：「烏孫絕域，變故難保，不可許」。[75]上引元雍所論「遠使」、「劇使」、「藩使」，均泛指北魏出使外國之行人，路途可達萬里，故所言「絕域」，亦包括了西域。

第四節 「殊絕」意指文化差異之隔絕

「殊絕」還有個涵義是：文化差異，並由此表示隔絕。這個涵義，是〈釋老志〉以外，《魏書》中的另一個「殊絕」語料之語意。

孝文帝太和十四年（490）文明太后駕崩，孝文帝欲守三年之喪以盡孝道，引起群臣反對，君臣進行了辯論，其中李彪的辯論是：

> 祕書丞李彪對曰：「漢明德馬后，保養章帝，母子之道，無可間然。及后之崩，葬不淹旬，尋以從吉。然漢章不受譏於前代，明德不損名於往史。雖論功比德，事有殊絕，然母子之親，抑亦可擬。願陛下覽前世之成規，遵金冊之遺令，割哀從議，以親萬機。斯誠臣下至心，兆庶所願。」高祖曰：「既言事殊，固不宜仰匹至德，復稱孝章從吉，不受譏前代」。[76]

上引李彪對事件的辯論中，有關事件的同異，可分爲三個層次：相同、類同或

夏而外夷狄。以其言語不通，贄幣不同，法俗詭異，種類乖殊；或居絕域之外，山河之表，崎嶇川谷阻險之地，與中國壤斷土隔，不相侵涉，賦役不及，正朔不加」（《晉書》，卷56，〈江統傳〉，頁1529）。

[73] 西漢·李陵，〈答蘇武書〉云「昔先帝授陵步卒五千，出征絕域，五將失道，陵獨遇戰」；李周翰注云：「絕域，遠國也」。見《增補六臣注文選》，卷11，頁758上。

[74] 《漢書》，卷70，〈陳湯傳〉，頁3020。

[75] 《漢書》，卷96下，〈西域傳下〉，頁3905。

[76] 《魏書》，卷108-3，〈禮志三〉，頁2782。

相似、不同。「殊絕」是屬於不同層次。茲分別說明如下：

一、相同的層次，是指歷史佳評。李彪說「然漢章不受譏於前代，明德不損名於往史」，係指范曄史論稱讚章帝「奉承明德太后，盡心孝道」。[77]並謂「漢世皇后無謚」，「明帝始建光烈（陰后之謚號）之稱，其後並以德配，至於賢愚優劣，混同一貫，故馬、竇俱稱德」，[78]是譏諷竇太后無子，殘害貴人而佔其所生撫養，臨朝聽政而外戚亂政，如此之「劣」卻謚「章德」，[79]卻與馬太后之「優」而謚「明德」，同俱有「德」。據此，李彪之意是說，孝文帝不守三年之喪，他與文明太后，仍馬太后與章帝，不會因缺了三年之喪，而影響了歷史佳評。

二、類同的層次，是李彪所說的「母子之親，抑亦可擬」。東漢章帝劉炟（在位 75-87），於光武帝中元二（57）年明帝劉莊（在位 57-75）與賈貴人於所生，當時馬后亦為貴人，是賈氏姨表妹，沒有生子，明帝命她撫養；至永平三年（60）立為皇后，章帝即位時尊為皇太后。[80]至於賈貴人，一直未受任何尊寵，只曾獲物質賞賜。[81]章帝建初四年（79）六月間太后去世，七月間葬於顯節陵，[82]無所謂行三年喪，故於十一月就下詔大臣及諸儒，召開史上著名的「會白虎觀，講五經同異」[83]。至於孝文帝，於獻文帝皇興元年八月出生，[84]生母是李夫人，於皇興三年去世，[85]就交由馮太后「躬親撫養」長大。她是文成帝的皇后，文成帝與李貴人生了獻文帝，及其即位，尊馮后為皇太后，故馮太后是孝文帝的祖母。《魏書》卻又說「迄太后崩，高祖不知所生」，[86]後世史家遂疑，孝文帝是文明太后守寡後的私生子；[87]不過，李彪所說「母子之親，抑

77　《後漢書》，卷3，〈孝章帝紀〉「論曰」，頁159。

78　《後漢書》，卷10下，〈皇后紀〉「論曰」，頁

79　《後漢書》，卷10上，〈章德竇皇后紀〉，頁415-417。

80　《後漢書》，卷10上，〈明德馬皇后紀〉，頁409-410。

81　《後漢書》，卷10上，〈明德馬皇后紀〉附賈貴人傳，頁414。

82　《後漢書》，卷10上，〈明德馬皇后紀〉，頁414。

83　《後漢書》，卷3，〈孝章帝紀〉，頁137-138。

84　《魏書》，卷7上，〈高祖紀〉，頁135。

85　《魏書》，卷13，〈思皇后李氏傳〉，頁331。

86　《魏書》，卷6，〈顯祖紀〉，頁125；卷13，〈文明皇后馮氏傳〉，頁328，330。

87　呂思勉，《魏晉南北朝史》，上冊，頁508-510。

亦可擬」，明顯是指祖母育孫的關係，「抑亦可擬」於章帝與馬后的姨母養甥的「母子之親」；意指這兩件事，只是類同，而非完全相同。

　　三、完全不同的層次：與東漢明德太后比較，馮太后有與之完全不同者，有兩個層面：（1）臨朝執政者，唯是馮太后，從承明元年（476）五月起，至太和十四年（490）九月去世爲止，是她的臨朝執政期間。[88]其間固有不少良政改革，[89]卻亦有諸多流弊。一是完全漠視孝文帝的君權。[90]二是扶植外戚馮家，[91]甚至爲了馮家的長期利益，要廢孝文帝的帝位。[92]三是任人方面，有任意於陞遷與賞賜，開啓臣下甘心以受辱來邀寵獲利之風氣，以及因猜忌而大肆濫行屠殺。[93]因此，《魏書》〈天象志〉多運用天象變異，批判她的行爲屬於無德，指她「竊」權位，[94]給北魏帶來了災害，[95]以致多次天象譴責她的不德行爲。[96]最嚴重的批判，是在承明元年（476）五月她開始臨朝之際，指責她殺

---

[88] 《魏書》，卷 7 上，〈高祖紀〉，頁 142；卷 7 下，〈高祖紀〉，頁 166。

[89] 鄭欽仁等著，《魏晉南北朝史》，頁 316-327。

[90] 史稱「自太后臨朝專政，高祖雅性孝謹，不欲參決，事無鉅細，一稟於太后」，「多有不關高祖者」（《魏書》，卷 13，〈文明皇后馮氏傳〉，頁 329）。

[91] 《魏書》，卷 83 上，〈外戚傳上‧馮熙〉，頁 1818-1823。

[92] 「文明太后以帝聰聖，後或不利於馮氏，將謀廢帝」，召來咸陽王禧，打算立他爲皇帝；經孝文帝「於寒月，單衣閉室，絕食三朝」，以示忠誠，以及元丕、穆泰、李沖等重臣進諫，才告終止。見：《魏書》，卷 7 下，〈高祖紀〉，頁 186。

[93] 史載「歲中而至王公」，「數年便爲宰輔」，「密加錫賚，不可勝數」；其次，「左右纖介之忿，動加捶楚，多至百餘，少亦數十。然性不宿憾，尋亦待之如初，或因此更加富貴。是以人人懷於利慾，至死而不思退」；再者，蓋「自以過失，懼人議己，小有疑忌，便見誅戮」，造成「猜嫌覆滅者十餘家，死者數百人，率多枉濫，天下冤之」。見：《魏書》，卷 13，〈文明皇后馮氏傳〉，頁 329-330。

[94] 延興元年（471）十二月，鎮星犯井星，謂「天下之平也，而女君以干之，是爲后竊刑柄」。見：《魏書》，卷 105-3，〈天象志〉，頁 2412。

[95] 太和十二年（488）內，月四次入氐星，辰星入氐星，火星兩次犯氐星，占曰「大旱歲荒，人且相食，國易政，君失宮，遠期五年」。結果是「氐，又女君之府也」，應驗於太和十二至十七年（488-493）連續「旱饑」、「大饉」、「太后崩」、「連歲災雨」、「誅死相踵」。《魏書》，卷 105-3，〈天象志〉，頁 2418。

[96] 例如，延興三年八月，月犯太微，謂「群陰不制之象也，是時馮太后宣淫於朝，暱近小人而附益之，所費以巨萬億計，天子徒屍位而已」。延興四年二月，月犯軒轅又犯歲星，謂「始由后妃之府而干少陽之君，示人主以戒敬之備也」。太和三年至六年太白犯心大星六次，謂「是時，馮太后將危少主者數矣，帝春秋方富，而承事孝敬，動無違禮，故竟得無咎」。太和六年十月熒惑犯太白，謂「文明太后雖獨厚幸臣，而公卿坐受榮賜者費亦巨億，蓋近乎素餐焉」。見：《魏書》，卷 105-3，〈天象志〉，頁 2412-2417。

害了獻文帝，譏諷孝文帝卻昧於《春秋》大義，不報父仇，反而在生盡孝且死後欲守三年之喪，對不起帝室祖宗；尤其謫咎馮太后臨朝稱制，是後來靈太后臨朝亂政的淵源，實肇啓了北魏滅亡的禍源。[97]（2）在道德方面。馬氏自立爲皇后，「既正位宮闈，愈自謙肅」，率身節儉，「常衣大練，裙不加緣」，「袍衣疎麤」，「六宮莫不歎息」。不好遊樂，有次明帝遊北宮濯龍園，侍臣欲請呼皇后，帝笑曰：「是家志不好樂，雖來無歡！」是以「游娛之事，希（稀）嘗從焉」。及爲皇太后寡居，生活更趨嚴謹，自撰《顯宗起居注》，還設置織室以及養蠶，「數往觀視，以爲娛樂」。又因能誦《易》，好讀《春秋》、《楚辭》，尤擅長《周官》及董仲舒的著作，乃「教授諸小王，論議經書，述敘平生，雍和終日」。如此簡易生活，一直維持至逝世，適得諡號「明德」。[98]馮太后守寡後，即「行不正」，以致醜聞曝史，最初有「內寵李奕」，因犯法爲獻文帝所誅，「太后不得意，顯祖（獻文帝）暴崩，時言太后爲之也」。後來更有「王叡出入臥內，數年便爲宰輔，賞賚財帛以千萬億計，金書鐵券，許以不死之詔」。[99]此外，《魏書》所載孝文帝生母李夫人之死，可能是她所殺；至於李夫人的家人，馮太后不僅予以誅殺，還沒收其家產。[100]

　　上述顯示，李彪所說「論功比德，事有殊絕」的「絕殊」，是含蓄的比較了漢章帝與馬太后，以及孝文帝與馮太后，固有類同的撫育處境和歷程，卻各處於不同時代，以致各有不同的家族、政治、道德等層面的文化。由此顯示，「殊絕」是用來指稱文化的不同、差異。

　　上述「殊絕」既指文化差異，則單以「殊」字，亦得爲「殊絕」之同義語，同指文化差異。這顯示在孝文帝與李彪的討論中，孝文帝對於李彪所說的文化「殊絕」狀況，在遣詞之際，並未同用殊絕二字，單以「殊」字來表達。對於

---

[97] 以金星、火星皆入軒轅星，說獻文帝「暴崩，實有酖毒之禍焉」，她的陰謀「皇天有以睹履霜之萌，而爲之成象久矣」。由此譴責孝文帝「人君忘祖考之業，慕匹夫孝，其如宗祀何」；「文明皇太后崩，孝文皇帝方修諒陰之儀，篤孺子之慕，竟未能述宣《春秋》之義，而懲供人之黨，是以胡氏（靈太后）循之，卒傾魏室，豈不哀哉」。見：《魏書》，卷105-3，〈天象志〉，頁2413。

[98] 《後漢書》，卷10上，〈明德馬皇后紀〉，頁409，

[99] 《魏書》，卷13，〈文明皇后馮氏傳〉，頁328-329。

[100] 呂思勉，《兩晉南北朝史》，上冊，頁509-510。

李彪的意見，孝文帝不表同意，理由是「既言事殊」，也就是抓住前文所說的「殊絕」的不同層次，意指他和馮太后的情況既然不同於章帝和馬后，就無須以之爲「至德」典範，也不必因章帝一過喪禮即刻除凶從吉，沒受到歷史批判，而學他不必守三年之孝。

第五節 「殊」亦指文化差異之隔絕

前節所述亦顯示，「殊」，是「殊絕」的同義語，原因是「凡言殊異、殊絕，皆引伸之義」，[101]從而「殊」、「殊絕」、「殊異」，得爲同義語，都意指事物之間的不同。據《魏書》語料，有如王椿上疏說：「時有風雹之變，詔書廣訪讜言，椿乃上疏曰：……竊惟風爲號令，皇天所以示威；雹者氣激，陰陽有所交諍。殆行令殊節，舒急臉中之所致也」。[102]夏侯夬說：「人生局促，何殊朝露」。[103]袁翻〈思歸賦〉云：「形既同於魍魎，心匪殊於蚩賊」。[104]元澄說：「土貨既殊，貿鬻亦異」。[105]以上「殊」義，即同於他書語料之「殊絕」義。《漢書》說：「至於冬夏，日夜相反，寒暑殊絕，水火之氣不得相併」。[106]諸葛亮〈後出師表〉說「曹操智計，殊絕於人，其用兵也，髣髴孫吳」；與楊德祖書 曹植「聖賢卓犖，固所以殊絕凡庸也」。

「殊」既意指事物之間的不同，便又用來指稱文化上的差異狀況。從《魏書》語料來看，用於指稱文化不同的「殊」，是頗有其例的。茲舉例如下：

歷史文化演變的不同：靈太后詔書說官制陞遷制度：「三皇異軌，五代殊風，一時之制，何必詮改」。[107]衛操〈桓，穆二帝碑〉「桓帝經濟，存亡繼絕。荒服是賴，祚存不輟。金龜簫鼓，輻蓋殊制」。[108]刁雍上表：「臣聞樂由禮，所以象德；禮由樂，所以防淫。五帝殊時不相沿，三王異世不相襲。事與時並，

101 《說文解字注》，第四篇下，頁161下-162上。

102 《魏書》，卷93，〈恩倖傳·王椿〉，頁1992。

103 《魏書》，卷71，〈夏侯夬傳〉，頁1584。

104 《魏書》，卷69，〈袁翻傳〉，頁1541。

105 《魏書》，卷110，〈食貨志〉，頁2864。

106 《漢書》，卷27中之上，〈五行志中之上〉，頁1354。

107 《魏書》，卷19中，〈任城王元澄傳〉，頁475。

108 《魏書》，卷22，〈衛操傳〉，頁601。

名與功偕故也」。[109]游明根等說禘禮制度,謂有圓丘與宗廟之禘,「二禮異,故名殊」。[110]高閭論正統德運,以爲「堯舜禪揖,一身異尙;魏晉相代,少紀運殊」;主張魏爲土德,晉爲金德。[111]孝文帝詔:「昔軒皇誕御,垂棟宇之構;爰歷三代,興宮觀之式。然茅茨土階,昭德於上代;層台廣廈,崇威於中業。良由文質異宜,華樸殊禮故也」。[112]高閭〈至德頌〉「五帝異規而化興,三王殊禮而致治,用能憲章萬祀,垂範百王,歷葉所以挹其遺風,後君所以酌其軌度」。[113]長孫稚與祖瑩論樂演變:「沿革異時,晦明殊位,周因殷禮,百世可知也」,論樂名稱「大夏、大濩禹湯之殊稱」。[114] 宗欽〈東宮侍臣箴〉云:「茫茫禹跡,畫爲九區。昆蟲鳥獸,各有巢居。雲歌唐後,垂橫美虞。疏網改祝,殷道攸敷。龍盤應德,隋蛇銜珠。勿謂無心,識命不殊。勿謂理絕,千載同符」。[115]有關堯、順、禹、湯的政化及瑞象等現象,各有不同,宗氏爲了表達其間的異中有同,一面把指稱相異的「殊絕」分開始用,一面加又分別加上否定詞,合起來把涵義轉變爲相同義:「勿」說諸帝王一致的天下大治都是不經「心」的,其實是由於所認知的天命「不」「殊」而同一;「勿」說其治天下的原理有「絕」異,究實是千年相契而同一。可見宗氏深知,在兩種或多元文化上,「殊絕」本用來指稱其不同,若要指稱其相同時,必須加上否定義。高允〈贈宗欽詩〉云:「我皇龍興,重離疊映。剛德外彰,柔明內鏡。乾象奄氣,坤厚山競。風無殊音,俗無異徑」。[116]裴伯茂說:「太和中遷社宮,高祖用牲不用幣,遂以奏聞。于時議者或引大戴禮,遷廟用幣,今遷社宜不殊」。[117]太師馮熙死去,有數子尙年幼,孫惠蔚論其喪服謂:「是許其有裳,但不殊上下」。[118]他們都把具有不同之原義的「殊」,用疑問之「何」,以及否定詞「不」等,以轉變成相同

---

[109] 《魏書》,卷38,〈刁雍傳〉,頁870。

[110] 《魏書》,卷108-1,〈禮志一〉,頁2741。

[111] 《魏書》,卷108-1,〈禮志一〉,頁2744-2745。

[112] 《魏書》,卷53,〈李沖傳〉,頁1181。

[113] 《魏書》,卷54,〈高閭傳〉,頁1196。

[114] 《魏書》,卷109,〈樂志〉,頁2837,2839。

[115] 《魏書》,卷52,〈宗欽傳〉,頁1155。

[116] 《魏書》,卷52,〈宗欽傳〉,頁1155。

[117] 《魏書》,卷108-2,〈禮志二〉,頁2771。

[118] 《魏書》,卷108-3,〈禮志三〉,頁2790。

義，惟亦不遮「殊」用於表示文化差異之語意。

　　個人文化行為及觀點不同：孝文帝說，「一人之身，忿不累德，形乖性別，忠逆固殊」。[119]《魏書》〈逸士傳序〉謂，「蓋兼濟獨善，顯晦之殊，其事不同，由來久矣」。[120]李彪等說：「蓋自周之滅及漢正號，幾六十年，著符尚赤。後雖張（張蒼主水德）、賈（賈誼、公孫臣主土德）殊議，暫疑，而卒從火德（劉向主火德），以繼周氏」。[121]孫惠蔚「大禮久廢，群議或殊」。[122]劉芳與孫惠蔚所造尺，「長短相傾，稽考兩律，所容殊異」。[123]

　　「殊」既可意指文化差異，乃亦指外邦文化之差異。王叡上疏說：「又八表既廣，遠近事殊，撫荒裔宜待之以寬信，綏華甸宜惠之以明簡」。[124]王叡上疏：「又八表既廣，遠近事殊，撫荒裔宜待之以寬信，綏華甸宜惠之以明簡」。[125]張袞上疏說：「今中夏雖平，九域未一，西有不賓之羌，南有逆命之虜，岷蜀殊風，遼海異教」。[126]宗欽與高允書曰：「昔皇綱未振，華裔殊風，九服分隔，金蘭莫逐，希懷寄契，延想積久。天遂其願，爰邁京師」。[127]北魏高允答北涼國河西人宗欽書「靈運未通，風馬殊隔，區域異封。有懷西望，路險莫從。王澤遠灑，九服來同」。[128]楊椿以為遷徙柔然人無益，上書說：「裔不謀夏，夷不亂華。荒忽之人，羈縻而已。是以先朝居之於荒服之間者，正以悅近來遠，招附殊俗，亦以別華戎、異內外也」。[129]

[119] 《魏書》，卷 21 上，〈北海王元詳傳〉，頁 560。
[120] 《魏書》，卷 90，〈逸士傳序〉，頁 1929。
[121] 《魏書》，卷 108-1，〈禮志一〉，頁 2746。。
[122] 《魏書》，卷 108-2，〈禮志二〉，頁 2781。
[123] 《魏書》，卷 19 上，〈廣平王元匡傳〉，頁 454。
[124] 《魏書》，卷 93，〈恩倖傳・王叡〉，頁 1989。
[125] 《魏書》，卷 93，〈恩倖傳・王叡〉，頁 1989。
[126] 《魏書》，卷 24，〈張袞傳〉，頁 614。
[127] 《魏書》，卷 52，〈宗欽傳〉，頁 1155。
[128] 《魏書》，卷 52，〈宗欽傳〉，頁 1157。
[129] 《魏書》，卷 58，〈楊椿傳〉，頁 1286。

第八章　釋「往來」及「未之得聞」義

～「莫能往來。故浮圖之教，未之得聞」

〈釋老志〉所說：「魏先建國於玄朔，風俗淳一，無爲以自守，與西域殊絕，莫能往來。故浮圖之教，未之得聞，或聞而未信也」。關於後面五句，塚本善隆先生的漢文標點作：「與西域殊絕、莫能往來。故浮圖之教、未之得聞」；則前面兩句是連讀，和譯爲「因與西域之間隔絕以致不能往來」；後面兩句亦連讀，和譯爲「佛陀之教因而未能聽聞」。[1] 這個和譯，忽略了淺白漢字內部所隱藏的問題，本章將釋其語意，以解其問題：

一、拓跋氏與西域「莫能往來」句，表面看來，似文字淺白易懂，即說從「魏先」至神元帝三十九年階段，拓跋氏與西域沒能夠往來。然而，其中卻隱藏一個問題，即所謂「往來」，是指何種往來方式呢？依據文獻，與西域之往來的方式有兩種：（1）是據《魏書》〈序紀〉、〈西域傳〉，拓跋氏、北魏、更古代之中原，與西域往來，都屬於官方關係（以征服、朝貢爲判準）往來；（2）是據《魏書》〈官氏志〉所載拓跋氏部落聯盟史料，至神元帝爲止，拓跋氏之與西域往來，屬於非官方關係往來。由此，「莫能」所否定者是何種往來呢？應屬否定官方之往來，沒有否定非官方之往來。故「莫能往來」意指：拓跋氏與西域未能有官方往來（不包括非官方往來）。

二、拓跋氏既與西域於官方關係「莫能往來」，對拓跋氏的佛教接觸，便造成了第一個結果：「故浮圖之教、未之得聞」。前句意指佛陀的教法。後句的「之」爲語助詞，無意義，故意爲「未得聞」。又「聞」字的語意，兼有聽覺、視覺之感官的認知，乃泛指對一切事物的認知。因此，這兩句是意謂：所以對佛陀的教法，不能獲得認知。以上將說明於下文各節。

第一節　《魏書》〈序紀〉的官方「往來」

〈釋老志〉說在「魏先」至神元帝三十九年（258）階段，拓跋氏與西域

---

[1] 塚本善隆，《魏書釋老志の研究》，頁147-148。

「莫能往來」，所謂「莫能」所否定的「往來」，是指官方往來，理由是：依照第三章釋「魏先建國於玄朔」，知其建國純屬拓跋氏政治；依照第六章釋「無爲以自守」，知其係指拓跋氏建國原則，在此脈絡下，「莫能」應屬否定官方之往來。

上面的理由，可以再加以印證於本節所述，即《魏書》〈序紀〉載平文、昭成二帝與西域有往來，其與西域往來，是屬官方之方式。此種事情，不曾發生於「魏先」至神元帝三十九年（258）階段內，是出現在此階段之後，故〈釋老志〉是以官方往來角度出發，說「魏先」階段之拓跋氏與西域之間，是「莫能往來」。

拓跋氏時代，與西域有所往來，而且是有朝貢的官方關係。《魏書》〈序紀〉載云：

> （平文帝鬱律）二年（318），……西兼烏孫故地，東吞勿吉以西。[2]

> （昭成帝什翼犍建國）二年（339）春，…… 東自濊貊，西及破洛那，莫不款附。[3]

照上文所說，鬱律時「西兼烏孫故地」，是爲武力討伐，爲征服的官方關係之往來，是否建立朝貢的官方往來，並無記載可考。什翼犍時，「西及破洛那」，都來「款附」，是否透過武力征討以使之款附，是屬無可考，惟知款附是一種朝貢的官方往來。

以上事件之文獻記載，只如上引文之簡略，沒有更進一步的史料，以致遭到學者懷疑其非歷史事實。此即松田壽男先生之批判：「我并不認爲《魏書》〈序紀〉中所說的鬱律和什翼犍的勢力範圍是事實」。其理由是：（1）「《魏書》〈序紀〉所載鬱律西兼烏孫故地、什翼犍時破洛那款附是同一事。此因〈序紀〉「大概是借用了過去鮮卑族（按係指鮮卑檀石槐聯盟）向東西方擴展的範圍，而把它算做了拓跋氏祖先的偉大功績」。即把檀石槐「分其地爲三部，從右北平以東至遼東，接夫餘、濊貊二十餘邑爲東部，從右北平以西至上谷十餘邑爲

---

[2] 《魏書》，卷1，〈序紀〉，頁9。
[3] 《魏書》，卷1，〈序紀〉，頁12。

中部，從上谷以西至敦煌、烏孫二十餘邑爲西部，各置大人主領之，皆屬檀石槐」的疆域形勢，加以比擬成爲平文、昭成二帝之疆域形勢：「濊貊的西鄰是勿吉（靺鞨），那麼，破洛那即費爾干納盆地的東鄰，是否即《漢書》中所說的烏孫國呢」。[4]相對來說，也有學者認爲，上引〈序紀〉所載爲史實，烏孫之漸次西徙蔥嶺，與平文帝的征伐烏孫，具有密切關係。[5]

前引《魏書》〈序紀〉平文、昭成二帝與西域之關係，在客觀歷史事實上，無論是否屬實；在主觀認定上，《魏書》作者總是把它當「史實」來記載，而成爲拓跋氏早期與西域之關係紀錄，以顯示出其與西域進行過官方的往來。同時，這種情形，在「魏先」至神元帝三十九年（258）階段，是被《魏書》作者認爲不曾發生過，未作任何記載，故於〈釋老志〉說，此階段之拓跋氏，在官方關係上，與西域「莫能往來」。

第二節　《魏書》〈西域傳〉的官方「往來」義

〈釋老志〉說在「魏先」至神元帝三十九年（258）階段，拓跋氏與西域「莫能往來」，其「莫能」所否定的「往來」，是指官方往來。此義，又可再度印證於《魏書》〈西域傳〉，因本傳所述漢地與西域之往來，皆屬官方之方式，其事亦全不見於「魏先」至神元帝三十九年（258）階段。因此，〈釋老志〉是依據官方往來角度，判斷「魏先」階段之拓跋氏與西域之間是「莫能往來」。

《魏書》〈西域傳〉所提到中原與西域往來的方式之一，是以德治爲基礎，讓西域主動歸服，願意納入中原王朝的朝貢制度，此即大禹的「西戎即序」。其云：

> 夏書稱「西戎即序」，班固云：就而序之，非盛威武，致其貢物也。[6]

「西戎即序」，出自《尚書》〈禹貢〉：「織皮，崑崙、析支、渠搜，西戎即敘」。

---

4 松田壽男著，陳俊謀譯，《古代天山歷史地理研究》（北京市：中央民族學院出版社，1987年），頁229-234；關於檀石槐之疆域文，引自《後漢書》，卷90，〈鮮卑傳〉，頁2989-2990。
5 楊建新、馬曼麗，《西北民族關係史》（北京市：民族出版社，1990年9月初版一刷），頁160及注3。
6 《魏書》，卷102，〈西域傳〉，頁2259。

[7]《史記》〈夏本紀〉引用「織皮昆侖、析支、渠搜，西戎即序」。[8]《漢書》〈地理志上〉亦引「織皮昆崙、析支、渠叟，西戎即敘」；[9]而上引文所謂「班固云」，是《漢書》〈西域傳〉末班固的評論：「書曰『西戎即序』，禹既就而序之，非上威服致其貢物也」。[10]然則，「西戎即序」其義如何呢？茲述如下：

壹、「西戎」係指西域

西戎即「崑崙、析支、渠搜」，三者或有釋爲「三山」的，[11]，而大多傾向釋作「三國」。[12]無論「山」或「國」，究實都是指西戎民族的住地，有關其地望，古來說法不一，大抵亦同指西域，茲舉例以明概況：

一、漢代孔安國：三者「在荒服之外，流沙之內」；[13]依照〈禹貢〉五服制度，荒服距禹都二千五百里，三國在此以外。

二、三國曹魏王肅：「昆侖在臨羌西，析支在河關西」，而不言渠搜。[14]

三、唐代司馬貞《史記索隱》：「地理志金城臨羌縣有昆侖祠，敦煌廣至縣有昆侖障，朔方有渠搜縣」。[15]

四、宋代蔡沈：崑崙「即河源所出，在臨羌」；析支「在河關西千餘里（金城之西，西南羌地）」；渠搜是「近朔方之地」。[16]

五、民國曾運乾：崑崙爲黃河初源「即今新疆西部」；析支在「河關之西

---

[7] 屈萬里，《尚書集釋》（台北市：聯經出版事業公司，1983 年 2 月初版），〈禹貢〉，頁 63。

[8] 《史記》，卷 2，〈夏本紀〉，頁 65。

[9] 《漢書》，卷 28 上，〈地理志上〉，頁 1532。

[10] 《漢書》，卷 96 下，〈西域傳下〉，頁 3928-3929。

[11] 鄭玄說「昆侖、析支、渠搜，三山」（見《史記》卷 2〈夏本紀〉索隱引注，頁 67）。

[12] 漢代孔安國謂「此四（三）國」（見《史記》卷 2〈夏本紀〉集解引注，頁 67）。唐代顏師古云：「昆崙、析支、渠叟，三國名也」（見《漢書》卷 28 上〈西域傳下〉注，頁 1533）。宋代蔡沈謂三者爲「三國」，「皆西方戎落」（氏著，《書經集傳》，台中市：中新書局，1976 年 11 月再版，五經讀本，〈禹貢〉，頁 32）。屈萬里說「三者皆西戎之國」（氏著，《尚書集釋》，〈禹貢〉，頁 65）。

[13] 《史記》，卷 2，〈夏本紀〉集解引孔安國注，頁 67。

[14] 《史記》，卷 2，〈夏本紀〉索隱引王肅注，頁 67。

[15] 《史記》，卷 2，〈夏本紀〉，頁 67。

[16] 北宋・蔡沈撰，《書經集傳》（台中市：中新書局，1976 年 11 月再版，五經讀本），〈禹貢〉，頁 32。

南羌地」，即「當今青海地」；渠搜是漢代的「車師」，今新疆吐魯蕃。[17]

六、民國屈萬里：進貢此物有三國（或三山）：崑崙，在今青海西寧市附近；析支，即《後漢書》〈西羌傳〉之「賜支」，在今青海貴德縣。渠搜，即即《漢書》〈地理志〉之「渠搜縣」，在今陝西懷遠縣北，蒙古額爾多斯右翼後旗之間。「三者皆西戎之國，此言三國貢織皮」。[18]

綜合來說，是如王肅所說，「西戎在西域」。[19]

貳、「即敘」是指納入朝貢制度

織皮係「皮衣」。[20]織皮，織皮是毛織之粗布及氈類，[21]是「衣皮之民」。[22]依照禹貢陳述的先後次序，西戎三國是在雍州之後，「三國皆貢皮衣，故以織皮冠之，皆西方戎落，故以西戎總之。即，就也；雍州水土既平，而餘功及於西戎，故附於末」。[23]「此言三國貢織皮」。[24]故顏師古曰：「言此諸國皆織皮毛，各得其業。而西方遠戎，並就次敘也。叟讀曰搜　」。[25]

這些貢物活動即表示，三國都納入了大禹的朝貢制度：五百里甸服，百里賦納總，二百里納銍，三百里納秸服，四百里粟，五百里米，五百里侯服，百里采，二　百里男邦，三百里諸侯。五百里綏服，三百里揆文教，二百里奮武衛。五百里要服：三百里夷，二百里蔡。五百里荒服：三百里蠻，二百里流。東漸于海，西被于流沙，朔南暨聲教，訖于四海，禹錫玄圭，告厥成功。

參、漢至北魏的官方往來

在「西戎即敘」後，《魏書》〈西域傳〉所說漢地與西域之往來，依然是官方關係。其云：

---

17 曾運乾，《尚書正讀》（台北市：宏業書局，1973年1月初版），卷2，〈禹貢〉，頁71。
18 屈萬里，《尚書集釋》，〈禹貢〉，頁63-65。
19 《史記》，卷2，〈夏本紀〉索隱引王肅注，頁67。
20 《書經集傳》，〈禹貢〉，頁32。
21 屈萬里，《尚書集釋》，〈禹貢〉，頁63。
22 曾運乾，《尚書正讀》，卷2，〈禹貢〉，頁72。
23 《書經集傳》，〈禹貢〉，頁32。
24 屈萬里，《尚書集釋》，〈禹貢〉，頁65。
25 《漢書》，卷28上，〈西域傳下〉，頁1533。

漢氏初開西域，有三十六國。其後分立五十五王，置校尉、都護以撫納
之。王莽篡位，西域遂絕。至於後漢，班超所通者五十餘國，西至西海，
東西萬里，皆來朝貢，復置都護、校尉以相統攝。其後或絕或通，漢朝
以為勞弊中國，其官時置時廢。暨魏晉之後，互相吞滅，不可復詳記焉。
[26]

西漢之通西域，正如《漢書》所說：「西域以孝武時始通，本三十六國，其後
稍分至五十餘」。[27]兩造之間的往來關係，在兩漢期間，漢廷都置校尉、都護
「以撫納之」，而西域「東西萬里，皆來朝貢」。這種關係，有著「或絕或通」
狀況，這可分兩個層面來看：

首先，即所謂的三絕三通：一絕：西元八年，王莽篡位，貶西域諸王爲侯，
諸王怨叛。一通：東漢明帝永平十六年（73）派竇固、耿忠、耿秉等北擊匈奴，
入伊吾盧（今新疆哈密、巴里坤一帶），置宜禾都尉屯田。二絕：永平十八年
（75），明帝崩，北匈奴重入西域，殺害都尉。二通：和帝永元元年（89），復
征北匈奴，至永元六年班超平定西域。三絕：安帝永初元年（107），匈奴頻攻，
遂罷都尉。三通：安帝延光二年（123），派班勇經略西域，順帝永建二年（127）
平定西域。

其次，是漢與匈奴的西域爭奪戰。公元前 177 或 176 年，匈奴冒頓單于將
大月氏逐出河西，勢力進入西域。至漢武帝元狩三年（前 120），霍去病攻擊
匈奴，達到天山東端，漢軍首次進入西域。元狩四年（前 119），漢軍復逐匈
奴於漠北，終使匈奴撤離金城、河西、南山（今祁連山）至鹽澤（今羅布泊）
一帶，西漢開始與匈奴展開了長期的西域霸權之爭奪；到了漢宣帝神爵二年（前
60），車師歸附漢朝，匈奴勢力暫時完全退出西域，西漢取得了勝利。迨至漢
平帝二年（2），西漢對西域的統治逐漸敗壞，車師後國王姑居投奔匈奴，不久
去胡來王亦入匈奴，王莽將兩人斬首，加深西域諸國對西漢的不滿。王莽即位
（9）後，西域諸王改稱爲侯，各國更爲不服，車師後國王室復奔匈奴，焉耆

---

26 《魏書》，卷 102，〈西域傳〉，頁 2259。
27 《漢書》，卷 96 上，〈西域傳上〉，頁 3871。

174

叛變，王莽死後，漢地動亂，西域遂與中原斷絕往來，一直到東漢明帝永平十六年至章帝章和元年（73-87）班超經營西域成功為止。在此段期間內，匈奴勢力再度伸入西域，縱至公元 48 年匈奴分裂成南北兩部而南匈奴降漢，北匈奴仍繼續用力於西域，惟力量較弱，難以強有力的控制，要到東漢桓帝元嘉元年（151）的伊吾之役，始為見諸記載的東漢與北匈奴在西域的最後一次戰爭。[28]依照前述，匈奴與西域之關係，歷時從公元前 177 或 176 年到公元 151 年，總計有年。其間中斷之時間，為公元前 60 年至公元 2 年，總計 62 年。

兩漢的西域經營，實為曹魏、西晉所繼承。如漢設有四個都尉：中部、玉門、陽關、宜禾都尉。其中宜禾都尉府在敦煌郡昆侖障，即今甘肅省安西縣小宛破城。到了曹魏，沿承設立宜禾都尉，在敦煌郡增設宜禾縣，即今甘肅省今安西縣六工破城。[29]西晉武帝泰始六年（270）至咸寧五年（279），因鮮卑樹機能叛亂，亦設置西域戊己校尉、西域長史。尼雅出土晉代木簡中，有兩簡書云：「晉守侍中大都尉奉晉大侯親晉鄯善焉耆龜茲疏勒」；「于寘王寫下詔書到」；證明晉朝承漢魏之制，授西域國王予「侍中」「大侯」、「大都尉」等官爵號，並給予「親晉」之美稱，所授對象為鄯善、焉耆、龜茲、疏勒、于寘等五位國王；亦即「此簡所舉五國，（晉初）西域長史所統，殆盡於此」。[30]晉武帝咸寧元年（275）六月以及咸寧二年（276），「車師後部，當為鮮卑所役屬，西域戊己校尉馬循討之」。[31]顯示其對西域仍有駕御之力量。

最後，《魏書》〈西域傳〉敘及北魏與西域往來，亦為官方關係之方式。太武帝太延年間，因「魏德益以遠聞」，乃派遣遣散騎侍郎董琬、高明等人，「多齎錦帛，出鄯善，招撫九國，厚賜之」。北行「至烏孫國，其王得朝廷所賜，拜受甚悅」；乃對琬說：「傳聞破洛那、者舌皆思魏德，欲稱臣致貢，但患其路無由耳。今使君等既到此，可往二國副其慕仰之誠」。琬於是自己向破洛那而

28　余太山主編，《西域通史》，頁 49-73。

29　李并成，〈漢敦煌郡宜禾都尉府与曹魏敦煌郡宜禾縣城考辨〉，《敦煌學輯刊》，1996 年第 2 期，頁 92-96。

30　王國維，〈尼雅城北古城所出晉簡跋〉，收入氏著，《觀堂集林》（台北市：河洛出版社，1975 年 3 月台景印初版），卷 17，頁 865-869。

31　王國維，〈尼雅城北古城所出晉簡跋〉，收入氏著，《觀堂集林》，卷 17，頁 868-869。

行，「遣明使者舌」。烏孫王亦「發導譯達二國，琬等宣詔慰賜之」。等到琬、明東還返國，「烏孫、破洛那之屬遣使與琬俱來貢獻者十有六國。自後相繼而來，不間于歲，國使亦數十輩矣」。[32]

第三節 《魏書》〈官氏志〉的非官方「往來」義

〈釋老志〉說在「魏先」至神元帝三十九年（258）階段，拓跋氏與西域「莫能往來」，其「莫能」所否定的「往來」，是指官方往來。相對來說，其「莫能」所否定之範圍，並不包含拓跋氏與西域之間的非官方之往來。理由是：「魏先」至神元帝三十九年（258）階段，拓跋氏與西域之間，實際存在著非官方關係，有間接、直接的往來。茲述如下：

拓跋氏與西域之間的非官方往來，見諸於《魏書》〈官氏志〉，其所載拓跋氏部落聯盟中的諸部落，可以顯示拓跋氏與西域有非官方之「往來」。例如，〈官氏志〉載「那氏，依舊那氏」。[33]那氏係破洛納人，即大宛人，位於今費爾干納（Fergana）盆地。那氏何時進入拓跋氏部落聯盟？據姚薇元先生的判斷，是昭成帝什翼犍建國二年（339）勢力「西及破洛那，莫不款附」。[34]可是〈官氏志〉明確的說那氏屬於「神元皇帝時，餘部諸姓內入者」。[35]那氏的例子，可以說明，拓跋氏與西域非官方之往來的兩種狀況：一是直接往來，那氏之歸附拓跋氏部落聯盟之過程詳況，固無可考，而《魏書》不曾記載神元帝征伐過破洛那，亦沒說它曾向拓跋氏朝貢，則顯示了，它與拓跋氏沒有官方往來，應是基於非官方往來而歸附的，其往來至歸附過程，是直接性質，即拓跋氏與西域有非官方的直接往來。二間接往來，破洛那既有人群歸附拓跋氏，在歸附後，拓跋氏便得藉著破洛那人為媒介，與西域進行非官方的間接往來。

〈官氏志〉所載其他部族，頗多能證明拓跋氏與西域的非官方往來，因時間與篇幅之限制，目前暫無法逐一進行詳細討論，只能先擇匈奴族，加以說明。

---

[32] 《魏書》，卷102，〈西域渾〉，頁2259-2261。

[33] 《魏書》，卷113，〈官氏志〉，頁3009。

[34] 姚薇元，《北朝胡姓考》，頁105。

[35] 《魏書》，卷113，〈官氏志〉，頁3006。

匈奴統治過西域（見本章第二節），後來加入拓跋氏部落聯盟者頗多，透過匈奴爲媒介，拓跋氏與西域之間，便得以進行非官方的直接或間接的往來，下文就來說明拓跋氏與匈奴之關係。

壹、拓跋氏與匈奴之關係的展開

《魏書》所載拓跋氏與匈奴之關係，最早的是拓跋氏第一次遷徙。〈官氏志〉東方諸姓云：「東方宇文、慕容氏，即宣帝時東部，此二部最爲強盛，別自有傳」。「宣帝」，是領導拓跋氏第一次遷徙的「宣皇帝諱推寅」。[36]而《魏書》〈匈奴宇文莫槐〉說：「匈奴宇文莫槐，出於遼東塞外，其先南單于遠屬也，世爲東部大人。其語與鮮卑頗異」。[37]按拓跋氏考古，第一次遷徙時間，是公元前一世紀下半葉（見第四章），匈奴尚未西遷，仍與漢朝爭奪西域（見前文），拓跋氏或有可能透過匈奴，與西域進行非官方的、間接的往來。

《魏書》所載拓跋氏第二次遷（156-166 或 163-166）時與匈奴之關係，見於〈官氏志〉獻帝的帝室十姓之「次弟爲侯氏，後改爲亥氏」。[38]這是獻帝四弟所統領的侯氏，實際是匈奴的万俟氏。清人陳毅考云：「侯，爲俟形之譌，俟上當補亥字，爲亥俟氏，亥讀如核」；因有稱「侯氏」當爲「俟亥氏」，而實際應是「俟亥當爲亥氏」。[39]現代學者亦有兩說：姚薇元先生認爲，諸姓書作俟氏、俟亥氏，「均與〈志〉異，按姓書侯作俟亥，是也」；「今〈志〉文侯氏，當係俟亥氏之脫誤」；即侯氏應改作俟亥氏。[40]惟《新唐書》〈宰相世系表〉說，獻帝「次兄俟氏，爲万俟氏」；[41]姚先生又以爲，這是以万俟氏爲俟亥氏，此當「後世万俟氏所僞托，不足據」。[42]陳連慶先生認爲，諸姓書作俟氏、俟亥氏，「均與〈官氏志〉不同」；應依《新唐書》〈宰相世系表〉爲準據，「今本〈官

---

[36] 《魏書》，卷1，〈序紀〉，頁2。

[37] 《魏書》，卷103，〈匈奴宇文莫槐〉，頁2304。

[38] 《魏書》，卷113，〈官氏志〉，頁3005。

[39] 清・陳毅撰，《魏書官氏志疏證》，二十五史補編，第四冊，頁4646上-中。

[40] 姚薇元，《北朝胡姓考》，頁20。

[41] 宋・歐陽修等撰，《新唐書》（台北市：鼎文書局，1976年10月初版，新校標點本），卷72上，〈宰相世系二上〉，頁2408。

[42] 姚薇元，《北朝胡姓考》，頁20-21。

氏志〉侯氏乃俟氏之誤，亥氏乃万俟之誤」。[43]關於獻帝二哥所統領的普氏，〈官氏志〉載「次兄爲普氏，後改爲周氏」。[44]有謂〈官氏志〉普氏與匈奴卜氏頗有淵源。[45]可是此事很難證明，首先，《隋書》〈周搖傳〉載云：「周搖字世安，其先與後魏同源，初爲普乃氏，及居洛陽，改爲周氏。……周閔帝受禪，賜姓車非氏」。[46]此處很明確說是「其先與後魏同源」，乃拓跋氏之一部，不是匈奴。至於其初姓爲普乃氏，陳毅以之爲〈官氏志〉普氏原姓，對於族屬未論及。[47]而姚薇元先生以爲，諸姓書所說，「均與〈志〉同」，《宋書》〈索虜傳〉所載「普幾」，復與《魏書》「周幾」相符，亦吻合〈官氏志〉，故反對陳毅之說：「〈（周搖）傳〉稱普乃氏，與宋魏二史及諸姓書不合，『乃』字恐係涉下文『及』字而衍」；未判別其族屬。[48]陳連慶先生則指出：「〈氏族略〉云：『普魯爲周』，又云：『普周爲周』，與姚氏所考不同。普乃或爲普氏之複姓」，在族屬上歸諸於拓跋氏鮮卑。[49]由此可見，在文獻上，普氏大抵是鮮卑族，非匈奴族。其次，匈奴之卜氏，即須卜氏，已見於〈官氏志〉（見下文），與普氏應不重複。綜合來說，拓跋氏帝室十姓，確知爲匈奴者，只有一姓，即侯氏或俟亥氏。

《魏書》〈官氏志〉所載力微之部落聯盟，亦多有匈奴族者，[50]例如以下諸姓：

一、賀蘭氏：〈官氏志〉內入諸姓之「賀賴氏，後改爲賀氏」；北方諸姓之「賀蘭氏，後改爲賀氏」。對於兩氏，《魏書》〈官氏志〉外，僅載賀蘭氏，如「烈帝居於舅賀蘭部，（煬）帝遣使求之，賀蘭部帥藹頭，擁護不遣」；「賀蘭及諸部大人，共立烈帝」。[51]拓跋珪未即代王位之前，「乃幸賀蘭部」，[52]「太祖

[43] 陳連慶，《中國古代少數民族姓氏研究：魏晉南北朝民族姓氏研究》，頁 45。
[44] 《魏書》，卷 113，〈官氏志〉，頁 3005。
[45] 宋豔梅，〈拓跋鮮卑七分國人述論〉，《內蒙古社會科學（漢文版）》，2006 年第 5 期，頁 63。
[46] 《隋書》，卷 55，〈周搖傳〉，頁 1376。
[47] 《魏書官氏志疏證》，收入二十五史補編，第四冊，頁 4645 上。
[48] 姚薇元，《北朝胡姓考》，頁 10-11。
[49] 陳連慶，《中國古代少數民族姓氏研究：魏晉南北朝民族姓氏研究》，頁 94-95。
[50] 馬長壽，《烏桓與鮮卑》，頁 232。
[51] 《魏書》，卷 1，〈序紀〉，頁 10-11。
[52] 《魏書》，卷 2，〈太祖紀〉，頁 20。

得至賀蘭部，群情未甚歸附」；[53]「初，太祖之居賀蘭部下，人情未甚附」。[54]登國元年八月，有謀叛變，「帝慮內難，乃北踰陰山，幸賀蘭部，阻山爲固」。[55]「太祖崩，京師草草，（賀）泥出舉烽於安陽城北，賀蘭部人皆往赴之」。[56]關於人物亦載賀蘭氏，如「獻明皇后賀氏，父野干，東部大人」。[57]「賀訥，代人，太祖之元舅，獻明后之兄也。其先世爲君長，四方附國者數十」。[58]「賀迷，代人。從兄女世祖敬哀皇后」。[59]如此情況，賀蘭氏與賀賴氏，是兩氏呢？還是同一氏呢？學者殆都認爲是一氏，姚薇元先生說「賀賴即賀蘭，本爲一氏」，「賀賴乃賀蘭之異譯」。[60]馬長壽先生依《晉書》〈匈奴傳〉言匈奴入塞十九種內有「賀賴」種，只說賀賴氏，不提賀蘭氏。[61]陳連慶先生則說：「賀賴氏通常作賀蘭氏」，「賀蘭氏譯名流行後，而賀賴氏幾乎絕迹」。[62]張繼昊先生則謂，匈奴賀蘭部原住陰山，公元 357 年，爲前燕慕容氏所征服，降者被遷徙至長城內代郡舒平城（今山西省靈邱縣北），可能爲了區別，留居北方陰山者稱賀蘭氏，南徙者稱賀賴氏。[63]

　　二、獨孤氏：〈官氏志〉內入諸姓有「獨孤氏，後改爲劉氏」。《魏書》載什翼犍代國爲前秦苻堅滅後，「會苻堅使劉庫仁分攝國事，於是太祖還居獨孤部」。[64]「劉尼，代人也。本姓獨孤氏。曾祖敦，有功於太祖，爲方面大人」。[65]「劉羅辰，代人，宣穆皇后之兄也。父眷，爲北部大人，帥部落歸國」。[66]

　　三、須卜氏：〈官氏志〉內入諸姓有「須卜氏，後改爲卜氏」。太武帝神麚

[53] 《魏書》，卷 13，〈獻明皇后賀氏傳〉，頁 324。

[54] 《魏書》，卷 83 上，〈外戚傳上・賀訥〉，頁 1813。

[55] 《魏書》，卷 2，〈太祖紀〉，頁 21。

[56] 《魏書》，卷 83 上，〈外戚傳上・賀訥〉，頁 1813。

[57] 《魏書》，卷 13，〈獻明皇后賀氏傳〉，頁 324。

[58] 《魏書》，卷 83 上，〈外戚傳上・賀訥〉，頁 1812。

[59] 《魏書》，卷 83 上，〈外戚傳上・賀迷〉，頁 1816。

[60] 姚薇元，《北朝胡姓考》，頁 32-38。

[61] 馬長壽，《烏桓與鮮卑》，頁 232。

[62] 陳連慶，《中國古代少數民族姓氏研究：魏晉南北朝民族姓氏研究》，頁 27。

[63] 張繼昊，《從拓跋到北魏：北魏王朝創建歷史的考察》，頁 4-6；鄭欽仁等，《魏晉南北朝史》，頁 290。

[64] 《魏書》，卷 83 上，〈外戚傳上・賀訥〉，頁 1812。

[65] 《魏書》，卷 30，〈劉尼傳〉，頁 721。

[66] 《魏書》，卷 83 上，〈外戚傳上・劉羅辰〉，頁 1813。

元年六月「并州胡酋卜田謀反伏誅，餘衆不安。詔淮南公王倍斤鎮慮虒，撫慰之」。[67]須卜氏原爲匈奴貴族，并州（約今山西省）原爲匈奴五部居處，故胡酋卜田原姓當屬須卜氏。[68]

四、丘林氏：〈官氏志〉內入諸姓有「丘林氏，後改爲林氏」。《魏書》載「孝文貞皇后林氏，平原人也。叔父金閭，起自閹官，有寵於常太后，官至尚書、平涼公。金閭兄勝爲平涼太守」。[69]姚薇元先生指出，姓書說爲平涼林氏，是漢代林尊之後裔，惟林尊係濟南人，「與平原、平涼皆懸遠」，而「代魏后妃，多出異族，疑林后本丘林氏族人」。[70]此說甚是，而於地望上卻有未盡處，有必要疏解。林后傳〈校勘記〉指出，林后「平原人也」，《北史》、《御覽》之「原」字都作「涼」。按林后叔父金閭封「平涼公」，金閭兄勝爲「平涼太守」。當時封公多取本郡，又慣以充當本州、郡之刺史、太守爲榮。疑應作「平涼」。[71]北魏平原縣有二處：一屬北魏青州安德郡平原縣，縣治在今山東省平原縣西南二十五里張官店。二屬北魏天水郡平原縣，縣治在今甘肅省禮縣或西和縣境。[72]林尊著籍漢代濟南郡，治所在平陵縣，今山東省章邱市西，[73]與安德郡平原縣是鄰近，與天水郡平原縣始爲「懸遠」。至於平涼，係指北魏涇州平涼郡，治所在鶉陰縣，今甘肅省華亭縣西馬峽，轄境相當今甘肅省華亭縣，以及平涼市西南及東南一帶，[74]此平涼亦與濟南「懸遠」。

五、宿六斤氏：內入諸姓：「宿六斤氏，後改爲宿氏」。《魏書》載「宿石，朔方人也，赫連屈子弟文陳之曾孫也」。[75]（詳參第三篇第三章第三節）。

六、出大汗氏：內入諸姓：「出大汗氏，後改爲韓氏」。《魏書》載「韓茂，字元興，安定安武人也。父耆，字黃老。永興中自赫連屈丐來降，拜綏遠將軍，

---

[67] 《魏書》，卷 4 上，〈世祖紀〉，頁 74。

[68] 姚薇元，《北朝胡姓考》，頁 146-147。

[69] 《魏書》，卷 13，〈孝文貞皇后林氏傳〉，頁 332。

[70] 姚薇元，《北朝胡姓考》，頁 148。

[71] 《魏書》，卷 13，〈孝文貞皇后林氏傳〉校勘記第 12 條，頁 343。

[72] 史爲樂，《中國歷史地名大辭典》，上冊，頁 665。

[73] 史爲樂，《中國歷史地名大辭典》，下冊，頁 1992。

[74] 史爲樂，《中國歷史地名大辭典》，上冊，頁 666。

[75] 《魏書》，卷 30，〈宿石傳〉，頁 724。

遷龍驤將軍、常山太守，假安武侯」。[76]此氏為匈奴右谷蠡王之後裔，是為貴種。[77]

七、烏落蘭氏：北方諸姓：「烏落蘭氏，後改為蘭氏」。[78]《魏書》載孝文帝太和八年「詔員外散騎常侍李彪、員外郎蘭英使於蕭賾」。[79]

貳、拓跋氏與匈奴的血緣關係

如上所述，《魏書》既知而載拓跋氏與甚多匈奴部落之關係，乃更進一步記錄了拓跋氏與匈奴的血緣關係。《魏書》〈序紀〉云：

> 初，聖武帝嘗率數萬騎田於山澤，欻見輜軿自天而下。既至，見美婦人，侍衛甚盛。帝異而問之，對曰：「我，天女也，受命相偶。」遂同寢宿。旦，請還，曰：「明年周時，復會此處。」言終而別，去如風雨。及期，帝至先所田處，果復相見。天女以所生男授帝曰：「此君之子也，善養視之。子孫相承，當世為帝王。」語訖而去。子即始祖也。故時人諺曰：「詰汾皇帝無婦家，力微皇帝無舅家。」[80]

上引文有兩層意義：一是宗教的，從力微為天女所生，顯示北魏王朝之建立，早為天命之註定。此點已於第二篇第章第節說明過了。二是「詰汾皇帝無婦家，力微皇帝無舅家」之諺，有以為重點是「知父不知母」，在顯示拓跋氏先王無婦家和無舅家的實況，暗示詰汾、力微與婦家、舅家之間，曾發生某種事端，如婦家、舅家都遭殺害，而加以隱密起來。[81]或說這是顯示詰汾無顯赫的婚姻對象，使力微無顯赫的母系，故製造出天女所生，以抬高地位。[82]以上兩說，或都有可能是此諺的部分意涵。

究實而言，諺語之內容，全以婚姻生子為主軸，正宜由之看拓跋氏的婚姻

---

[76] 《魏書》，卷51，〈韓茂傳〉，頁1127。

[77] 姚薇元，《北朝胡姓考》，頁126-128。

[78] 姚薇元，《北朝胡姓考》，頁232。

[79] 《魏書》，卷7上，〈高祖紀〉，頁154-155。

[80] 《魏書》，卷1，〈序紀〉，頁2-3。

[81] 田餘慶，〈北魏後宮子貴母死之制的形成和演變〉，收入氏著，《拓跋史探》，頁15-17。

[82] 張繼昊，《從拓跋到北魏：北魏王朝創建歷史的考察》，頁168-169。

血緣關係。由於力微是天帝女所生，天帝及天女住何處，虛渺無著落，況且天女送來嬰兒後，「語訖而去」，消失無蹤影；這對詰汾來說是「無婦家」，對力微來說是「無舅家」，在父母血緣關係上，兒子力微能有把握確認的，唯有父親詰汾。這正符合拓跋氏的婚姻制度：首先，如馬長壽先生所說，鮮卑和匈奴雜居於蒙古草原，引起了相互婚構，兩族之間「實行家族或部落外婚制」，就拓跋氏對匈奴的實行而言，雙方婚媾是「以父方姓族為主，唯有這樣，鮮卑父、胡母所生之子孫才稱為拓跋鮮卑」。[83]在此婚姻制度下，婚姻的形式有多樣性，如適婚齡男女相會，先行私通，然後再「罯將女去」掠女而去，稱為「仲春奔會」，即掠奪婚（marriage by capture）。另有結婚後，夫必至妻家服役若干時間，即號勞役婚（marriage by service）。還有妻寡後母及娶寡嫂，為收繼婚。在婚姻範圍上，唯有帝室十姓不通婚，同姓可婚；民族間的通婚，早期以匈奴為主要對象，後來部落聯盟不斷擴大，拓跋氏通婚之部落對象範圍亦隨而擴大。[84]如此的部落間之通婚，拓跋氏部落聯盟的重要維繫紐帶，亦即是北魏王朝成立以後，由拓跋氏部落聯盟轉型的拓跋氏核心集團、[85]或代人集團，[86]賴以維繫的重要紐帶。

依據前述，「詰汾皇帝無婦家，力微皇帝無舅家」之諺，是指上述拓跋氏的婚姻型態：以拓跋氏男性為中心→早期婚構於匈奴，後來婚媾於部落聯盟之各部落→以拓跋氏男子之婚姻對像而言，無固定妻家（無婦家）→對拓跋氏男子婚媾所生兒子來說，父親一定是拓跋氏族，在早期母親未固定是匈奴族何姓何家（無舅家），後來則未固定是何族何氏何家（無舅家）。由於如此，《魏書》亦記錄了另一種鮮卑與匈奴之間的婚姻型態，即〈鐵弗劉虎傳〉所說：「鐵弗劉虎，南單于之苗裔，左賢王去卑之孫，北部帥劉猛之從子，居於新興慮虒之

---

[83] 馬長壽，《烏桓與鮮卑》，頁3。

[84] 逯耀東，〈拓跋氏與中原士族的婚姻關係〉，收入氏著，《從平城到洛陽：拓跋魏文化轉變的歷程》（台北市：聯經出版公司，1979年3月初版），頁159-236。

[85] 毛漢光，〈中古核心區核心集團之轉移：陳寅恪先生「關隴」理論之拓展〉，收入氏著，《中國中古政治史論》（上海市：上海書店出版社，2002年12月初版一刷），頁1-28；毛漢光，〈北魏東魏北齊之核心集團與核心地區之轉移〉，收入氏著，《中國中古政治史論》（上海市：上海書店出版社，2002年12月初版一刷），頁29-104。

[86] 康樂，《從西郊到南郊：國家祀典與北魏政治》，頁53-109。

北。北人謂胡父鮮卑母爲鐵弗，因以爲號」。[87]這是匈奴族對鮮卑族所實行的「家族或部落外婚制」，「胡父、鮮卑母所生子孫才稱爲鐵弗（伐）匈奴」。[88]顧炎武說：「人亦有以父母異種爲名者。《魏書》〈鐵弗劉虎傳〉，北人謂胡父鮮卑母爲鐵弗」。[89]因此，鐵弗，或說是'Tuba"的對音，意指「兩種姓雜交而生的新的種姓」，對當時草原部民來，實無任何卑下之意。[90]或說是滿洲語"dufe"之對音，意指「野合」。鐵弗屬於南匈奴，歸漢以後，改從漢宗室姓劉。到了劉勃勃建立西夏，便於夏鳳翔元年（413），以「子而從母之姓，非禮也」爲由，去掉劉姓，改姓赫連，意指「帝王者，系天爲子，是爲徽赫實與天連」，宗族仍稱「鐵伐」，即「鐵弗」之異譯，勃勃則釋爲「庶朕宗族子孫剛銳如鐵，皆堪伐人」。或說赫連、鐵伐二名，實皆系胡語，赫連之原語爲"Kulun"，即由匈奴語「天」之義而音譯者。鐵伐之原語，乃音譯蒙古語及土耳其語之「鐵」（temur），與鐵弗形成異譯。此種改姓，是欲強調和凸顯匈奴民族特徵，藉以自豪的強烈民族意識，[91]即回到「胡父、鮮卑母爲鐵弗」的傳統，建立以匈奴族爲核心的民族意識。

拓跋氏早期對匈奴實行之家族或部落外婚制，具體反映在拓跋氏考古所遺存。第一次遷徙到呼倫貝爾草原以後，拓跋氏考古遺存所呈現的匈奴文化，大抵以銅鍑爲主，其餘「很少能看到匈奴的影響」。其真正有規模的與匈奴結合，應在第二次遷徙至匈奴故地以後，可是「仍難於由拓跋鮮卑的遺存中找到更多的匈奴文化因素」。[92]不過，拓跋氏「鮮卑父胡母」的婚制，決非虛言，而由拓跋氏鮮卑墓群人骨研究證明：在人種上，「拓跋鮮卑居民與北匈奴人有著不可分割的種族聯繫」，[93]即拓跋氏人種，是以北亞（西伯利亞）蒙古人種爲主

---

[87] 《魏書》，卷83，〈鐵弗劉虎傳〉，頁2054。

[88] 馬長壽，《烏桓與鮮卑》，頁3。

[89] 顧炎武，《原抄本日知錄》（台北市：文史哲出版社，1979年4月），卷29，〈驢騾〉，頁835。

[90] 馬長壽，《北狄與匈奴》。

[91] 吳洪琳，〈十六國時期鐵弗匈奴的民族心態：以赫連勃勃爲主〉，《陝西師範大學學報（哲學社會科學版）》，頁40-45。

[92] 喬梁、楊晶，〈早期拓跋鮮卑遺存試析〉，《內蒙古文物考古》2003年第2期，頁57。

[93] 陳靚、朱泓、鄭麗慧，〈內蒙古東大井東漢時期鮮卑墓葬人骨研究〉，《內蒙古文物考古》，2003年第1期，頁77-86。

體，而主要與匈奴產生混血。茲說明如下：

首先，以整體來說，可見於三組拓跋氏鮮卑墓群出土的頭顱分析：一是完工遺址，位於內蒙古呼倫貝爾市陳巴爾虎旗，共采集到 4 具顱骨標本，年代甚早，或認爲可能不晚於公元前三世紀。二、紮賚諾爾遺址，位於內蒙古呼倫貝爾盟新巴爾虎右旗的木圖那雅河畔，採集到人頭骨 17 具，年代在東漢時期。三是南楊家營子遺址，位於昭烏達盟（今赤峰市）巴林左旗，採集到 10 例頭骨標本，年代爲東漢晚期。整體來說，三組頭骨，在大人種方面，都歸屬蒙古大人種，並且與現代亞洲蒙古人種各分支中的北亞、北極（東北亞）和東亞蒙古人種，分別有程度不同的接近關係。將三組分別來看，則（1）完工組：顯示出與北亞蒙古人種相似的成份居多，可能還包含有一些西伯利亞（北亞）和東亞蒙古人種的因素。（2）札賚諾爾組：主要是北亞蒙古人種的性狀，同時，不排除在某種程度上還雜有一些東亞蒙古人種的因素。（3）南楊家營子組：情況同紮賚諾爾組有些類似，惟該組所見之北亞蒙古人種的性狀，更趨明顯，即有較多的北匈奴的體質因素。[94]

其次，另在前述（2）札賚諾爾組既有頭骨以外，依據其他新出土的札賚諾爾 8 具完整頭骨，所顯示的西伯利亞人種性狀，更較前述（2）札賚諾爾組來得明顯。若再將新出土 8 具頭骨，與前述（2）札賚諾爾組既有頭骨，合起來綜合研究，該處之漢代拓跋氏居民，可分爲兩個種族類型：A 組代表了一種以西伯利亞人種血統爲主體的類型；B 組可歸屬於北亞人種和北極人種的混血類型。A 組的體質特徵，與外貝加爾地區的匈奴人最爲相似，與外貝加爾匈奴組（蘇聯外貝加爾湖匈奴墓，年代約公元前一世紀前後，爲古西伯利亞人種）所代表的北匈奴極爲相似；B 組所具有的體質特點，十分接近於完工居民。這就顯示了，紮賚諾爾墓地的鮮卑族居民，似乎處於一種介於完工居民和匈奴人之間的過渡位置上，即介於外貝加爾匈奴人種與完工組北亞蒙古人種之間的混血類型。證明史籍所載，北匈奴西遷以後，大量匈奴人加入鮮卑族「自號鮮卑」，確爲事實。即在公元一世紀後半葉，完工組居民所具有的體質特點，可能代表

---

[94] 朱泓，〈中國東北地區的古代種族〉，《文物季刊》，1998 年第 1 期，頁 58-59；朱泓，〈人種學上的匈奴、鮮卑與契丹〉，《北方文物》，1994 年第 2 期，頁 8-9。

了拓跋氏鮮卑的祖先類型，而諸如扎賚諾爾、南楊家營子等處鮮卑族人群中的那些明顯的西伯利亞人種成份，其基因顯然是還自匈奴人，或者來自與匈奴人具有相同種系淵源的其他部族基因。[95]由以上可見，拓跋氏的人種，是以北亞蒙人為主體，而持續的混血，混血的主要對象是匈奴，外加其他人種。

最後，上述的結果，又可以見諸其他證據：烏蘭察布盟察右後旗紅格爾圖鄉三道灣墓地，年代約東漢時期，基本種族類型是北亞蒙古人種，與匈奴成份亦關係密切。[96]烏蘭察布盟察右中旗商邱縣東大井墓地，年代為東漢時期，其居民也表現北亞蒙古人種的特徵，亦與北匈奴為主體成分的外貝加爾湖匈奴組最為接近。[97]烏蘭察布盟察右中旗七郎山墓地，年代為魏晉時期，其拓跋鮮卑居民與扎賚諾爾鮮卑墓群 B 組最為接近，即是介於外貝加爾匈奴組與鮮卑完工組之間的混血類型；其次是接近於三道灣、東大井等，含有匈奴人的成份。[98]

第四節　「聞」的認知義

〈釋老志〉所說「故於浮圖之教，未之得聞」是何義呢？為了便於解讀起見，此處先釋「聞」義：泛指聽覺、視覺所產生的認知。

「聞」：《說文》「聞，知聲也。從耳，門聲」。段玉裁注云：「往曰聽，來曰聞」。[99]是指聽覺之感知。事實上，就語言的實際應用而言，「聞」的形式沒有如此拘限於聽覺，而包含聽覺、視覺的感知。[100]同時，聽覺、視覺所感知之對象，不止於聲音、口語，還包括了書面、典籍、事物。綜合言之，聞是指對一切事物的認知。茲分述如下：

---

[95] 朱泓，〈中國東北地區的古代種族〉，《文物季刊》，1998 年第 1 期，頁 59；朱泓，〈人種學上的匈奴、鮮卑與契丹〉，《北方文物》，1994 年第 2 期，頁 9。

[96] 朱泓，〈察右後旗三道灣漢代鮮卑族顱骨的人種學研究〉，收入魏堅主編，《內蒙古地區鮮卑墓葬的發現與研究》，頁 273-288。

[97] 陳靚、朱泓、鄭麗慧，〈內蒙古東大井東漢時期鮮卑墓葬人骨研究〉，《內蒙古文物考古》，2003 年第 1 期，頁 77-86。

[98] 鄭麗慧、朱泓、陳靚，〈內蒙古七郎山魏晉時期鮮卑墓葬人骨研究〉，《內蒙古文物考古》，2003 年第 1 期，頁 87-91。

[99] 《說文解字注》，第十二篇上，頁 592 上。

[100] 辭源編修小組，《辭源》（台北市：遠流出版事業公司，1988 年 11 月台二版），頁 1376。

一、耳聞聲音語言：「及（崔）浩幽執，置之檻內，送於城南，使衛士數十人溲其上，呼聲嗷嗷聞于行路」。[101]眭夸年二十遭父喪，「鬚鬢致白，每一悲哭，聞者為之流涕」。[102]甄琛說：「今僞弊相承，仍崇關廛之稅，大魏恢博，唯受穀帛之輸。是使遠方聞者，罔不歌德」。[103]有次，孝文帝宴群臣於華林園，王肅說：「古者唯婦人有筓，男子則無」。劉芳（？-517）則謂：「推經禮正文，古者男子婦人俱有筓」。經一番討論，「高祖稱善者久之，肅亦以芳言為然」；宴會完畢，王肅與劉芳一起出來，王氏拉著劉氏的手說：「吾少來留意三禮，在南諸儒，亟共討論，皆謂此義如吾向言，今聞往釋，頓袪平生之惑」。[104]王肅所說「聞」字，係指宴中討論的口語。孝莊帝謂爾朱榮「戮卒多於長平，積器高於熊耳。秦晉聞聲而喪膽，齊莒側聽而讋息」。[105]高閭「強果，敢直諫，其在私室，言裁聞耳，及於朝廷廣眾之中，則談論鋒起，人莫能敵」。[106]趙脩多非法，高肇、甄琛等「構成其罪，乃密以聞」，宣武帝下詔說：「比聽（趙脩）葬父，侈暴繼聞」；[107]據詔書的「聽」，高肇等的密「聞」，應是用口語密告的方式。

二、目聞事物：太武帝初圖謀征伐北涼，群臣爭議其地有無水草資源，李順曾出使北涼，力主無水草，遂說：「耳聞不如目見，吾曹目見，何可共辨！」[108]耳聽口語稱聞，眼睛所視稱見，兩者有別。辛雄說軍紀必「使親疏、貴賤、勇怯、賢愚，聞鍾鼓之聲，見旌旗之列，莫不奮激，競赴敵場」。[109]耳「聞」的對象是「聲」，目見的對象則是物。崔浩《食經》〈敘〉曰：「余自少及長，耳目聞見，諸母諸姑所修婦功，無不蘊習酒食」；「先妣慮久廢忘，後生無知見，而少不習業書，乃占授為九篇」。[110]「耳目聞見」一語，依照前舉例子，當意

---

101 《魏書》，卷35，〈崔浩傳〉，頁826。

102 《魏書》，卷90，〈逸士傳・眭夸〉，頁1930。

103 《魏書》，卷68，〈甄琛傳〉，頁1510。

104 《魏書》，卷55，〈劉芳傳〉，頁1220。

105 《魏書》，卷74，〈爾朱榮傳〉，頁1650。

106 《魏書》，卷54，〈高閭傳〉，頁1210。

107 《魏書》，卷93，〈恩倖傳・趙脩〉，頁1999。

108 《魏書》，卷35，〈崔浩傳〉，頁822-823。

109 《魏書》，卷77，〈辛雄傳〉，頁1694。

110 《魏書》，卷35，〈崔浩傳〉，頁827。

指「耳聞目見」。

　　三、聞知於書面：孝文帝說：「我遣舍人宣詔，何爲使小人聞之？」澄曰：「時雖有幹吏，去榜亦遠。」高祖曰：「遠則不聞，聞則不遠。既得聞詔，理故可知」。[111]孝文帝覆元丕奏謂：「具聞所奏，尋惟平日，倍增痛絕」。[112]宣武帝時，元嵩爲平南將軍、荊州刺史上表說：「蕭寶卷骨肉相殘，……君臣攜貳，干戈日尋。……雍州刺史蕭衍兄懿於建業阻兵，與寶卷相持，荊郢二州刺史並是寶卷之弟，必有圖衍之志。臣若遣書相聞，迎其本謀，冀獲同心，并力除衍」。[113]茹皓：「皓既宦達，自云本出雁門，雁門人諂附者乃因薦皓於司徒，請爲肆州大中正。府、省以聞，詔特依許」。[114]此爲推薦特定人士，府、省讓朝廷「以聞」的，當爲文書之類。以上即如夏侯道遷，「遣兼長史臣張天亮奉表略聞。詔曰：『得表，聞之。』」[115]盧同（477-532）奏云：「諸有勳簿已經奏賞者，即廣下遠近，云某處勳判，咸令知聞」。[116]高閭上表詔曰：「省表聞之，當敕有司依此施行」。[117]

　　四、聞知於典籍：駿表曰：「臣聞《詩》之作也，蓋以言志」。[118]世宗景明二年夏六月，孫惠蔚上言：「臣聞國之大禮，莫崇明祀，祀之大者，莫過禘祫。……今之取證，唯有《王制》一簡，《公羊》一冊。考此二書，以求厥旨。自餘經傳，雖時有片記，至於取正，無可依攬。是以兩漢淵儒、魏晉碩學，咸據斯文，以爲朝典」。[119]劉芳「臣聞樂者，感物移風，諷民變俗，先王所以教化黎元，湯武所以改章功德。晉氏失政，中原紛蕩。劉石以一時姦雄，跋扈魏趙；苻姚以部帥強豪，趑關輔。於是禮壞樂毀，廢而莫理」。[120]「臣聞（《孝經》曰）安上治民莫善於禮，移風易俗莫善於樂。《易》曰：『先王以作樂崇德，殷薦之

[111] 《魏書》，卷19中，〈任城王元澄傳〉，頁469-470。
[112] 《魏書》，卷108-3，〈禮志三〉，頁2789。
[113] 《魏書》，卷19中，〈元嵩傳〉，頁486。
[114] 《魏書》，卷93，〈恩倖傳‧茹皓〉，頁2001。
[115] 《魏書》，卷71，〈夏侯道遷傳〉，頁1582。
[116] 《魏書》，卷76，〈盧同傳〉，頁1683。
[117] 《魏書》，卷54，〈高閭傳〉，頁1205-1206。
[118] 《魏書》，卷60，〈程駿傳〉，頁1347。
[119] 《魏書》，卷108-2，〈禮志二〉，頁2759。
[120] 《魏書》，卷109，〈樂志〉，頁2832。

上帝，以配祖考。』《書》曰：『擊鳴球，拊搏琴瑟以詠，祖考來格。』《詩》言志」。[121]穆　亮等論三年之喪：「臣等聞先王制禮，必有隨世之變；……先朝成式，事在可準，聖后終制，刊之金冊。」[122]安南王元休等表云：「臣等聞五帝已前，喪期無數，三代相因，禮制始立。……高宗徒有諒闇之言，而無可遵之式；康王既廢初喪之儀，先行即位之禮。……此乃二漢所以經綸治道，魏晉所以綱理政術。……（宜）遵先志典冊之文」。[123]以上皆聞於史書、經籍，乃至北魏典籍。

　　正始元年十月，尚書李崇奏：「今請依前所召之官并博聞通學之士更申一集，考其中否，研窮音律，辨括權衡」；[124]所謂「博聞通學」，猶言「博通群籍」，[125]或「博覽篇籍」，[126]「博覽群書」，[127]劉芳上疏說：「臣聞國之大事，莫先郊祀，郊祀之本，實在審位。是以列聖格言，彪炳綿籍；先儒正論，昭著經史。……（禮記月令）〈孟春令〉云『其數八』，又云『迎春於東郊』。……盧植云，……賈逵云，……許慎云，……鄭玄〈孟春令注〉云，……鄭玄別注云，……高誘云，……（曹魏）王肅云，……」。[128]高閭對孝文帝說：「臣聞《詩》云：『惠此中國，以綏四方。』臣願陛下從容伊瀍，優遊京洛，使德被四海，中國緝寧，然後向化之徒，自然樂附」。[129]

　　孝文帝對謂韓顯宗及程靈虯說：「著作之任，國書是司。卿等之文，朕自委悉，中省之品，卿等所聞。若欲取況古人，班馬之徒，固自遼闊。若求之當世，文學之能，卿等應推崔孝伯」。又謂顯宗曰：「見卿所撰《燕志》及在齊詩詠，大勝比來之文。然著述之功，我所不見，當更訪之監、令。校卿才能，可居中第。」又謂程靈虯曰：「卿比顯宗，復有差降，可居下上。」顯宗對曰：「臣

---

[121]　《魏書》，卷 109，〈樂志〉，頁 2837-2842。
[122]　《魏書》，卷 108-3，〈禮志三〉，頁 2777。
[123]　《魏書》，卷 108-3，〈禮志三〉，頁 2778。
[124]　《魏書》，卷 109，〈樂志〉，頁 2830。
[125]　《魏書》，卷 72，〈陽尼傳〉，頁 1601。
[126]　《魏書》，卷 72，〈陽固傳〉，頁 1603。
[127]　《魏書》，卷 33，〈陽固傳〉，頁 774。
[128]　《魏書》，卷 55，〈劉芳傳〉，頁 1223。
[129]　《魏書》，卷 54，〈高閭傳〉，頁 1208。

才第短淺，猥聞上天」。[130]

五、耳聽或眼視之不定狀態：爾朱榮說：「如聞朝士猶自寬縱，今秋欲共兄戒勒士馬，校獵嵩原，令貪污朝貴入圍搏虎」。[131]史稱「世宗游幸，仲興常侍從，不離左右，外事得徑以聞，百僚亦簪體而承望焉」。[132]陽固上讜言表說：「臣聞爲治不在多方，在於力行而已」。[133]柳遠在「出帝初，除儀同開府參軍事。放情琴酒之間。每出返，家人或問有何消息，答云：『無所聞，縱聞亦不解。』」[134]柳氏出外對「消息」的「聞」，應是耳所聽的，或目所見的。東陽王丕曰：「臣與尉元，歷事五帝，雖衰老無識，敢奏所聞」。[135]宋弁謂族弟世景言：「（宋）維性疏險，而紀識慧不足，終必敗吾業也」；世景以爲不然，「至是果然，聞者以爲知子莫若父」。[136]「聞」者之得聞，有三種可能性，一是見到的，二是聽到的，三是聽到與見到兼具。

第五節　「故於浮圖之教，未之得聞」的語意

〈釋老志〉所說「故於浮圖之教，未之得聞」是何義呢？此處將在前節所述聞義基礎上，繼續解讀其義是：所以對佛陀的教法，不能獲得認知。

關於聞的認知對象，是「浮圖」，亦譯浮屠，是「佛」的音譯。宇井伯壽先生指出，「浮圖」之漢譯，是出自東漢末靈帝光和至中平年間（178-189），安世高在漢地譯經之音譯，原梵語是主格的 Buddha，轉成俗語爲 Buddho，音譯係出自後面的俗語。[137]意指佛陀，「浮圖之教」，即佛陀之教，亦即佛陀的教法。

「未之得聞」，是指「未之得聞」於佛陀的教法，而因「未之得聞」的「之」字有兩種語意：語助詞、代詞。由之而來的整句語意，亦有兩種：第一種是配

---

[130] 《魏書》，卷 60，〈韓顯宗傳〉，頁 1342。

[131] 《魏書》，卷 74，〈爾朱榮傳〉，頁 1653。

[132] 《魏書》，卷 93，〈恩倖傳・王仲興〉，頁 1997。

[133] 《魏書》，卷 72，〈陽固傳〉，頁 1604。

[134] 《魏書》，卷 71，〈柳遠傳〉，頁 1577。

[135] 《魏書》，卷 108-3，〈禮志三〉，頁 2787。

[136] 《魏書》，卷 63，〈宋維傳〉，頁 1417。

[137] 宇井博壽，《譯經史研究》（東京市：岩波書店，1983 年 2 月初版第三刷），頁 24-25。

合語助詞，其義爲「不能獲得認知」，第二種是配合代詞，其義爲「不能獲得認知於佛陀的教法」；而以第一種爲正確，第二種是錯誤，茲分述如下：

第一種涵義是「之」爲語助詞，無意義，「未之得聞」的涵義是「未得聞」；因此，「故於浮圖之教，未之得聞」兩句，即意指：所以對佛陀的教法，不能獲得認知。若如是解，語句及語意通暢，是正確的。茲說「之」爲語助詞於下：

王引之說：「之，語助也」[138]，他的舉證有四：一是《詩》〈國風鄘·君子偕老〉曰：「玼兮玼兮，其之翟也」；本詩旨在諷刺衛夫人淫亂，此處是批判她「服飾之盛」；故玼意指「鮮盛貌」；翟意指「羽飾衣也」，[139]或說「翟衣，祭服，刻畫爲翟雉之形，而彩畫之以爲飾也」；都是言其服飾之美。[140]王氏釋云「其翟也，之，語助耳」。二是《詩》〈小雅谷風之什·蓼莪〉「鮮民之生，不如死之久矣」；本詩旨在刺幽王爲政失德，此處是敘「民人勞苦，孝子不得終養爾」；故鮮民意指喪父喪母之人，[141]哀嘆無法終養雙親，「生不如死」；[142]，王氏釋「言不如死久矣」，之字無意義。三《禮記》〈射義〉「公罔之求裘」，鄭玄注云「之，發聲也」。[143]四《左傳》〈僖公二十四年〉云：「晉侯賞從亡者，介之推」，晉人杜預注云：「介推，（晉）文公微臣，之，語助」；[144]王氏解說「凡春秋人名中，有之字者，皆放此」。

「之」字爲語助詞，《魏書》語料之例，有如：史載「自叡之僭江南，……，君弱臣強，不相羈制，賞罰號令，皆出權寵，危亡廢奪，釁故相尋，所謂夷狄之有君，不若諸夏之亡也」。[145]文中三個之字，均屬語助詞，猶謂「自叡僭江

---

[138] 清·王引之撰，《經傳釋詞》（台北市：商務印書館，1970 年 9 月台三版），卷 9，〈之〉條，頁 57。

[139] 清·陳奐，《詩毛疏傳疏》（台北市：學生書局，1986 年 10 月初版七刷，據文瑞樓藏版鴻章書局石印本影印），卷 4，〈國風鄘·君子偕老〉，頁 132。

[140] 南宋·朱熹撰，《詩集傳》（台北市：中華書局，1970 年 9 月台三版，點句本），卷 3，〈國風鄘·君子偕老〉，頁 29。

[141] 《詩毛疏傳疏》，卷 20，〈小雅谷風之什·蓼莪〉，頁 545-546。

[142] 《詩集傳》，卷 12，〈之什·蓼莪〉，頁 146。

[143] 《周禮鄭注》，卷 20，〈射義〉，頁 11a。

[144] 西晉·杜預撰，《春秋經傳集解》（台北市：新興書局，1980 年 10 月，據相臺岳氏本影印），卷 6，〈僖公二十四年〉，頁 17a。

[145] 《魏書》，卷 96，〈僭晉司馬叡傳〉，頁 3110。

南」，「夷狄有君，不若諸夏亡也」。又云：「司馬叡之竄江表，……其孫皓之不若矣」。[146]文中兩個之字亦語助詞，等於說「司馬叡竄江表」，「其孫皓不若矣」。韓顯宗云：「清道而後行，尚恐銜蹶之或失，況履涉山河，而不加三思哉！此愚臣之所以悚息，伏願少垂省察」。[147]所說兩個之字，是屬語助詞，如言「尚恐銜蹶或失」，「此愚臣所以悚息」。抱老壽被訴「方恣其淫奸，換妻易妾」，「鳥獸之不若。請以見事，免官付廷尉理罪，鴻臚削爵」。[148]「王肅弟子秉之初歸國也」，[149]陽固說「不始不慎，未如之何」。[150]後燕屈遵告其吏民曰：「往年寶（慕容寶）師大敗，今茲垂征不還，天之棄燕，人弗支也」。[151]

　　魏晉南北朝其他語料，同樣有其例證，諸如：何承天說：「若乃內懷嗜欲外憚權教，慮深方生施而望報，在昔先師未之或言。余固不敏，罔知請事焉矣」。[152]明徵君說：「故夫學得所學，則可以資全生靈，而教尊域中矣。明為於為，將乃滅習，反流而邈天人矣。過此以往，未之或知」。[153]釋玄光說：「塵界眾生，率無慈愛，虓兒邪佞，符章競作，懸門帖戶，以誑愚俗。高賢有識，未之安也」。[154]南齊文宣王蕭子良說：「積葉栖信，便是言行相舛。豈有奉親一毀一敬，而云大孝，未之前聞」。[155]范伯倫說：「不可見大禹解裳之初，便謂無復章甫。請各兩捨，以付折中君子。范泰區區，正望今集一食之同。過此已往，未之或知」。[156]孫綽說「弘道敷仁，廣濟群生。斯何異斬刈根本，脩枝幹而言文穎碩茂，未之聞見，皮之不存，毛將安附」。[157]《遊行經》云：「拘尸國即集群臣，眾共立

---

[146] 《魏書》，卷96，〈史臣曰〉，頁3113。

[147] 《魏書》，卷60，〈韓顯宗傳〉，頁1339。

[148] 《魏書》，卷94，〈閹官傳‧抱老壽〉，頁2022-2023。

[149] 《魏書》，卷73，〈楊大眼傳〉，頁1635。

[150] 《魏書》，卷73，〈陽固傳〉，頁1610。

[151] 《魏書》，卷33，〈屈遵傳〉，頁777。

[152] 劉宋‧何承天撰，《達性論》，收入僧祐輯，《弘明集》，卷4，大正藏第五十二冊，頁22上。

[153] 蕭齊‧明徵君撰，《正二教》，收入《弘明集》，卷6，大正藏第五十二冊，頁38下。

[154] 蕭梁‧釋玄光撰，《辯惑論》，收入《弘明集》，卷8，大正藏第五十二冊，頁49上。

[155] 南齊‧蕭子良撰，《書與中丞孔稚珪釋疑惑》，收入《弘明集》，卷11，大正藏第五十二冊，頁72上。

[156] 劉宋范伯倫撰，《與王司徒諸公論沙門踞食書》，收入《弘明集》，卷12，大正藏第五十二冊，頁77下。

[157] 東晉‧孫綽撰，《喻道論》，收入《弘明集》，卷3，大正藏第五十二冊，頁17上。

議，以偈答曰：遠勞諸君，屈辱拜首；如來遺形，不敢相許；彼欲舉兵，吾斯亦有；畢命相抵，未之有畏」。[158]僧肇說：「復次，萬法之生，必從緣起。緣起生法，多少不同。極其少者，要從二緣。若有一緣生，未之聞也」。[159]《般泥洹經》載佛說：「我時爲說治國七法不危之道，其能行者，日當興盛，未之衰也」。[160]《佛說聖法印經》「佛言：比丘！假使有人，說不求空，不用無想，欲使興發，至不自大禪定之業，未之有也」。[161]

綜上可知，「之」爲語助詞，「未之得聞」義即「未得聞」，意指不能獲得認知。義同於《魏書》中的「未聞」，例如，其載「永嘉以後，中原喪亂，考正鍾律，所未聞焉。其存於夷裔，聲器而已」。[162]高肇等論樂「不刊之制，宜憲章先聖，詳依經史。且二漢、魏、晉歷諸儒哲，未聞器度依經，而聲調差謬。」[163]其書卷六十〈史臣曰〉：「（韓）顯宗文學立己，屢陳時務，至於實錄之功，所未聞也」。[164]盧淵說：「定火之雄，未聞不武，世祖之行，匪皆疑儡」。[165]或者同義於「無聞」，如孝莊帝說：「天柱大將軍。此官雖訪古無聞，今員未有，太祖已前增置此號，式遵典故，用錫殊禮」。[166]或猶如「未前聞」，如王延業論宗廟數說：「一與一奪，名位莫定，求之典禮，所未前聞」。[167]

第二種涵義，是「之」爲代詞，指佛陀的教法，依此，「未之得聞」的涵義是「未得聞之」，即「未得聞佛陀教法」。因此，「故於浮圖之教，未之得聞」兩句，意指：所以對佛陀的教法，不能獲得認知於佛陀的教法。若作如是解，語句及語意顯然重複而生贅疣，是錯誤的。茲說「之」爲代詞於下：

在《魏書》語料中，如南齊雍州刺史曹虎遣使請降，盧淵爲使持節、安南

---

[158] 後秦・佛陀耶舍與竺佛念譯，《遊行經》，收入《長阿含經》，卷4，大正藏第一冊，頁29下。

[159] 東晉・僧肇撰，《注維摩詰經》，卷8，〈入不二法門品〉，大正藏第三十八冊，頁396。

[160] 佚名譯（東晉錄），《般泥洹經》，卷上，大正藏第一冊，頁176上。

[161] 西晉・竺法護譯，《佛說聖法印經》，大正藏第二冊，頁500上。

[162] 《魏書》，卷107上，〈律曆志上〉，頁2657。

[163] 《魏書》，卷109，〈樂志〉，頁2832。

[164] 《魏書》，卷60，〈史臣曰〉，頁1351。

[165] 《魏書》，卷47，〈盧淵傳〉，頁1048。

[166] 《魏書》，卷74，〈爾朱榮傳〉，頁1653。

[167] 《魏書》，卷108-2，〈禮志二〉，頁2768。

將軍，督前鋒諸軍徑赴樊鄧，淵面辭說：臣本儒生，頗聞俎豆，軍旅之事，未之學也。惟陛下裁之。軍期已逼，高祖不許」；[168]前個「之」字指軍事，而「未學之」。彭城王元勰、邢巒等奏說，禁私採池鹽及課稅是合理的，「是以後來經圖，未之或改」；[169]「之」指圖經，而「未或改之」。高閭說：「鎮戍新立，懸在異境，以勞禦逸，以新擊舊，而能自固者，未之有也」；「之」指能自固之事，而「未有之」。[170]元英南征蕭梁，告將士說：「縱之使入此城，吾先曾觀其形勢，易攻耳，吾取之如拾遺也。諸將未之信」。[171]「之」是指元英南的話，而「未信之」。在《洛陽伽藍記》語料中，例如，「（爾朱）兆自雷波涉渡，擒莊帝於式乾殿。帝初以黃河奔急，未謂兆得濟。不意兆不由舟楫，憑流而渡。是日，水淺，不沒馬腹故。及此難書契所記，未之有也」；[172]「之」指兆渡黃河之奇蹟，而「未有之」。「（楊）椿弟慎，冀州刺史。慎弟津，司空。並立性寬雅，貴義輕財，四世同居，一門三從朝貴義居，未之有也」；[173]「之」指楊椿家的優點，而「未有之」。

至於其他魏晉南北朝語料中，亦有其例。諸如，羅君章說：「世皆悲合之必離，而莫慰離之必合。皆知聚之必散，而莫識散之必聚。未之思也，豈遠乎哉者」；[174]最後「之」字，指離合之事，而「未思之」。王該說：「然信言不美，文繫辭宕，累冥絕昧，重淵隔浪。是以學者，未得其門，或未之留意」；[175]「之」指文辭之事，而「或未留意之」。釋智嚴因「有見鬼者云：見西州太社間鬼相語，嚴公至，當避易。此人未之解」；[176]「之」指鬼事，而「未解之」。鳩摩羅什「母樂欲出家。夫未之許」；[177]「之」指什母出家事，而「未許之」。康僧淵

---

[168] 《魏書》，卷 47，〈盧淵傳〉，頁 1048。

[169] 《魏書》，卷 68，〈甄琛傳〉，頁 1511-1512。

[170] 《魏書》，卷 54，〈高閭傳〉，頁 1207。

[171] 《魏書》，卷 19 下，〈中山王元英傳〉，頁 502。

[172] 楊衒之撰，《洛陽伽藍記》，卷 1，〈永寧寺〉，大正藏第五十一冊，頁 1002 上。

[173] 《洛陽伽藍記》，卷 2，〈景寧寺〉，大正藏第五十一冊，頁 1009 上。

[174] 東晉·羅君章，《更生論》，收入《弘明集》，卷 5，大正藏第五十二冊，頁 27 上。

[175] 晉南朝·王該，《日燭》，收入《弘明集》，卷 13，大正藏第五十二冊，頁 89 下。

[176] 《高僧傳》，卷 3，〈釋智嚴傳〉，大正藏第五十冊，頁 339 中。

[177] 《高僧傳》，卷 2，〈鳩摩羅什傳〉，大正藏第五十冊，頁 330 上。

「雖德愈暢度，而別以清約自處，常乞匈自資，人未之識」；[178]「之」指淵德行，而「未識之」。《最勝問菩薩十住除垢斷結經》說：「時我所施，有染著心，由是墜落，處在生死，唐勞其功，不獲其報。欲計彼時所興功德，如毫釐許，今存在者，未之見也」；[179]「之」指功德，而「未見之」。

[178] 《高僧傳》，卷4，〈康僧淵傳〉，大正藏第五十冊，頁347上。

[179] 後秦·竺佛念譯，《最勝問菩薩十住除垢斷結經》，卷4，〈滅心品〉，大正藏第十冊，頁995中。

第九章　釋「或聞而未信也」

〈釋老志〉所說：「魏先建國於玄朔，風俗淳一，無爲以自守，與西域殊絕，莫能往來。故浮圖之教，未之得聞，或聞而未信也」。塚本善隆先生的漢文標點作：「或聞而未信也」；是爲單句，和譯爲「或有時聞知卻也未能相信」。[1]這個和譯，在字面語意上固然正確，只是忽略了其間語意所涉及的矛盾問題。

「或聞而未信也」句，「未信」意指不信，淺白易洞懂。「或聞」，則有很難解讀之處，因爲它有一個因果關係的矛盾：在拓跋氏與西域「莫能往來」的單一之「因」，卻導致兩種「果」：第一個結果是「故浮圖之教，未之得聞」，這是合理的：即以「莫能往來」的「因」，導致「未之得聞」的「果」。第二個結果是「或聞而未之信也」，則是成爲矛盾的：在「莫能往來」之因的牽制下，已明其果爲「未之得聞」，而在「未之得聞」之外，卻又並存「或聞」。

上述的問題，經由本章討論之後，其實情應是：如第八章所說，「莫能往來」之「往來」，係否定官方的直接往來，並不否定非官方的直接或間接往來，在非官方往來情況下，能導致拓跋氏得以「或聞」到西域佛教。這又可證諸「或聞」的間接聞之語意，使「或聞而未信」得釋爲：（在非官方關係往來中）有聞知而不相信。

第一節　「或聞而未信也」之無法通釋的困境

〈釋老志〉「或聞而未信也」，表層看來，是一句既平常又簡單的話。惟若細加深究，則有諸多問題。先看《魏書》〈釋老志〉云：

> 與西域殊絕，莫能往來。故浮圖之教，未之得聞，或聞而未信也。[2]

上引文顯示，有關拓跋氏與西域佛教之關係的問題，在拓跋氏與西域「莫能往來」的前提下，拓跋氏對西域佛教的認知，結果有兩種：一是如前章所述，拓

---

[1] 塚本善隆，《魏書釋老志の研究》，頁 147-148。
[2] 《魏書》，卷 114，〈釋老志〉，頁 3030。

跋氏「未之得聞」於西域「浮圖之教」，這是合理的敘述。二是拓跋氏「或聞而未信」於西域「浮圖之教」；是有矛盾之處：拓跋氏與西域「莫能往來」，如何可能對於西域「浮圖之教」能夠「或聞而未信」呢？

上面的疑問，還顯示在道宣對〈釋老志〉文之刪略「或聞而未信也」句。《魏書》〈釋老志〉云：

> 與西域殊絕，莫能往來。故浮圖之教，未之得聞，或聞而未信也。及神元與魏、晉通聘，……。[3]

唐代道宣《弘明集》所輯《元魏書釋老志》云：

> 與西域殊絕，故浮圖之教，未之得聞。及神元與魏、晉通聘，……。[4]

兩相對照，《弘明集》文刪了「或聞而未信也」句。可能是道宣認為〈釋老志〉文讀起來有矛盾。若照著「或聞而未信也」字面去看，在事件的因果關係上，其文確實是有似是而非的矛盾之混淆。因在以拓跋氏「與西域殊絕，莫能往來」的原因規範內，既已導致（1）「故浮圖之教，未之得聞」的完全絕對否定其可能性，就不應再導致或者（2）「或聞而未信也」的相對肯定其可能性。如此一來便有矛盾：一面判斷說因拓跋氏沒有與西域往來，所以否定其能「聞」西域佛教；一面又判斷說因拓跋氏沒有與西域往來，所以肯定其「或聞」西域佛教。後一判斷，不就是矛盾了嗎？

從以上可見，前引文的「或聞」之語義，若釋以現代漢語的語意概念，是無法通釋的，必須返回古語之語意來再斟酌。

第二節　「或」字之語義

關於「或」字，許慎《說文》云：

> 或，邦也。从口，从戈以守一；一，地也。[5]

---

[3] 《魏書》，卷114，〈釋老志〉，頁3030。
[4] 《元魏書釋老志》，收入《廣弘明集》，卷2，歸正篇第一之二，，大正藏第五十二冊，頁101下。

或字，原指以戈之武力捍衛住一定範圍的土地，依據段玉裁的解釋，古代原來無國字，用或字來稱謂國、邦，或字讀作域。後來，「或」加「囗」構成「國」字。[6]王筠亦謂，或字是「古邦、封同聲相借」，即「封域」，或字亦「訓域也」。[7]依據考古出土文字，甲古文、金文、篆文中的「或」字，皆有邦、國之義，爲或字之本義，《說文》係依或字原義以釋之。[8]

或字在原義之外，亦被借用來指稱事物的狀態，而有如下五種用法：[9]

一、或訓「疑」。段玉裁說：「凡人各有所守（之地），皆得謂之域。各守其所，不能不相疑，故孔子曰：或之者，疑之也」。[10]這是對一事物，存有懷疑的不確定成分，《廣雅》云：「或，不定也，疑也」。[11]亦即「或」作「或者」：相當於現代漢語的「或許」、[12]「也許」、「或者」、「有時」。[13]例如，[14]《易》〈乾·文言〉云：「或之者，疑也」。[15]《管子》〈白心〉云：「夫或者何？若然者也」。《墨子》〈小取〉云：「或也者，不盡然也」。

《魏書》之或字，有同「疑」之義，如辛雄「久執按牘，數見疑訟」，而言訴訟之疑案，多用「或」字：一是御史所糾彈之官，「有注其逃走者，及其出訴，或爲公使」；即或許當事人任公差使離開職位，被誤認爲逃走的疑案。二「傍無三證」，勉強擬「比以獄按（同類案例）既成」定罪，而「或有據令奏復者」；即證據不足的定罪，或許朝廷有司會發現而下令重審的疑案。三是「或邀駕訴枉，被旨重究；或訴省稱冤，爲奏更檢」；即或許經由伸冤之後，

---

[5] 《說文解字注》，第十二篇下，頁 631 上。

[6] 《說文解字注》，第十二篇下，頁 631 上。

[7] 清·王筠撰，《說文句讀》（北京市：中華書局，1988 年 11 月初版二刷，道光刊本影印），卷 24，頁 505 上。

[8] 谷衍奎，《漢字源流字典》（北京市：華夏出版社，2003 年 1 月初版一刷），頁 334。

[9] 以下討論主要之依據是：清·王引之撰，清·孫經世補，《經傳釋詞·補·再補》（台北縣：漢京文化公司，1983 年 4 月初版，新校標點本），卷 3，頁 75-78；谷衍奎，《漢字源流字典》，頁 334-335；《辭源》，頁 643。

[10] 《說文解字注》，第十二篇下，頁 631 上。

[11] 《新校正切宋本廣韻》，頁 530。

[12] 谷衍奎，《漢字源流字典》，頁 335。

[13] 《辭源》，頁 643。

[14] 其例取自《經傳釋詞·補·再補》，卷 3，頁 75。

[15] 曹魏·王弼注，唐·孔穎達疏，《周易注疏》（台北市：藝文印書館，1985 年 12 月，十三經注疏，阮元刊本），卷 1，〈乾·文言〉，頁 17 下。

獲准重審的疑案。四是「或受辭下檢反覆，使鞫獄證占分明，理合清雪，未及告按，忽逢恩赦」；即或許證據顯示清白，還沒判決就遇大赦，將須如何處理的疑案。[16]高閭上奏指出，六宗之祀，《禮》書無明文，「名位壇兆，歷代所疑」，綜計漢魏及晉諸儒的異說，凡有十一家，「或稱天地四時，或稱六者之間，或稱易之六子，或稱風雷之類，或稱星辰之屬，或曰世代所宗，或云宗廟所尚，或曰社稷五祀」，顯示「論者雖多，皆有所關，莫能評究」，形成「眾疑」、「今惑」。[17]由此可見，高氏對各家觀點，只能冠上或字，來顯示其或許、或者的不確定狀態。

其餘例證如，游雅說：「夫喜怒者，有生所不能無也。而前史載卓公寬中，文饒洪量，褊心者或之弗信」。[18]太武帝問臣下說：「曩下僉言跋世居此土，祠冢猶存，其或者能致斯變」。[19]李彪上表說：「不可以稱其侈意，用違經典。今或者以為習俗日久，不可卒革，臣謹言古人革之之漸」。[20]張普惠上奏說：「天其或者欲以告戒人，不欲使南北兩疆，並興大眾」。[21]符堅對其太子永道說：「天或導予，脫如謠言。留汝兼總戎政，勿與賊爭利。吾當出隴收兵，運糧以給汝。天其或者正訓予也」。[22]

二、或訓「有的」：[23]《易》〈繫辭上〉云：「君子之道，或出或處，或默或語」。[24]此「或亦有也」。《禮記》〈禮器〉云：「禮有大有小，有顯有微」。[25]《魏書》亦有其例，如江式認為，曹魏初博士張揖於文字學多所著作，「然其字詁（《古今字詁》），方之許慎篇，古今體用，或得或失矣」；[26]或意為

16　《魏書》，卷 77，〈辛雄傳〉，頁 1692-1693。

17　《魏書》，卷 108-1，〈禮志一〉，頁 2743。

18　《魏書》，卷 48，〈游雅傳〉，頁 1077。

19　《魏書》，卷 28，〈和跋傳〉，頁 682。

20　《魏書》，卷 62，〈李彪傳〉，頁 1383。

21　《魏書》，卷 78，〈張普惠傳〉，頁 1740。

22　《魏書》，卷 95，〈臨渭氐傳・符堅〉，頁 2078。

23　在《經傳釋詞》（卷 3，頁 76-77）中，本條皆涵括在「或」訓「有」之內；《辭源》（頁 643）將之區分為「有的」、「有」，此處依之分解。

24　《周易注疏》，卷 7，〈繫辭上〉，頁 151 下。

25　《禮記注疏》，卷 23，〈禮器〉，頁 459 上。

26　《魏書》，卷 91，〈藝術傳・江式〉，頁 1963。

有的，是指有的屬得、有的屬失的情況。其他則如，孝文帝時，「李訴、鄧宗慶等號爲明察，勤理時務，而二人終見誅戮，餘十數人或黜或免」。[27]劉靈助好陰陽占卜，「而粗疏無賴，常去來燕恒之界，或時負販，或復劫盜，賣術於市」。[28]道武帝晚年，因服寒食散，「藥數動發」，精神極不穩定。災變屢見之際，「憂懣不安，或數日不食，或不寢達旦」。當追思過成敗得失，朝臣至其前，「追其舊惡皆見殺害，其餘或以顏色變動，或以喘息不調，或以行步乖節，或以言辭失措，帝皆以爲懷惡在心」。[29]

　　三、或訓「有」：《詩經》〈召南・殷其靁〉云：「何斯違斯，莫敢或遑」。[30]即意指「莫敢有遑」。《左傳》〈僖公二十八年〉「有渝此盟」，[31]即意指「或渝此盟也」。〈昭公十三年〉云：「未之或失」，[32]即意指「未之有失也」。《儀禮》〈覲禮〉云：「或閒茲命」，[33]即意指「有閒茲命」。由此，王引之說：「或之言有也，聲義相通，則字亦相通」。[34]段玉裁同樣指出，「或但訓有，漢人多以有訓或」，音仍讀作域。[35]《魏書》有相同例證，諸如，耿玄善卜占，「別有林占，世或傳之」，或訓有之義，乃當世有孟剛與王領郡均善銓錄風角，顏惡頭善卜筮，「亦用耿玄林占，當時最知名」，[36]故或傳意指有傳。高閭認爲六宗之祀，解釋有多家，「披究往說，各有其理。較而論之，長短互有，若偏用一家，事或差舛」；[37]諸說並立，不能精確判定下，選擇一家之言遵行，會有錯誤，故或字意指有。餘例則如，諸大人對什翼犍說：「今中州大亂，誠宜進取，如聞豪強並起，不可一舉而定，若或留連，經歷歲稔，恐無永逸之利」。

27　《魏書》，卷33，〈王嶷傳〉，頁775-776。

28　《魏書》，卷91，〈藝術傳・劉靈助〉，頁1958。

29　《魏書》，卷2，〈太祖紀〉，頁44。

30　《毛詩注疏》，卷1，〈國風・召南・殷其靁〉，頁59上。

31　晉・杜預注，唐・孔穎達疏，《春秋左傳注疏》，卷16，〈僖公二十八年〉，頁274上，275上。

32　《春秋左傳注疏》，卷46，〈昭公十三年〉，頁810下。

33　唐・賈公彥撰，《儀禮注疏》，卷10，〈覲禮〉，頁328下。

34　本條各典籍文句之釋，據《經傳釋詞》，卷3，頁76-77。

35　《說文解字注》，第十二篇下，頁631。

36　《魏書》，卷91，〈藝術傳・耿玄〉，頁1958。

37　《魏書》，卷108-1，〈禮志一〉，頁2743。

[38]什翼犍謂燕鳳曰：「吾不忍視謙之面，卿勿泄言，（許）謙或慚而自殺，爲財辱士，非也」。[39]太武帝詔說：「遭值季運，天下分崩。是用屢征，罔或寧息」；「臺司當深思效績，直道正身，立功立事，無或懈怠」。[40]

四、或訓「又」：《詩經》〈甫田・賓之初筵〉云：「既立之監，或佐之史」，[41]此「言又佐之史也」。[42]《魏書》有相同語意，例如，孝文帝說：「朕既以四海爲家，或南或北，遲速無常」。[43]尉元上奏說：「若天雨既降，或因水通，運糧益眾，規爲進取」。[44]孝莊帝時，「尒朱榮之擒葛榮也，送至京師，莊帝欲面見數之。子熙以爲榮既元兇，自知必死，恐或不遜，無宜見之」。[45]李彪上奏說：「與著作等鳩集遺文，并取前記，撰爲國書。假有新進時賢制作於此者，恐閨門既異，出入生疑，弦柱既易，善者或謬」。[46]

五、或作語助詞：如《詩經》〈鹿鳴・天保〉云：「如松柏之茂，無不爾或承」。[47]後一句即「言無不爾承」，或字爲「語助耳」，此間其字「無意義也」。[48]《魏書》之例證如，張倫上奏說：「儻即歸附，示之以弱，窺覦或起」；「天子之聲必籠罩於無外。脫或未從，焉能損益」。[49]李騫〈釋情賦〉云：「幸出遊之或寫，冀觀濤之可矚」。[50]邢巒等上奏說：「爾者，昔之君子何爲然哉？是以後來經圖，未之或改」。[51]陽固〈刺讒疾嬖幸詩〉云：「番番緝緝，讒言側入。君子好讒，如或弗及」。[52]張普惠說：「議者近背正經以附非類，差之毫毛，所

---

[38] 《魏書》，卷1，〈序紀〉，頁13。

[39] 《魏書》，卷1，〈序紀〉，頁16。

[40] 《魏書》，卷4上，〈世祖紀上〉，頁80。

[41] 《毛詩注疏》，卷14，〈小雅・甫田・賓之初筵〉，頁496上-下。

[42] 《經傳釋詞》，卷3，頁77。

[43] 《魏書》，卷14，〈東陽王元丕傳〉，頁360。

[44] 《魏書》，卷50，〈尉元傳〉，頁1112。

[45] 《魏書》，卷60，〈韓子熙傳〉，頁1337。

[46] 《魏書》，卷62，〈李彪傳〉，頁1395。

[47] 《毛詩注疏》，卷9，〈小雅・鹿鳴・天保〉，頁311下。

[48] 《經傳釋詞》，卷3，頁78。

[49] 《魏書》，卷24，〈張倫傳〉，頁618。

[50] 《魏書》，卷36，〈李騫傳〉，頁839。

[51] 《魏書》，卷68，〈甄琛傳〉，頁1512。

[52] 《魏書》，卷72，〈陽固傳〉，頁1610。

失或遠」。[53]

依照前述，「或」字既有五種語義，應據之以檢證〈釋老志〉「或聞而未信」句，以便測度其通釋與否之狀態。

第三節 「或」字語意代入「或聞」之敘事矛盾

在以前述「或」字語意檢證「或聞」之過程中，為了達到客觀正確，必須注意配合〈釋老志〉文本陳述句的表達方式：即事件的因果關係。

〈釋老志〉「與西域殊絕，莫能往來。故浮圖之教，未之得聞，或聞而未信也」，是在陳述一個事件過程：拓跋氏佛教起源與西域佛教之關係。對於事件過程的陳述，明顯是運用因果關係之陳述，以為表達方式：

因：拓跋氏「與西域殊絕，莫能往來」。

果：「故」拓跋氏與西域「浮圖之教」之關係，產生兩種結果，一是「未之得聞」；二是「或聞而未信也」。

以下就環繞〈釋老志〉的事件因果關係陳述，來使用「或」字語義檢證其通釋與否狀況。

壹、「或」訓「或許」無法通釋

若以或訓「或許」來解讀，〈釋老志〉的陳述成為：因拓跋氏「與西域殊絕，莫能往來」；「故」其與西域「浮圖之教」的關係，有兩種結果：一是「未之得聞」，二「或（＝或許）聞而未信也」。

在表面來看，上釋似乎通順合理，惟再就事件的因果關係而言，兩種結果中，第一種為合理，第二種為矛盾，另外還會不符〈釋老志〉原文。其情形如下：

第一個結果，是合理的。〈釋老志〉是先肯定拓跋氏「與西域殊絕，莫能往來」為前提，接著，說拓跋氏「故浮圖之教，未之得聞」，是正確的。理由是：既已存在莫能與西域往來的「因」，當會導致未能聞知西域佛教的「果」。

第二個結果，是矛盾的。〈釋老志〉既先已肯定拓跋氏「與西域殊絕，莫

---

[53] 《魏書》，卷 78，〈張普惠傳〉，頁 1731，

能往來」為前提，再說拓跋氏對西域佛教「或者聞而未信也」，則是有不正確的，理由是：既已存在莫能與西域往來的「因」，既已導致不能聞知西域佛教的「果」，還說有個「或（＝或許）聞而未信也」，此果與前因，形成了矛盾：既已無法與西域往來的「因」，如何可能會導致「或許」從西域聽聞到西域佛教而沒有信受的「果」呢？

綜合來看，將「或」訓「或許」，在莫能與西域往來的「因」之條件下，一面導致「未聞」之果，是定然狀態；另一面又產生「或（＝或許）聞」的之果，乃非定然狀態。這是很可怪異而難以通釋之事。塚本先生的和譯文，正屬此例。

貳、「或」訓「有的」無法通釋

若以或訓「有的」來解釋，〈釋老志〉的陳述成為：因拓跋氏「與西域殊絕，莫能往來」；「故」其與西域「浮圖之教」之關係，有兩種結果：一是「未之得聞」，二「或（＝有的）聞而未信也」。

如此，表面上似乎通順合理，事實上依然是不盡然。蓋就事件的因果關係而言，兩種結果，第一種為合理，第二種為矛盾，而且還有不合〈釋老志〉原文之虞。情況如下：

第一個結果，是合理的。〈釋老志〉是先肯定拓跋氏「與西域殊絕，莫能往來」為前提，接著，說拓跋氏「故浮圖之教，未之得聞」，是正確的。理由是：既已存在莫能與西域往來的「因」，當會導致未能聞知西域佛教的「果」。

第二個結果，是矛盾的。〈釋老志〉既先已肯定拓跋氏「與西域殊絕，莫能往來」為前提，再說拓跋氏對西域佛教「或（＝有的）聞而未信也」，則是有不正確的，理由是：既已存在莫能與西域往來的「因」，既已導致不能聞知西域佛教的「果」，還說另有個「（＝有的）聞而未信也」，此果與前因，形成了矛盾：既已無法與西域往來的「因」，如何可能會導致「有的」從西域聽聞到西域佛教而沒有信受的「果」呢？

再綜合來看，把「或」字訓「有的」來作解釋，將導致不合〈釋老志〉原文。蓋據之以釋，〈釋老志〉的陳述句，將可以有兩種改寫：一是「或未之得

聞，或聞而未信也」；二是「有未之得聞，有聞而未信也」。如此則與〈釋老志〉原文及原文，完全不相符。同時，更不符〈釋老志〉的事件因果關係陳述：「莫能往來」，是一個肯定的因，在肯定的「莫能」與西域「往來」的情形下，如何可能導致兩種不確定狀態：一是對西域佛教「或」（＝有的）未聞，二是對西域佛教「或（＝有的）聞」。

參、「或」訓「有」無法通釋

若以或訓「有」來解讀，〈釋老志〉的陳述成為：由於拓跋氏「與西域殊絕，莫能往來」；「故」其與西域「浮圖之教」的關係，有兩種結果：一是「未之得聞」，二「或（＝有）聞而未信也」。

上述似乎合理可通，其實就事件的因果關係而言，兩種結果，第一種為合理，第二種為矛盾，而且還有不合〈釋老志〉原文之虞。情況如下：

第一個結果，是合理的。〈釋老志〉是先肯定拓跋氏「與西域殊絕，莫能往來」為前提，接著，說拓跋氏「故浮圖之教，未之得聞」，是正確的。理由是：既已存在莫能與西域往來的「因」，當會導致未能聞知西域佛教的「果」。

第二個結果，是矛盾的。〈釋老志〉既先已肯定拓跋氏「與西域殊絕，莫能往來」為前提，再說拓跋氏對西域佛教「或（＝有的）聞而未信也」，則是有不正確的，理由是：既已存在莫能與西域往來的「因」，既已導致不能聞知西域佛教的「果」，還說另有個「或（＝有）聞而未信也」之「果」，此果與前因，形成了矛盾：既已無法與西域往來的「因」，如何可能會導致「有」從西域聽聞到西域佛教而沒有信受的「果」呢？

再綜合言之，將「或」字訓「有」來作解釋，是會導致不合〈釋老志〉原文的。因以之為釋，則〈釋老志〉所陳述的事件因果關係，會變成一個因產生兩個衝突的果：拓跋氏與西域「莫能往來」的「因」，產生了既「未之得聞」的一個「果」又「或（＝有）聞而未信也」。如此則與〈釋老志〉原文及原文，完全不相符。

肆、或訓「又」及作語助詞無法通釋

若以或訓「又」來作解，則〈釋老志〉的陳述成爲：因拓跋氏「與西域殊絕，莫能往來」；「故」其與西域「浮圖之教」的關係，有兩種結果：一是「未之得聞」，二「或（＝又）聞而未信也」。

上述顯然不可通，蓋就事件的因果關係而言，兩種結果，第一種爲合理，第二種爲矛盾，而且還有不合〈釋老志〉原文之虞。情況如下：

第一個結果，是合理的。〈釋老志〉是先肯定拓跋氏「與西域殊絕，莫能往來」爲前提，接著，說拓跋氏「故浮圖之教，未之得聞」，是正確的。理由是：既已存在莫能與西域往來的「因」，當會導致未能聞知西域佛教的「果」。

第二個結果，是矛盾的。〈釋老志〉既先已肯定拓跋氏「與西域殊絕，莫能往來」爲前提，再說拓跋氏對西域佛教「或（＝又）聞而未信也」，則是有不正確的，理由是：既已存在莫能與西域往來的「因」，既已導致不能聞知西域佛教的「果」，還說另有個「或（＝又）聞而未信也」之「果」，此果與前因，形成了矛盾：既已無法與西域往來的「因」，如何可能會導致「又」從西域聽聞到西域佛教而沒有信受的「果」呢？

再綜合言之，將「或」字訓「又」來作解釋，是會導致不合〈釋老志〉原文的。因以之爲釋，則〈釋老志〉所陳述的事件因果關係，會變成一個因產生兩個衝突的果：拓跋氏與西域「莫能往來」的「因」，產生了既「未之得聞」的一個「果」又「或（＝又）聞而未信也」。如此則與〈釋老志〉原文及原文，完全不相符。

若以或訓作語助詞來作解，則〈釋老志〉的陳述成爲：因拓跋氏「與西域殊絕，莫能往來」；「故」其與西域「浮圖之教」的關係，有兩種結果：一是「未之得聞」，二「或聞而未信也」。

在此情況下，第一種結果，依然合理。即由「莫能」與西域「往來」的因，產生「未之得聞」的果，是正確的。

第二種結果，是矛盾的。由於「或」作語助詞無意義，可以刪除省略，「或聞而未信也」句之意即「聞而未信也」；由此，則由「莫能」與西域「往來」的因，產生「聞而未信也」的果，是不正確的。

綜合來說，將「或」字訓作語助詞來解釋，是不合〈釋老志〉原文的。因以之爲釋，則〈釋老志〉所陳述的事件因果關係，會變成一個因產生兩個衝突的果：拓跋氏與西域「莫能往來」的「因」，產生了既「未之得聞」的一個「果」又含著「聞而未信也」。如此則與〈釋老志〉原文及原意，完全不相符。

伍、事件因果關係的肯定、否定、不定交叉無法解讀

〈釋老志〉所陳述的事件因果關係：拓跋氏「與西域殊絕，莫能往來」→以致「故」對拓跋氏與西域「浮圖之教」的關係，有兩種結果→一是拓跋氏對西域佛教「未之得聞」，一是拓跋氏對西域佛教「或聞而未信也」。再依其字句所表達的肯定、否定、不定狀態，將兩者交叉解讀，仍舊無法讀通。

第一種讀法，是由（1）「莫能往來」是否定拓跋氏與西域有往來→（2）「未之得聞」是否定拓跋氏有聞於西域佛教→（3）「或聞」是不確定的以爲拓跋氏有可能聞於西域佛教。其通釋與否的狀況如下：

得以通釋者是：（1）否定的因，引出（2）否定的果，是合理的。

無法通釋的狀況有二：

其一，由（1）否定的因，會產生（3）不定的果。

其二，由（1）否定的因，引出（2）否定的果之後，卻又會再引出（3）不定的果；是由一否定因，產生既否定又不定的果。

第二種讀法，是（1）「莫能往來」是肯定拓跋氏沒有與西域往來→（2）「未之得聞」是肯定拓跋氏沒有聞於西域佛教→（3）「或聞」是不確定的以爲拓跋氏有可能聞於西域佛教。其通釋與否的狀況如下：

得以通釋者是：從（1）肯定的因，導出（2）肯定的果，是合理的。

無法通釋的狀況有二：

其一，從（1）肯定的因，會產生（3）不定的果。

其二，從（1）肯定的因，引出（2）肯定的果之後，卻又會再引出（3）不定的果；是由一肯定因，產生既肯定又不定的果。

第四節 「莫能往來」不否定非官方往來的通釋

前文顯示，各種「或」字語，都無法通釋〈釋老志〉的「與西域殊絕，莫能往來。故浮圖之教，未之得聞，或聞而未信也」，並非表示此段文句不可作解。而欲得以通釋的關鍵，必須對其事件因果陳述，暫離開「或聞」之果，追索其「莫能往來」之因的問題。由此，便可發現「莫能」，是否定官方「往來」，沒有否定非官方往來，由此「因」來看「果」，則「因」官方沒往來，產生「未之得聞」的「果」；又「因」非官方有往來，產生「或聞」之「果」。依此，「或聞」之「或」，用前述「或」字諸義，均可通釋；惟若加選擇，宜將「或」釋作「有」，意在兼含非官方的直接或間接往來，「有」是處在直接、間接兩種狀態中。

〈釋老志〉所說「與西域殊絕，莫能往來」，其「往來」的語義，可以有兩種型態：

第一種型態，是拓跋氏與西域之間「莫能往來」，完全否定官方、非官方關係。若是如此，則情況便如前文所述，其文句是無法通釋的。

第二種型態，是拓跋氏與西域之間「莫能往來」，唯獨否官方往來，沒有否定非官方之直接、間接」往來；亦即拓跋氏與西域之間，唯獨在官方關上，「莫能往來」；在非官方的其他關係上，有直接或間接的「往來」。

如第八章所討論，「莫能往來」句義是第二種型態，如此一來，其文句便都可通釋，茲以或字語意代入「或聞」來說明：

一、或訓「或許」，〈釋老志〉的陳述成為：因拓跋氏在官方直接關係上，「與西域殊絕，莫能往來」，「故」於西域「浮圖之教」，「未之得聞」；可是因在某種直接或間接關係上有往來，對西域佛教「或（＝或許）聞而未信也」。

二、或訓「有的」，〈釋老志〉的陳述成為：因拓跋氏在官方直接關係上，「與西域殊絕，莫能往來」，「故」於西域「浮圖之教」，「未之得聞」；可是因在某種直接或間接關係上有往來，對西域佛教「或（＝有的）聞而未信也」。

三、或訓「有」，〈釋老志〉的陳述成為：因拓跋氏在官方直接關係上，「與西域殊絕，莫能往來」，「故」於西域「浮圖之教」，「未之得聞」；可

是因在某種直接或間接關係上有往來，對西域佛教「或（＝有）聞而未信也」。

四、或訓「又」，〈釋老志〉的陳述成為：因拓跋氏在官方直接關係上，「與西域殊絕，莫能往來」，「故」於西域「浮圖之教」，「未之得聞」；可是因在某種直接或間接關係上有往來，對西域佛教「或（＝又）聞而未信也」。

五、或訓作語助詞，〈釋老志〉的陳述成為：因拓跋氏在官方直接關係上，「與西域殊絕，莫能往來」，「故」於西域「浮圖之教」，「未之得聞」；可是因在某種直接或間接關係上有往來，對西域佛教「或（刪除省略）聞而未信也」。

六、就〈釋老志〉所陳述的事件因果關係，交叉肯定、否定、不定交叉無法來解讀，便成為合理的成為三種同質因果關係，消弭衝突及矛盾：

在肯定層面上，肯定拓跋氏在官方直接關係上，「與西域殊絕，莫能往來」之因，於是肯定「故」於西域「浮圖之教」，「未之得聞」之果。在此之外，因在某種直接或間接關係上有往來，對西域佛教「或聞而未信也」。

在否定層面上，「與西域殊絕，莫能往來」，是否定拓跋氏在官方直接關係上，與西域有往來；「故浮圖之教，未之得聞」，是否定拓跋氏對西域佛教之聞。在此之外，否定在某種直接或間接關係上沒有往來，故「或聞而未信也」，是否定拓跋氏對西域佛教未聞。

在不定的層面上，則獨指第二種結果：在官方關係以外，通過某種直接或間接關係上，拓跋氏與西域之間可能有往來；故「或聞而未信也」，是指拓跋氏對西域佛教可能（或許）有聞。

第五節 「或聞」語義含間接聞的通釋

前述「莫能往來」之「往來」，係指官方關係的直接往來，並不否定非官方關係的直接或間接往來，在非官方關係往來情況下，能導致拓跋氏得以「或聞」到西域佛教。這又可證諸「或聞」的間接聞之語意。使「或聞而未信」得釋為：「有」聞知而不相信；此處之「或」釋「有」，意在兼含非官方的直接聞或間接聞，「有」是處在直接、間接兩種狀態中。以下就來說明「或聞」的間接聞義。

〈釋老志〉「或聞而未之信」之「或聞」，在《魏書》其他地方，迄尙難找到其他「或聞」語料，以下僅就相關語料來說明：

一、魏收釋「或」，有「間接」之義。《隋書》〈李德林傳〉載魏收〈與李德林書〉云：

> 魏收與陽休之論〈齊書〉起元事，敕集百司會議。收與德林書曰：「前者議文，總諸事意，小如混漫，難可領解。今便隨事條列，幸爲留懷，細加推逐。凡言或者，皆是敵人之議。既聞人說，因而探論耳」。[54]

這是爲了討論〈齊書〉紀年斷限起元之事，先是魏收已先提出一份「議文」，表達了整體的看法；今〈與李德林書〉是針對「前者議文」的再說明，說明的重點，是「前者議文」中「凡言或者」的涵義；也就是說，他在議文中使用了「或」字，現在要對所用「或」字語意特加說明：

（一）「聞」意指間接認知：魏收議文中的「或」字，都是指著「敵人之議」，所謂「敵人」係謂意見不同的人，非爲特定的某一個人，包括了陽休之及「敕集百司」中有不同意見的人，乃意見對立的一群人，故「敵人之議」的認知，並非來自某特定敵人的直接對話，而是「聞人說」，這個「人」，顯然不是「敵人」群中的份子，是我與敵人之間的第三者之某「人」，經由他傳來了「敵人」的意見；既由第三者他人間接傳遞敵人的意見，就有必要對其意見探討與分析了。此聞的間接認知，亦見於後文所引《魏書》語料。

（二）「或」之「有」義得融合「間接」義：如上所述，「聞」既意指間接認知，「或」的「敵人之議」的來源是「聞人說」，其過程即是：「敵人之議→某第三者「人」傳遞→魏收「聞」了認知了敵人之議」。在這過程中，魏收對間接認知使用「聞」字，對間接所聞「敵人之議」，使用「或」字，謂之「凡言或者，皆是敵人之議」，遂使「或」字意指接間認知的敵人之議，「或」字含有間接義。此外，依魏收所說的「凡言或者」，顯示議文的「或」字之使用，不止一處，而屬多處，或字的語意當是指「有」此敵人之議、「有」彼敵人之議，而此「有」是間接認知之「有」，故「或」字的「有」義，可融合著

---

[54] 《隋書》，卷 42，〈李德林傳〉，頁 1195。

間接義，是爲間接（認知或聞）之「有」。

　　二、〈釋老志〉「聞」之「間接聞」義，係源自「或聞」。〈釋老志〉載說：

　　　　及開西域，遣張騫使大夏還，傳其旁有身毒國，一名天竺，始聞有浮屠之教。[55]

《史記》〈西南夷列傳〉云：

　　　　及元狩元年，博望侯張騫使大夏來，言居大夏時見蜀布、邛竹、杖，使問所從來，曰「從東南身毒國，可數千里，得蜀賈人市」。或聞邛西可二千里有身毒國。[56]

《漢書》〈西南夷傳〉亦說：

　　　　博望侯張騫言使大夏時，見蜀布、邛竹杖，問所從來，曰：「從東南身毒國，可數千里，得蜀賈人市。」或聞邛西可二千里有身毒國。[57]

〈釋老志〉說張騫始「聞」身毒（印度）「有浮屠之教」，業經學界否認其爲事實。[58]至於〈釋老志〉此說之依據，學者有兩種看法：一是以爲出自劉宋范曄《後漢書》〈西域傳〉所載：[59]「天竺國一名身毒，在月氏之東南數千里。俗與月氏同，而卑溼暑熱。其國臨大水。乘象而戰。其人弱於月氏，脩浮圖道，不殺伐，遂以成俗」。[60]一是以爲出自上引史、漢〈西南夷傳〉。[61]第一種說法，應屬不可靠，理由有二：（1）《後漢書》〈西域傳〉明確的說：「至於佛道神化，興自身毒，而二漢方志莫有稱焉。張騫但著地多暑溼，乘象而戰，班勇雖列其奉浮圖，不殺伐，而精文善法導達之功靡所傳述。余聞之後說也」。[62]范曄已肯定，天竺佛教，是「二漢方志」所未載，「張騫但著」他事而不及於佛教，

---

[55] 《魏書》，卷114，〈釋老志〉，頁3025。

[56] 《史記》，卷116，〈西南夷列傳〉，頁2995。

[57] 《漢書》，卷95，〈西南夷傳〉，頁3841。

[58] 湯用彤，《漢魏兩晉南北朝佛教史》，頁9。

[59] 鎌田茂雄著，關世謙譯，《中國佛教通史》，第一卷，頁99-100。

[60] 《後漢書》，卷88，〈西域傳〉，頁2921。

[61] 塚本善隆，《魏書釋老志の研究》，頁73。

[62] 《後漢書》，卷88，〈西域傳〉，頁2932。

至班勇使記佛教事。依此記載內容，〈釋老志〉的張騫始聞身毒佛教之說，怎可能出自此書呢？（2）基於前述，在《後漢書》〈西域傳〉中，〈釋老志〉作者所能獲得之知識，決非張騫始聞身毒佛教，而是佛教起源於天竺；可是《魏書》撰於北齊初，佛教已蔚然盛行，其之源自天竺之事，大抵已成為時代常識，〈釋老志〉作者有必要依該書來獲取認知嗎？第二種說法，是正確的，因〈釋老志〉所載「及開西域，遣張騫使大夏」之事件，正是史、漢〈西南夷傳〉記錄的內容。

依照上述，便可考察〈釋老志〉「始聞」之「聞」，改寫自史、漢〈西南夷傳〉的「或聞」，語意都指間接聞：（1）〈釋老志〉的改寫，妄增了「浮屠之教」乙事。（2）史、漢敘事的情節結構是：「張騫在大夏→見蜀布、邛竹杖→問所從來，有人說明緣由→從而『或聞』邛西有身毒國」；〈釋老志〉改寫成：「張騫使大夏→回到漢朝→傳其旁有身毒國→『始聞』有浮屠之教」。（3）由此改寫顯示，〈釋老志〉的「始聞」，是改自史、漢的「或聞」：當時，張騫在大夏，根本未去身毒國，是經由他人陳述，才「或聞邛西可二千里有身毒國」，是屬間接聽聞。〈釋老志〉對此事，妄增張騫「始聞有浮屠之教」，並未說是張騫到身毒去而聞，而「張騫使大夏還」，業已表示張騫到大夏就返漢，沒到過身毒，所以「始聞」是在大夏發生的，亦即改寫自史、漢的「或聞」。（4）〈釋老志〉將「或聞」改作「始聞」，其用意是要顯示漢地「始」（初次，第一次）「聞」到天竺「有浮屠之教」。（5）因此，「始」字是時間或次序副詞，與「聞」的語意本身無關，是用來界定「聞」的時間或次序狀態。由於如此，此〈釋老志〉「聞」字，改寫自史、漢「或聞」，具有相同的語意，即間接聞：「在大夏國→見蜀布、邛竹杖→問所從來，有人說明緣由→從而『或聞』邛西有身毒國」。

三、〈釋老志〉的「聞」，有「間接聞」的語意。〈釋老志〉云：

> 哀帝元壽元年（2），博士弟子秦景憲受大月氏王使伊存口授浮屠經。中土聞之，未之信了也。[63]

---

[63] 《魏書》，卷114，〈釋老志〉，頁3025。

以上所說，係出於曹魏魚豢《魏略》〈西戎傳〉的記載：

> 昔漢哀帝元壽元年（前2），博士弟子景盧受大月氏王使伊存口授浮屠經。[64]

對照兩文，〈西戎傳〉的「景盧」，在變成「秦景憲」。更重要的是，〈釋老志〉加上了「中土聞之，未之信了也」；其語句結構，類如「或聞而未之信」。前者之「聞」，意指直接聞、間接聞兩義：

就秦景憲來說，其「聞」西域佛法，是直接聞。一因漢地與西域有直接往來，遂有「大月氏王使伊存」來到漢地，景憲得與伊存直接往來。二因景憲之「聞」，是與伊存直接見面，由伊存直接「口授浮屠經」，景獻乃得直接聞。

就「中土」來說，其「聞」西域佛法，就含有間接聞之義。因「中土」一語，包含整個漢地，指涉的人物，不只是景憲一人，還有其他多人。同在漢地與西域有直接往來的背景下，景憲以外諸人的「聞」西域佛法，當不同於前述景憲之直接聞，而應是在「伊存口授浮屠經」於景憲以後，由景憲輾轉傳播，使其他諸人「聞」。此「聞」即間接聞之義了。

四、《魏書》他處之「聞」，亦有「間接聞」之義，如其書〈張蒲傳〉載云：

> 張蒲，……父攀，後燕慕容垂御史中丞、兵部尚書，以清方稱。蒲少有父風，頗涉文史，以端謹見知，為慕容寶陽平、河間二郡太守，尚書左丞。太祖定中山，寶之官司敘用者，多降品秩。既素聞蒲名，仍拜為尚書左丞。[65]

上文所說拓跋珪對張蒲（？-434）名聲的「素聞」，意指長期的認知。同時，拓跋珪要到皇始二年「定中山」平後燕，才見到成為俘虜的張蒲，故其「素聞」的認知的方式，當屬間接的，認知的途徑可能有三種：

（一）在代國與後燕和好時期，由代國使者得知。按後燕燕元元年（383），慕容垂即燕王位於榮陽；建興元年（386）即皇帝位，定都中山，[66]往後代國

---

64 《三國志》，卷30，〈魏書·烏丸鮮卑東夷傳〉裴注引，頁859。

65 《魏書》，卷33，〈張蒲傳〉，頁778-779。

66 《晉書》，卷123，〈載記·慕容垂〉，頁3082，3086。

與之有使者往來，至登國五年（390）八月，拓跋珪遣秦王拓跋觚出使後燕
（384-409），登國六年（391）七月，慕容垂扣留拓跋觚而求名馬，拓跋珪便
與後燕絕裂，「遂絕行人」。[67]據現有史料，這段期間內，拓跋珪未曾到過後燕，
故可能是透過往來後燕的使者，得知張蒲「少有父風，頗涉文史，以端謹見知」。

（二）在代國與後燕交戰期，拓跋珪進入後燕境內作戰而得知。登國六年
代燕絕交後，拓跋珪立即遣使西燕（384-394）慕容永（在位 386-394），[68]轉
與聯好。[69]登國八年（393）五月，慕容垂進軍西燕，慕容永向拓跋珪告急，
乃遣軍救援。[70]登國九年（394），慕容永被殺於長子，西燕滅亡。[71]代國與後
燕進入交戰期。此間至皇始元年（396）慕容垂去世，慕容寶繼立（在位
396-398）。[72]同年六月，拓跋珪開始進軍後燕國境內，佔領後燕廣寧郡（治在
下洛縣，今河北省涿鹿縣），上谷郡（治在沮陽，今河北省懷來縣沙城鎮東南）。
[73]到了九月，并州（約今山西省）順利佔領下來。[74]至皇始二年（397）十月，
方得「中山平」。[75]并州佔領後，拓跋珪的措施有「并州平，初建臺省，置百
官，封拜公侯、將軍、刺史、太守，尚書郎已下悉用文人。帝初拓中原，留心
慰納，諸士大夫詣軍門者，無少長，皆引入賜見，存問周悉，人得自盡；苟有
微能，咸蒙敘用」。[76]因此，拓跋珪可能在所進軍的北燕境內，獲知後燕官民
所傳播的張蒲聲望。

（三）從後燕戰俘得知。例如，登國十年（395）參合陂之役，縱有俘虜
四、五萬人被坑殺俘虜，[77]亦「於俘虜之中擇其才識者賈彝、賈閏、晁崇等與

---

67 《魏書》，卷2，〈太祖紀〉，頁23，24；《魏書》，卷95，〈慕容垂傳〉，頁2066。
68 《魏書》，卷28，〈庾業延傳〉，頁684。
69 《魏書》，卷2，〈太祖紀〉，頁23，24；《魏書》，卷95，〈慕容垂傳〉，頁2066。
70 《魏書》，卷2，〈太祖紀〉，頁25。
71 《魏書》，卷95，〈慕容永傳〉，頁2065；《晉書》，卷123，〈載記·慕容垂〉，頁3089。
72 《魏書》，卷2，〈太祖紀〉，頁27；《魏書》，卷95，〈慕容垂傳〉，頁2068；《晉書》，卷123，
　〈載記·慕容垂〉，頁3089-3090。
73 《魏書》，卷2，〈太祖紀〉，頁27。
74 《魏書》，卷2，〈太祖紀〉，頁27。
75 《魏書》，卷2，〈太祖紀〉，頁31。
76 《魏書》，卷2，〈太祖紀〉，頁27-28；《魏書》，卷28，〈奚牧傳〉，頁683。
77 《魏書》，卷95，〈慕容垂傳〉，頁2068。

參謀議，憲章故實」。[78]故拓跋珪之得知張蒲聲望，有可能來自這些戰俘們的口傳。南齊南梁之際，王肅弟之子王秉從南方投奔北魏，見到楊大眼說：「在南聞君之名，以為眼如車輪。及見，乃不異人」。此「聞」意指間接傳聞。蓋楊大眼武藝高強且善戰，「當世推其驍果，皆以為關、張弗之過也」。早就「傳言淮泗、荊沔之間有童兒啼者，恐之云『楊大眼至』，無不即止」；當他南征時，「南賊前後所遣督將，軍未渡江，預皆畏懾」。[79]在此狀況下，王秉乃於南方間接聽到楊大眼的聲威，沒直接見他本人，遂揣測他「眼如車輪」。

另外，孝文帝論廷尉五局司直，「比聞諸風聽，多論五局不精」，「今正欲聽采風謠，虛實難悉；正欲不採，事無所據。然人言惡者未必是惡，言善者不必是善」。[80]其「聞」來自「風聽」、「風謠」，都是間接之聞，自屬「虛實難悉」。

五、「或聞」之「間接聞」義，具有普遍性。前述史、漢之敘張騫「或聞」，已顯示「或聞」之間接聞義，有通行於兩漢之迹。此處再就《史記》〈陳涉世家〉語料說明之，其云：

> 陳勝者，陽城人也。……陳涉少時，嘗與人傭耕。……二世元年七月，發閭左適戍漁陽，九百人屯大澤鄉。陳勝、吳廣皆次當行，為屯長。會天大雨，道不通，度已失期。失期，法皆斬。陳勝、吳廣乃謀曰：「今亡亦死，舉大計亦死，等死，死國可乎？」陳勝曰：「天下苦秦久矣。吾聞二世少子也，不當立，當立者乃公子扶蘇。扶蘇以數諫故，上使外將兵。今或聞無罪，二世殺之。百姓多聞其賢，未知其死也。項燕為楚將，數有功，愛士卒，楚人憐之。或以為死，或以為亡。今誠以吾眾詐自稱公子扶蘇、項燕，為天下唱，宜多應者。」吳廣以為然。[81]

上文之「聞」所含間接聞之義，有下述三種：

（一）「或聞」意指間接認知：即陳涉所說扶蘇「今或聞無罪，二世殺之」。按始皇三十七年（前210）十月出巡，隔年（前209）至平原津（今山東省平

---

[78] 《魏書》，卷2，〈太祖紀〉，頁27。

[79] 《魏書》，卷73，〈楊大眼傳〉，頁1635。

[80] 《魏書》，卷21上，〈廣陵王元羽傳〉，頁547。

[81] 《史記》，卷48，〈陳涉世家〉，頁1950。

原縣南）生病，病重之際，乃作璽書賜公子扶蘇，要他「與喪會咸陽而葬」，書爲趙高收留沒發出，到了七月秦始皇死於沙丘平台（今河北省巨鹿縣東南），秘不發喪，趙高乃與公子胡亥、丞相斯共謀，將始皇璽書僞作成始皇遺詔，立子胡亥爲太子，「更爲書賜公子扶蘇、蒙恬，數以罪，賜死」。[82]由胡亥手下送至上郡（治所在膚施，今陝西省榆林縣東南）給扶蘇，他說：「父而賜子死，尙安復請」，就自殺了。[83]由此，就身份而言，陳涉是住「閭左」的「貧弱」庶民，[84]對於扶蘇事件，絕對不可能直接見聞。再者，陳勝住地在陽城縣，爲今河南省登封縣；徵發戍守的地點是漁陽，爲今河北省密雲縣，一路走到中途大澤鄉，爲今安徽省宿縣東南二十公里的劉村集附近；[85]故就地理空間來看，陳涉沒有接近扶蘇事件發生的地點：沙丘與上郡。綜上可證，陳涉所說「或聞」，係指間接認知。

（二）「聞」意指間接認知：這有兩種狀況，一是陳涉所說「吾聞二世少子也，不當立，當立者乃公子扶蘇」，其「聞」，如前所述，以陳涉一介庶民身份，扶蘇是長子、二世胡亥是少子之事，不可能直接認知，當由間接傳播而來，故此「聞」字的語意，亦屬間接認知。二是有關扶蘇之事，陳涉所說「百姓多聞其賢，未知其死也」之「聞」，按百姓所知扶蘇之「賢」，乃陳涉所謂的「扶蘇以數諫故，上使外將兵」。此事發生於始皇三十五年（前212），在焚書坑儒後，始皇「益發謫徙邊」，扶蘇進諫說：「天下初定，遠方黔首未集，諸生皆誦法孔子，今上皆重法繩之，臣恐天下不安，唯上察之」；結果，「始皇怒，使扶蘇北監蒙恬於上郡」；[86]由此可見，扶蘇在朝廷諫始皇用重法之「賢」，決非陳涉與其他百姓所能直接得知，都是接間認知到的。

（三）「或」之「或者」義得融合間接義：此爲有關項燕之事，陳涉所言

---

[82] 《史記》，卷6，〈秦始皇本紀〉，頁264。

[83] 此事詳細過程，參見：《史記》，卷87，〈李斯列傳〉，頁2548-2552；卷88，〈蒙恬列傳〉，頁2567-2570。

[84] 《史記》，卷48，〈陳涉世家〉索隱注云：「閭左謂居閭里之左也。秦時復除者居閭左。今力役凡在閭左者盡發之也。又云，凡居以富強爲右，貧弱爲左。秦役戍多，富者役盡，兼取貧弱者也」。又云：「戍者，屯兵而守也」（頁1950）。

[85] 林劍鳴，《秦漢史》（台北市：五南圖書公司，1992年11月初版一刷），頁263。

[86] 《史記》，卷6，〈秦始皇本紀〉，頁258。

楚人「或以爲死，或以爲亡」之「或」字。項燕，是項梁的父親，項梁是項羽的叔父，項燕即項羽的祖父。秦王政二十四年（前223），王翦率60萬大軍伐楚，項燕陣亡，而楚國亦滅。他的死因有兩種說法，一是〈項羽本紀〉所說「爲秦將王翦所戮」，[87]同於〈王翦傳〉所說「殺其將軍項燕」，[88]亦同於陸賈的《楚漢春秋》。[89]二是〈始皇本紀〉所載「項燕遂自殺」。[90]無論如何，項燕畢竟是戰死了，民間的認知卻是：「或以爲死，或以爲亡（逃匿）」。這個認知上的差異，是因「項氏世世爲楚將，封於項（今河南省項城縣東北），故姓項氏」，[91]殆爲楚國貴族階級；至秦二世元年（前209），項氏仍爲地方豪族，項梁與項羽猶保留著濃厚的貴族思想，[92]與庶民自有隔閡，庶民對項燕在戰爭中的結果，就未能直接獲自項家，只能靠間接的傳播，真相無從確證。所以兩個「或」字，是意指或許的不定狀態，而其不定又來自間接的認知。

　　綜上所述，「或」字之「有」義與「或者」義，在實際的認知活動中，均得以融合「間接」義；同時，單以「聞」字，在實際認知活動中，亦被使用來表示「間接認知」。如此一來，魏收所用「或」與「聞」，合起來得意指「間接認知」，又得以複合成「或聞」，這樣的複合，在《史記》中已具體使用了「或聞」來意指「間接聞」。下文就繼續考察「或聞」的語意。

　　至於其他例證，西漢期間，有如《史記》敘事，據呂雉說：「季（劉邦）所居上常有雲氣，故從往常得季」。此事「沛中子弟或聞之，多欲附者矣」。[93]漢高帝卒，呂后與審食其共謀趁機殺功臣諸將，「人或聞之，語酈（商）將軍」。[94]「孝惠崩，太子立爲帝。帝壯，或聞其母死，非真皇后子」。[95]又如賈誼《新

87　《史記》，卷7，〈項羽本紀〉，頁295。

88　《史記》，卷73，〈王翦傳〉，頁2341。

89　《史記》，卷7，〈項羽本紀〉，《史記索隱》注：「此云爲王翦所殺，與楚漢春秋同」（頁295）。

90　《史記》，卷6，〈秦始皇本紀〉，頁

91　《史記》，卷7，〈項羽本紀〉，頁295。

92　勞榦，〈史記項羽本紀中「學書」和「學劍」的解釋〉，《中央研究院歷史語言研究所集》，第三十本（1959年10月），下冊，頁499-510。

93　《史記》，卷8，〈高祖本紀〉，頁348。

94　《史記》，卷8，〈高祖本紀〉，頁392。

95　《史記》，卷9，〈呂后本紀〉，頁402。

書》敍事，「貧民且飢，天時不收，請賣爵鬻子，既或聞耳。曩頃不雨，令人寒心」。[96]「歲惡不入，請賣爵鬻子，既或聞耳矣。安有爲天下阽危若此，而上不驚者」。[97]東漢期間，如《漢書》敍事，漢高帝卒「不發喪。人或聞，以語酈商。酈商見審食其曰：「聞帝已崩，四日不發喪，欲誅諸將」。[98]吳王劉濞欲反，「乃身自爲使者，至膠西面約之。膠西羣臣或聞王謀，諫」。[99]竇嬰遭劾大罪，「良久乃聞有劾」，即「陽病痱，不食欲死」，「或聞上無意殺嬰，復食，治病，議定不死矣」。[100]西晉陳壽《三國志》載姜維身在劍閣，「或聞後主欲固守成都，或聞欲東入吳，或聞欲南入建寧」。[101]東晉虞預，因「宗人共薦預爲縣功曹，欲使沙汰穢濁」。預寫信給從叔父說：「近或聞諸君以預入寺，便應委質，則當親事，不得徒已」。[102]劉宋范曄《後漢書》載「龍形狀不一」，「帝王以爲符瑞」，東漢末「或聞河內龍死，諱以爲蛇」。[103]又方術者任文公向刺史預言：「五月一日，當有大水」，刺史不聽，文公獨備大船，「百姓或聞，頗有爲防者」。[104]梁朝蕭子顯《南齊書》載蕭子良上奏說幣制「錢帛相半，爲制永久，或聞長宰須令輸直，進違舊科，退容姦利」。[105]

六、〈釋老志〉的「或聞」之間接聞義，在《魏書》其他地方，固難找到相同語料，卻有其同義語，即在「聞」字前改用其他副詞或形容詞，而語意仍指「接間聞」。茲舉例如下：

「風聞」，爲間接聞之義。任城王元澄上奏說：「尋御史之體，風聞是司，至於冒勳妄考，皆有處別，若一處有風謠，即應攝其一簿，研檢虛實。若差舛不同，僞情自露，然後繩以典刑，人孰不服？豈有移一省之案，取天下之簿，

---

[96] 西漢·賈誼撰，《新書》（台北市：中華書局，1981年，四部備要本），卷3，〈憂民〉，頁65。

[97] 《新書》，卷4，〈無蓄〉，頁88。

[98] 《漢書》，卷1下，〈高帝紀〉，頁79-80。

[99] 《漢書》，卷35，〈吳王劉濞傳〉，頁1907-1908。

[100] 《漢書》，卷52，〈灌夫傳〉，頁2392。

[101] 《三國志》，卷44，〈蜀書·姜維傳〉，頁1067。

[102] 《晉書》，卷82，〈虞預傳〉，頁2143-2144。

[103] 《後漢書》，卷30下，〈襄楷傳〉，頁1082。

[104] 《後漢書》，卷30上，〈方術傳·任文公〉，頁2707。

[105] 《南齊書》，卷40，〈竟陵文宣王蕭子良傳〉，頁696。

尋兩紀之事,窮革世之尤,如此求過,誰堪其罪!斯實聖朝所宜重慎也」。[106]御史司糾察舉劾,必須採集訊息資料,屬於「風聞」者,是來自「風謠」,爲間接聞,取得訊息之後,必須再直接詳察實情,使「僞情自露」。餘例諸如:高道穆上奏說:「竊見御史出使,悉受風聞,雖時獲罪人,亦不無枉濫」。[107]裴佗任「司州治中,以風聞爲御史所彈,尋會赦免」。[108]御史中尉李彪將糾劾趙郡王元幹,先對幹說:「殿下,比有風聞,即欲起彈,恐損聖明委託之旨,若改往修來,彪當不言,脫不悛改,夕聞且發」。[109]廷尉少卿袁翻「以犯罪之人,經恩競訴,枉直難明,遂奏曾染風聞者,不問曲直,推爲獄成,悉不斷理」。[110]抱老壽「酒色肆情。御史中尉王顯奏言:風聞 前洛州刺史陰平子石榮、積射將軍抱老壽恣蕩非軌,易室而姦,臊聲布於朝野,醜音被於行路,即攝鞫問,皆與 風聞無差」。[111]盧昶上奏說:「守宰暴貪,風聞於魏闕。往歲法官案驗,多挂刑網,謂必顯戮,以明勸誡」。[112]田益宗在地方爲官聚斂。中書舍人劉桃符「啓益宗侵掠之狀」,世宗詔益宗說:「風聞卿息魯生淮南貪暴,擾亂細民,又橫殺梅伏生,爲爾不已,損卿誠效」。[113]賈思伯,孝明帝時,任給事黃門侍郎「因請拜掃,還鄉里。未拜,以風聞免」。[114]總之,「風聞」,係未直糾接親聽或親見,透過第三者爲傳遞媒介,間接聞知訊息。

「傳聞」,同指間接聞之義:太武帝太延年間(435-440),遣散騎侍郎董琬、高明等招撫西域諸國,至烏孫國,「其王得朝廷所賜,拜受甚悅」,對琬說:「傳聞破洛那、者舌皆思魏德,欲稱臣致貢,但患其路無由耳。今使君等既到此,可往二國副其慕仰之誠」。可見琬至烏孫國,尚未到破洛那、者舌,所「聞」兩國之事,係間接聽自烏孫王之轉述,乃間接聞,故謂之「傳聞」。[115]由此,

[106] 《魏書》,卷 19 中,〈任城王元澄傳〉,頁 478。
[107] 《魏書》,卷 77,〈高道穆傳〉,頁 1717。
[108] 《魏書》,卷 88,〈良吏傳・裴佗〉,頁 1906。
[109] 《魏書》,卷 21 上,〈趙郡元幹澄傳〉,頁 543。
[110] 《魏書》,卷 77,〈袁翻傳〉,頁 1692。
[111] 《魏書》,卷 94,〈閹宦傳・抱老壽〉,頁 2022。
[112] 《魏書》,卷 47,〈盧昶傳〉,頁 1056。
[113] 《魏書》,卷 61,〈田益宗傳〉,頁 1372。
[114] 《魏書》,卷 72,〈賈思伯傳〉,頁 1613。
[115] 《魏書》,卷 102,〈西域傳〉,頁 2259-2260。

關於董琬等人所帶回之西域訊息，《魏書》說：「始琬等使還京師，具言凡所經見及傳聞傍國」；[116]是其訊息分為兩類：一是親歷「所經見」之直接聞，一是未親歷之「傍國」的「傳聞」，是間接聞。餘例有如，辛雄說斷獄，「若傳聞即為證，則於理太急」，故「須定何如得為證人」。[117]關於柔然狀況，安北將軍、懷朔鎮將楊鈞上表說：「傳聞彼人已立主，是阿那瓌同堂兄弟」。[118]漢地距離柔然相當遙遠，有些訊息無法立即直接聞知，須靠第三者為媒介傳遞，始能間接「傳聞」而獲悉訊息。又《魏書》〈土谷渾傳〉說：「吐谷渾北有乙弗勿敵國，……北又有阿蘭國，……北又有女王國，以女為王。人所不至，其傳云然」；[119]所述之國，既漢地「人所不至」，而能有所述，當依據於「傳云」，即間接輾轉傳說的「傳聞」。

　　前舉風聞、傳聞之例證顯示，風、傳是做為副詞或形容詞，用以界定「聞」的屬性為間接聞，語意同於「或聞」。而〈釋老志〉亦載云：「世祖曰：崇修道之人，豈至欺妄以詐於世，或傳聞不審，而至於此」；[120]故知〈釋老志〉「或聞而未之信也」的或聞，亦如風聞、傳聞之見接聞之義。

---

116 《魏書》，卷102，〈西域傳〉，頁2261。
117 《魏書》，卷77，〈辛雄傳〉，頁1693。
118 《魏書》，卷103，〈蠕蠕傳〉，頁2300。
119 《魏書》，卷101，〈吐谷渾傳〉，頁2241。
120 《魏書》，卷114，〈吐谷渾傳〉，頁3054。

第十章 結論

如緒論所說，本書做為「研究序說」，是要探討「〈釋老志〉論拓跋氏佛教溯源西域」課題之展開研究的線索，揭示深入的、整體的研究之方向，並期能展望出若干新的研究問題。經由前面各章討論後，下文就來綜合說明整體結果：壹、貳、參、肆、伍部分，是課題本身的整體研究方向；陸、柒部分，是從前面的基礎出發，進行展望所延伸出的研究問題。

壹、〈釋老志〉溯源「魏先」之形成

〈釋老志〉釋部對魏佛教起源之溯源，是以拓跋珪拓跋珪登國元年（386）至皇始二年（397）的魏王朝開疆為起點，沿著拓跋史向前追溯：（1）溯源烈帝元年（329）至道武帝登國元年（386）階段，（2）溯源神元帝三十九年（258）至烈帝元年（329）階段，（3）溯源「魏先」至神元帝三十九年（258）階段；由此可見，〈釋老志〉釋部之溯源結構，是分階段追溯。然則，就有一個值得進一步研究的問題：〈釋老志〉論及北魏佛教源流之際，為何要如此溯源至拓跋氏與西域佛教的關係呢？這個問題之研究，宜從如下兩個線索入手：

一、史學的探討：〈釋老志〉溯源之「魏先」階段所包含的拓跋氏先公、先王，上起拓跋氏族祖黃帝少子昌意，下迄神元帝三十九年，是依循拓跋史脈絡溯源，其歷史主體皆出於《魏書》〈序紀〉之記載。這個現象顯示，〈釋老志〉溯源「魏先」之形成，與〈序紀〉具有互動關係，那就牽涉到了《魏書》撰述的史學活動問題：〈序紀〉對〈釋老志〉的溯源，具有何種決定性作用呢？其原因何在呢？

二、歷史地理空間的探討：〈釋老志〉之溯源，目的在追溯魏佛教源流，每個階段的佛教源流，都具有兩個條件：一是具備佛教的地理空間，此即（1）後趙都城襄國（含鄴城）→（2）曹魏、西晉都城洛陽→（3）西域。二是拓跋氏與其地理空間具有往來關係，此即（1）拓跋什翼犍確曾居住過襄國→（2）拓跋沙漠汗亦實際去居住過洛陽；這兩個階段，都沒疑問存在。唯獨（3）「魏

先」與西域「莫能往來」，可是又說既「未之得聞」而又有「或聞」到西域「浮圖之教」。那麼，便顯示了一個問題：〈釋老志〉既肯定拓跋氏與西域之間「莫能往來」，及「未之得聞」西域佛教，爲何對魏佛教源流，還要追溯「魏先」與西域佛教之關係呢？是否因「魏先」所住地「玄朔」，在地理空間上，與西域之間有著往來的可能性，而使拓跋氏得對西域佛教得以「或聞」呢？若欲解決這個問題，就不能滿足於「玄朔」只爲抽象地理空間概念：極遙遠的北方，要進而探究魏先所住「玄朔」的具體地理時空，並考察在其地理時空下，拓跋氏與西域之間，是否具有往來的可能性呢？特別是依照第八章所示，「莫能往來」只否定官方之往來，不否定非官之往來，而去探討非官方之往來。

貳、「魏先」與「西域」之關係

〈釋老志〉所說：「風俗淳一，無爲以自守，與西域殊絕，莫能往來」，是在說明「魏先」與「西域」之關係，表示拓跋氏與西域不能往來。第五、六、七章已加以逐一解讀，接著，猶待進一步研的方向，有如下兩大層面：

一、語意之背後的史實：欲明瞭上引文的整個內涵，須有兩大步驟之工作：一是必須先從《魏書》語料瞭解全文的語意涵義，二是唯有在明瞭其語意後，依照語意去把握語意背後的史實，始能全部朗現全文之內容。前一項工作，本書業已完成；往後，必須進行後一項工作。如此，方能將全文的涵義解釋出來，並將其精簡短句轉化出較詳細的歷史實況敘事。

二、拓跋氏與西域的非官方往來：〈釋老志〉說拓跋氏與西域「莫能往來」，究實「莫能」所否定之「往來」，是官方往來，並未否定非官方之直接、間接往來。即在「魏先」階段，拓跋氏透過部落聯盟形成過程，與西域之間，存在著非官方關係，並非「莫能往來」，應有直接或間接的往來。本書因限於時間及篇幅，只能作例證探討（見第八章），未來仍須再依據〈官氏志〉進行整體研究。

參、「魏先」與西域「浮圖之教」之關係

〈釋老志〉所說：「故浮圖之教，未之得聞，或聞而未信也」。是在判斷「魏

先」與西域「浮圖之教」接觸之結果,第八、九章以解讀過其文了,往後,仍可進一步研究的方向,有如下兩大層面:

一、「未之得聞」之判斷的形成:其「之」爲語助詞,無意義,「聞」是指感官的認知,整句意指「未得聞」,即對西域佛陀的教法不能獲得認知。這是指在官方關係上,拓跋氏與西域之間「莫能往來」,遂使拓跋氏對西域佛教,無法獲得直接接觸的「聞」知。那麼,〈釋老志〉的「未聞」之判斷,是如何形成的呢?

二、「或聞而未信也」之判斷的形成:「或聞」有意指間接聞之義。是指在非官方關係上,拓跋氏與西域之間沒有「莫能往來」,遂使拓跋氏對西域佛教,有直接、間接的「或聞而未信也」。事實上,「或聞」之情形,《魏書》都無直接明確的記載;那麼,就應廣搜各方面之旁證,以揭示出〈釋老志〉的「或聞」判斷是如何形成的呢?同時,有關「未信」,亦必要釐清〈釋老志〉的判斷是如何形成的呢?

肆、拓跋氏文化與佛教之關係

「風俗淳一」是指拓跋氏整體文化,「無爲以自守」是指拓跋氏治國原則,「與西域殊絕」是指路程及文化之隔絕,大體多關乎文化;從字句來看,〈釋老志〉似僅只把這三項因素,當做導致拓跋氏與西域「莫能往來」的原因。

惟若著眼於〈釋老志〉說「魏先」的整段文,把三項因素,聯繫到拓跋氏與西域佛教接觸之結果:一是造成「未之得聞」而未信,二是「或聞而未信也」;如此,便有一個值得注意的問題:在「魏先」至神元帝三十九年(258)階段,於「風俗淳一,無爲以自守,與西域殊絕」中,有那些拓跋氏文化因素,使之對西域佛法縱「或聞而未信也」呢?

伍、分辨「〈釋老志〉說」與「歷史事實」之差距

〈釋老志〉所說的話,是否即爲如其實在,都屬歷史事實呢?是有其很值得懷疑的地方,必須加以明辨。

「風俗淳一」的語意是:最周全、清淨的德行的文化;「無爲以自守」的

語意是：只守住在自己的既定範圍內作爲，不踰出其範圍外作爲。當實的拓跋氏文化素質，確實優美臻至如是境界嗎？應當給予質疑。若非如是所說，其真相又是如何呢？又其所說若不是事實，那就是〈釋老志〉把拓跋氏文化給虛飾溢美了，然則，〈釋老志〉爲何會作如是虛飾溢美之說呢？

〈釋老志〉說拓跋氏對西域佛教，「未之得聞」、「或聞」、「未信」，是否即是歷史事實呢？依然必須謹慎判辨，若非事實，那〈釋老志〉爲何會如是說呢？

陸、〈釋老志〉的年代學

第四章對〈釋老志〉所涉年代，進行舉隅式的討論，即已顯示，〈釋老志〉含有諸多年代問題，直得繼續研究。

一、〈釋老志〉的魏王朝斷代之年代，對勘《魏書》〈太祖紀〉，有一個相同的斷代：公元386-550年；而有一個不同於〈太祖紀〉的斷代：公元377-550年。這是如何形成的呢？

二、〈釋老志〉「魏先」自族源昌意至神元帝三十九年（258）階段，只有神元帝有紀年之年代可查，神元帝以前的年代，則有「魏先」年代之問題：一從文獻推算年代，有關始均、第一次遷徙、第二次遷徙諸年代，各有不同，如何取得一致性呢？二是考古學年代，包括嘎仙洞、第一次遷徙、第二次遷徙諸年代，較爲一致性，而又將如何與文獻推算年代之間，達成協調性或一致性呢？

三、〈釋老志〉的印度佛教起源的年代，有兩個問題：（1）其以七佛說爲佛教起源，七佛的前六佛，存在時間都是無量時間的「劫」，則六佛時期，是歷史時代呢？還是傳說時代呢？抑或爲一種宗教信仰而已呢？（2）第七佛爲釋迦牟尼佛，生於周莊王十年（前687），是如何的選定呢？

四、〈釋老志〉的佛法起源年代，有兩個問題：（1）是佛陀傳法活動年代，諸經論記載有所差異，〈釋老志〉謂「三十成佛，導化羣生，四十九載，乃於拘尸那城娑羅雙樹間，以二月十五日而入般涅槃」，是如何選定的呢？（2）佛陀入般涅槃後的第一次佛法結集，就有「乃綴文字」，即成立「十二部經」（十二分教），其年代之混淆，是如何形成的呢？

五、〈釋老志〉的阿育王傳播佛教年代問題，是阿育王年代距佛滅「百年」

後，以及造佛舍利塔之敘事是如何形成的呢？

六、〈釋老志〉釋部提到了西域佛教，對於西域佛教起源年代，則於《魏書》〈西域傳〉說是殷、周老子化胡的結果，這說法是如何形成的呢？是很值得探討的問題。

如果，將上述年代問題逐一釐清，並進而持續解決〈釋老志〉釋部其他的年代問題，當能架構出整個〈釋老志〉釋部的拓跋史、魏王朝之佛教關係年代，體現整個〈釋老志〉釋部的敘事年代學，便或可能顯示出有意義的現象，以及可能再發掘值得持續研究的問題。

柒、其他可研究之問題

以前述爲基礎，再進一步思考其他〈釋老志〉的研究問題：

一、〈釋老志〉溯源「魏先」以外，其他溯源階段的研究問題：〈釋老志〉說，神元帝三十九年（258）至烈帝元年（329）階段，經由拓跋沙漠汗至「洛陽」啓開佛教接觸之路；然後在烈帝元年（329）至道武帝登國元年（386）階段，又由拓跋什翼犍在襄國（含鄴城）持續接觸；這樣的接觸，終使拓跋氏「備究南夏佛法之事」，然則，〈釋老志〉對拓跋氏於「南夏佛法之事」之「備究」內容，文獻都無直接記載，那麼，是否能從各方面旁證，探討出〈釋老志〉的這個判斷是如何形成的呢？

二、〈釋老志〉持續研究的展望：上來的研究問題之歸納，或許爲〈釋老志〉研究，帶來了比較樂觀的展望：（1）〈釋老志〉的內容，不宜僅當做精簡敘事的文本，若從當時語言之語意去解讀，以及用其所相關之歷史去詮釋，則其字裏行間便會出現彈性空間，衍生出「研究問題」，即把原來注譯的可行性，擴大爲「問題研究」的可行性。（2）透過持續性的「問題研究」，便得以將〈釋老志〉的簡短語句，轉化成較詳細的歷史敘事之篇章。（3）經由「問題研究」的累積，就能形成歷史敘事篇章的聚集；最後，將那些篇章系統化，則〈釋老志〉的內容，便變成了一部較詳細的「魏佛教史」。這個展望，或許僅僅帶來一絲的樂觀，而儘管樂觀僅止於一絲，總期能夠在爲達目標的引領下，激起有恒之奮鬥的研究精神與實踐。

徵引文獻

壹、考古資料

米文平,《鮮卑石室尋訪記》,濟南市:山東畫報出版社,1999 年 3 月初版二刷。

趙超主編,《漢魏晉南北朝墓誌彙編》,天津市:天津古籍出版社,1992 年 6 月初版一刷。

魏堅主編,《內蒙古地區鮮卑墓葬的發現與研究》,北京市:科學出版社,2004 年 2 月初版一刷。

米文平,〈鄂倫春自治旗嘎仙洞遺址 1980 年清理簡報〉,收入氏著,《鮮卑史研究》,鄭州市:中州古籍出版社,2000 年 11 月初版一刷,頁 38-45。

貳、古代典籍

內田吟風等撰,余大鈞譯,《北方民族史與蒙古史譯文集》,昆明市:雲南人民出版社,2003 年 1 月初版一刷。

毛　亨(西漢)傳,鄭玄(東漢)箋,孔穎達(唐)疏,《毛詩注疏》,台北市:藝文印書館,1985 年 12 月,十三經注疏,阮元刊本。

王引之(清)撰,《經傳釋詞》,台北市:商務印書館,1970 年 9 月台三版,人人文庫本。

王引之(清)撰,孫經世(清)補,《經傳釋詞・補・再補》,台北縣:漢京文化公司,1983 年 4 月初版,新校點本。

王　弼(曹魏)注,孔穎達(唐)疏,《周易注疏》,台北市:藝文印書館,1985 年 12 月,十三經注疏,阮元刊本。

王欽若等(北宋)輯,《冊府元龜》,台北市:中華書局,1967 年 5 月臺一版,據明初刻本影印。

王鳴盛(清)撰,《十七史商榷》,台北市:鼎文書局,1979 年 9 月初版,王鳴盛讀書筆記十七種本。

司馬遷撰（西漢），《史記》，台北市：鼎文書局，1979 年 2 月再版，新校標點本。

左丘明（先秦）撰、韋昭（孫吳）注，《國語》，台北市：九思出版公司，1978 年 11 月台一版，新校標點本）。

朱　熹（南宋）撰，《詩集傳》，台北市：中華書局，1970 年 9 月台三版，點句本。

竹添光鴻撰，《左傳會箋》，台北市：鳳凰出版社，1978 年 9 月影印四版。

何　晏（曹魏）集解，邢昺（北宋）疏，《論語注疏》（台北市：中華書局，1966 年 3 月台一版，四部備要本。

余太山（民國）撰，《兩漢魏晉南北朝正史西域傳要注》，北京市：中華書局，2005 年 3 月初版一刷。

李百藥（唐）撰，《北齊書》，台北市：鼎文書局，1980 年 3 月三版，新校點本。

杜　預（西晉）注，孔穎達（唐）疏，《春秋左傳注疏》，台北市：藝文印書館，1985 年 12 月，十三經注疏，阮元刊本。

杜　預（西晉）撰，《春秋經傳集解》，台北市：新興書局，1980 年 10 月，據相臺岳氏本影印。

邢　昺（北宋）撰，《孝經注疏》，台北市：中華書局，1966 年 3 月台一版，四部備要本。

屈萬里（民國）撰，《尚書集釋》，台北市：聯經出版事業公司，1983 年 2 月初版。

房玄齡等撰（唐），《晉書》，台北市：鼎文書局，1979 年 2 月二版，新校標點本。

姚思廉（唐）撰，《梁書》，台北市：鼎文書局 1975 年 1 月初版，新校標點本。

洪亮吉（清）撰，《十六國疆域志》，收入二十五史補編，台北市：開明書店，1959 年 6 月，台一版，鉛印本，第三冊。

范　曄（劉宋）撰，《後漢書》，台北市：鼎文書局，1979 年 11 月再版，新校標點本。

班　固（東漢）撰，《漢書》，台北市：鼎文書局，1979 年 11 月再版，新校標點本。

郭　璞（東晉）注，郝懿行（清）疏，《爾雅義疏》，台北市：藝文印書館，1973 年 10 月再版，據同治乙丑年刊本影印。

崔　鴻（北魏）撰，湯球（清）輯，《十六國春秋輯補》，收入晉書附編，台北市：鼎文書局，1979 年 2 月再版。

淳于恭等（東漢）撰，陳立（清）疏證，《白虎通疏證》，北京市：中華書局，1997 年 10 月初版二刷，新校標點本。

許　慎（東漢）撰，王筠（清）注，《說文句讀》，北京市：中華書局，1988 年 11 月初版二刷，據道光刊本影印。

許　慎（東漢）撰，段玉裁（清）注，《說文解字注》，台北市：天工書局，1987 年 9 月再版，據經韻樓藏版影印。

許　槤（清）編，黎經誥（清）注，《六朝文絜箋注》，台北市：世界書局，1964 年 2 月初版，據光緒刊本影印。

陳　奐（清）撰，《詩毛疏傳疏》，台北市：學生書局，1986 年 10 月初版七刷，據文瑞樓藏版鴻章書局石印本影印。

陳彭年等（北宋）重修，林尹（民國）校訂，《新校正切宋本廣韻》，台北市：黎明文化事業公司，1989 年 10 月十一版。

陳　壽（西晉）撰，《三國志》，台北市：鼎文書局，1979 年 11 月再版，新校標點本。

陳　毅（清）撰，《魏書官氏志疏證》，收入二十五史補編，台北市：開明書店，1959 年 6 月，台一版，鉛印本，第四冊。

陸　賈（西漢）撰，王利器（民國）校注，《新語校注》，北京市：中華書局，1997 年 10 月初版三刷，新校標點本。

曾運乾（民國）撰，《尚書正讀》，台北：宏業書局，1973 年 1 月出版。

黃懷信等（民國）撰，《逸周書彙校集注》，上海市：上海古籍出版社，2007 年初版一刷，新校標點本。

楊　倞（唐）注，王先謙（民國）集解，《荀子集解》，台北市：世界書局，1972

年 10 月新一版，新編諸子集成本。

賈　誼（西漢）撰，《新書》，台北市：中華書局，1981 年，四部備要本。

劉　安等（西漢）撰，耕齋宇（日）注，《淮南鴻烈解》，台北市：河洛出版社，1974 年 3 月台景印初版。

歐陽修等（北宋）撰，《新唐書》，台北市：鼎文書局，1976 年 10 月初版，新校標點本。

蔡　沈（南宋）撰，《書經集傳》，台中市：中新書局，1976 年 11 月再版。據五經讀本版影印。

鄭　玄（東漢）注，孔穎達（唐）疏，《禮記注疏》，台北市：藝文印書館，1985 年 12 月，十三經注疏，阮元刊本。

鄭　玄（東漢）注，賈公彥等（唐）疏，《儀禮注疏》，台北市：藝文印書館，1985 年 12 月，十三經注疏，阮元刊本。

鄭　玄（東漢）撰，《周禮鄭注》，台北市：中華書局，1965 年，四部備要本。

蕭　統（蕭梁）輯，李善等（唐）注，《增補六臣注文選》，台北縣：漢京文化公司，1983 年 9 月初版，據古迂書院刊本影印。

錢大昕（清）撰，《廿二史考異》，台北市：鼎文書局，1979 年 9 月初版，錢大昕讀書筆記廿九種本。

應　劭（東漢）撰，王利器（民國）校注，《風俗通義校注》，台北市：漢京文化事業公司，1983 年 9 月初版，新校標點本。

謝　承（吳）撰，汪文台（清）輯，《後漢書》，台北市：鼎文書局，1978 年 11 月三版，點句本，新校本後漢書附編第六冊。

簡朝亮（清）撰，《論語集注補正述疏》，台北：世界書局，1961 年 12 月初版。十四經新疏本。

魏收等（北齊）撰，《魏書》，台北市：鼎文書局，1979 年 2 月再版，新校標點本。

魏　徵（唐）撰，《隋書》，台北市：鼎文書局，1979 年 2 月再版，新校標點本。

嚴可均（清）輯，《全上古三代秦漢三國六朝文》，北京市：中華書局，1999

年 6 月初版七刷，據清光緒刊本校訂影印。

顧炎武（清）撰，《原抄本日知錄》，台北市：文史哲出版社，1979 年 4 月。

顧頡剛、劉起釪（民國）著，《尚書校釋譯論》，北京市：中華書局，2005 年 4 月初版一刷。

參、佛教典籍

支婁迦讖（東漢）譯，《佛說遺日摩尼寶經》，大正藏第十二冊。

王該（晉南朝）撰，《日燭》，收入《弘明集》，大正藏第五十二冊。

北弗若多羅（後秦）譯，《十誦律》，大正藏第二十三冊。

玄　暢（蕭齊）撰，《訶梨跋摩傳序》，收入僧祐輯，《出三藏記集》，大正藏第五十五冊。

吉迦夜、曇曜（北魏）譯，《付法藏因緣傳》，大正藏第五十冊。

吉　藏（隋）撰，《三論玄義》，大正藏第四十五冊。

佛陀舍耶、竺佛念（後秦）譯，《遊行經》，收入長阿含經，大正藏第一冊。

佛陀耶舍、竺佛念（後秦）譯，《大本經》，長阿含經，大正藏第一冊。

佛陀耶舍、竺佛念（後秦）譯，《大行經》，收入長阿含經，大正藏第一冊。

佛陀耶舍、竺佛念（後秦）譯，《遊行經》，收入長阿含經，大正藏第一冊。

佛陀跋陀羅（東晉）譯，《達摩多羅禪經》，大正藏第十五冊。

佛馱跋陀羅（東晉）譯，《大方廣佛華嚴經》，大正藏第九冊。

何承天（劉宋）撰，《達性論》，收入僧祐輯《弘明集》，大正藏第五十二冊。

佚　名（東晉錄）譯，《般泥洹經》，大正藏第一冊。

佚　名（曹魏錄）譯，《七佛父母姓字經》，大正藏第一冊。

佚　名，《老子化胡經》，大正藏第 54 冊。

帛尸梨蜜多羅（東晉）譯，《佛說灌頂摩尼羅亶大神呪經》，大正藏第二十一冊。

明徵君（蕭齊）撰，《正二教》，收入僧祐輯《弘明集》，大正藏第五十二冊。

法勝造，僧伽提婆、慧遠（東晉）譯，《阿毘曇心論》，大正藏第二十八冊。

法　顯（東晉）譯，《佛說大般泥洹經》，大正藏第十二冊。

竺佛念（後秦）譯，《最勝問菩薩十住除垢斷結經》，大正藏第十冊。

竺法護（西晉）譯，《大哀經》，大正藏第十三冊。

竺法護（西晉）譯，《大寶積經》，大正藏第十一冊。

竺法護（西晉）譯，《佛說聖法印經》，大正藏第二冊。

竺法護（西晉）譯，《修行道地經》，大正藏第十五冊。

范伯倫（劉宋），《與王司徒諸公論沙門踞食書》，收入僧祐輯《弘明集》，大正藏第五十二冊。

孫　綽（東晉），《喻道論》，收入僧祐輯《弘明集》，大正藏第五十二冊。

釋神清（唐）撰，《北山錄》，大正藏第五十二冊。

陳夢雷等（清）編，《古今圖書集成釋教部彙考》，卍續藏經第七十七冊。

惠　生（北魏）撰，《北魏僧惠生使西域記》，大正藏第 51 冊。

菩提流支（北魏）譯，《佛說佛名經》，大正藏第十四冊。

楊衒之（北魏）撰，《洛陽伽藍記》，大正藏第 51 冊。

僧伽跋陀羅（蕭齊）譯，《善見律毘婆沙》，大正藏第二十四冊。

僧　肇（東晉）撰，《注維摩詰經》，大正藏第三十八冊。

僧　肇（東晉）撰，《肇論》，大正藏第四十五冊。

僧肇（東晉）撰，文才（元）疏，《肇論新疏》，大正藏第四十五冊。

甄　鸞（北周）撰，《笑道論》，收入釋道宣輯《廣弘明集》，大正藏第五十二冊。

蕭子良（蕭齊），《書與中丞孔稚珪釋疑惑》，收入僧祐輯《弘明集》，大正藏第五十二冊。

龍樹造，鳩摩羅什（後秦）譯，《十住毘婆沙論》，大正藏第二十六冊。

謝靈運（劉宋）撰，《盧山慧遠法師誄》，收入道宣輯，《廣弘明集》，大正藏第五十二冊。

羅君章（東晉）撰，《更生論》，收入僧祐輯《弘明集》，大正藏第五十二冊。

釋玄光（蕭梁）撰，《辯惑論》，收入僧祐輯《弘明集》，大正藏第五十二冊。

釋志磐（南宋）撰，《佛祖統紀》，大正藏第四十九冊。

釋道宣（唐）撰，《續高僧傳》，大正藏第五十冊。

釋道宣（唐）撰，《續高僧傳》，卷 23，〈釋智炫傳〉，大正藏第五十冊。

釋道宣（唐）輯，《元魏書釋老志》，收入氏輯《廣弘明集》，大正藏第五十二
　　冊。

釋道宣（唐）輯，《廣弘明集》，大正藏第五十二冊。

釋贊寧（北宋）撰，《大宋僧史略》，大正藏第五十四冊。

肆、中文專書

丁原明，《黃老學論綱》，濟南市：山東大學出版社，1997 年 12 月。

中村元等著，余萬居譯，《中國佛教發展史》，台北市：天華出版公司，1984
　　年 5 月初版。

巴爾托里德（V.V.Barthold）、《中亞突厥史十二講》，收入氏及伯希和（P.Pelliot）
　　著，耿世民譯，《中亞簡史》（北京市：中華書局，2005 年 12 月初版一刷。

水野弘元主編，許羊主譯，《印度的佛教》，台北市：法爾出版社，1988 年 11
　　月初版一刷。

水野弘元著，劉欣如譯，《佛教經典史論》，台北市：東大圖書公司，1996 年
　　11 月初版。

牛潤珍著，《河北省通史》，石家庄市：河北人民出版社，2000 年 12 月初版一
　　刷。

王仲犖，《魏晉南北朝史》，台灣影印本，未刊出版資料。

王治來，《中亞史綱》，長沙市：湖南教育出版社，1986 年 12 月初版一刷。

古正美，《貴霜佛教政治傳統與大乘佛教》，台北市：允晨文化公司，1993 年 3
　　月初版。

史念海，顧頡剛，《中國疆域沿革史》，台灣影印本，未刊出版資料。

田廣金，郭素新，《北方文化與匈奴文明》，南京市：江蘇教育出版社，2005
　　年 4 月初版一刷。

任繼愈主編，《中國佛教史》，第三卷，北京市：中國社會科學出版社，1997
　　年 12 月初版二刷。

印　順，《印度佛教思想史》，台北市：正聞出版社，1988 年初版。

印　順，《原始佛教聖典之集成》，台北市：正聞出版社，1986 年 2 月四版。

印　順，《說一切有部爲主的論書與論師之研究》，台北市：正聞出版社，1987年2月四版。

羽溪了諦著，賀昌群譯，《西域之佛教》，上海市：商務印書館，1956年12月重印第一版第一刷。

伯希和（P.Pelliot）著，耿世民譯，《高地亞洲》，收入氏及巴爾托里德（V.V.Barthold）著，耿世民譯，《中亞簡史》，北京市：中華書局，2005年12月初版一刷。

余太山主編，《西域通史》，鄭州市：中州古籍出版社，2003年1月二版一刷。

呂思勉，《兩晉南北朝史》，台北市：開明書店，1977年6月台五版。

李　憑，《北魏平城時代》，北京市：社會科學文獻出版社，2000年1月初版一刷。

李治亭主編，《東北通史》，鄭州市：中州古籍出版社，2003年1月初版一刷。

杜繼文、任繼愈主編，《佛教史》，台北市：曉園出版社，1995年1月初版一刷。

谷衍奎，《漢字源流字典》，北京市：華夏出版社，2003年1月初版一刷。

佟柱臣，《中國考古學要論》，廈門市：鷺江出版社，2004年4月初版一刷。

服部正明，長尾雅人著，許明銀譯，《印度思想史與佛教史述要》，台北市：天華出版事業公司，1986年5月初版。

林　幹，《東胡史》，呼和浩特市：內蒙古人民出版社，1990年11月初版一刷。

林　幹，《中國古代北方民族通史》，廈門市：鷺江出版社，2003年7月初版一刷。

林劍鳴，《秦漢史》，台北市：五南圖書公司，1992年11月初版一刷。

松田壽男著，陳俊謀譯，《古代天山歷史地理研究》，北京市：中央民族學院出版社，1987年。

芮傳明，《中國與中亞文化交流》，上海市：上海人民出版社，1998年10月初版一刷。

前田正名著，李憑譯，《平城歷史地理學研究》，北京市：書目文獻出版社，1994年12月。

哈爾馬塔（J.Harmatta）主編，徐文堪、芮傳明譯，《中亞文明史》，第二卷，
　　北京市：中國對外翻譯出版公司，2002 年 8 月初版二刷。

姚薇元，《北朝胡姓考》，北京市：中華書局，1962 年 10 月新一版一刷。

孫　危，《鮮卑考古學文化研究》，北京市：科學出版社，2007 年 1 月初版
　　一刷。

荒木教悟等著，《印度佛教史概說》，高雄市：佛光文化，1998 年 11 月三版。

袁森坡，《閃光的寶帶：古代絲綢之路》，台北市：萬卷樓圖書公司，1999
　　年 12 月初版。

馬大正、王嶸、楊鐮主編，《西域考察與研究》，烏魯木齊市：新疆人民初版社，
　　1997 年 5 月初版二刷。

馬大正、馮錫時主編，《中亞五國史綱》，烏魯木齊市：新疆人民出版社，2000
　　年 2 月初版一刷。

馬長壽，《烏桓與鮮卑》，桂林市：廣西師範大學出版社，2006 年 6 月初版一
　　刷。

馬歇爾（John Marshall）著，許建英譯，《犍陀羅佛教藝術》，烏魯木齊市：新
　　疆美術攝影出版社，1999 年 8 月初版一刷），

康　樂，《從西郊到南郊：國家祀典與北魏政治》，台北縣：稻禾出版社，1995
　　年 1 月初版。

張金龍，《魏晉南北朝近衛武官制度研究》，北京市：中華書局，2004 年 11 月
　　初版一刷。

張紀仲，《山西歷史政區地理》，太原市：山西古籍出版社，2005 年 1 月初版
　　一刷。

張紀仲，《山西歷史政區地理》，太原市：山西古籍出版社，2005 年 1 月初版
　　一刷。

張繼昊，《從拓跋到北魏：北魏王朝創建歷史的考察》，台北縣：稻鄉出版社，
　　2003 年 12 月初版。

許順湛，《五帝時代研究》，鄭州市：中州古籍出版社，2005 年 2 月初版一刷。

陳連慶，《中國古代少數民族姓氏研究》，長春市：吉林文史出版社，1993 年 3

月初版一刷。

章炳麟，《文始》，台北市：中華書局，1970 年 8 月台一版。

麥高文（William Montgomery McGovern）著，章巽譯，《中亞古國史》，北京
　　市：中華書局，2004 年 8 月初版一刷。

景　愛，《沙漠考古通論》，北京市：紫禁城出版社，1999 年 10 月初版一刷。

湯用彤，《漢魏晉南北朝佛教史》。台北市：鼎文書局，1976 年 12 月再版。

黃俊傑，《春秋戰國時代尚賢政治的理論與實際》，台北市：問學出版社，1977
　　年 9 月初版。

黃懺華等著，《佛教史略與宗派》，台北市：木鐸出版社，1983 年 1 月初版。

楊建新、馬曼麗，《西北民族關係史》，北京市：民族出版社，1990 年 9 月初
　　版一刷。

賈應逸、祁小山，《印度到中國新疆的佛教藝術》，蘭州市：甘肅教育出版社，
　　2002 年 9 月初版一刷。

達　尼（Ahmad Hasan Dani）著，劉麗敏譯，《歷史之城：塔克西拉》，北京市：
　　中國人民大學出版社，2005 年 5 月初版一刷。

榮新江，《中古中國與外來文明》，北京市：三聯書店，2001 年 12 月初版一刷。

劉迎勝，《察合台汗國史研究與西北民族史》，南京市：南京大學出版社，1994
　　年 9 月初版一刷。

劉淑芬，《六朝的城市與社會》，台北市：學生書局，1992 年 10 月。

蔣維喬，《中國佛教史》，台北市：莊嚴印書館，1976 年 12 月初版。

鄭欽仁，《北魏官僚機構研究》，台北市：牧童出版社，1976 年 2 月初版。

鄭欽仁等著，《魏晉南北朝史》，台北縣：國立空中大學出版社，1998 年 8 月
　　初版。

薛宗正等著，《中國新疆古代社會史》，烏魯木齊：新疆人民出版社，1997 年 8
　　月初版一刷。

謝重光、白文固，《中國僧官制度史》，西寧市：青海人民出版社，1990 年 8
　　月初版一刷。

瞿同祖，《中國法律與中國社會》，台北市：里仁書局，1982 年 12 月出版。

鎌田茂雄著，關世謙譯，《中國佛教通史》，第三卷，高雄縣：佛光出版社，1986
　　年 12 月初版。

嚴耕望，《唐代交通圖考》，第五卷，台北市：中央研究院歷史語言研究所，1998
　　年 5 月影印一版。

伍、中文工具書

史爲樂主編，《中國歷史地名大辭典》，北京市：中國社會科學出版社，2005
　　年 3 月初版一刷。

簡修煒主編，《北朝五史辭典》，濟南市：山東教育出版社，2000 年 3 月初版
　　一刷。

魏嵩山主編，《中國歷史地名大辭典》，廣東：廣東教育出版社，1995 年 5 月
　　初版一刷。

譚其襄主編，《中國歷史地圖集》，北京市：中國地圖出版社，1996 年 6 月初
　　版三刷。

辭源編修小組，《辭源》，台北市：遠流出版事業公司，1988 年 11 月台二版。

陸、中文專書論文

毛漢光，〈中古核心區核心集團之轉移：陳寅恪先生「關隴」理論之拓展〉，收
　　入氏著，《中國中古政治史論》，上海市：上海書店出版社，2002 年 12 月
　　初版一刷，頁 1-28。

毛漢光，〈北魏東魏北齊之核心集團與核心地區之轉移〉，收入氏著，《中國中
　　古政治史論》，上海市：上海書店出版社，2002 年 12 月初版一刷，頁
　　29-104。

王　鐸，〈北魏洛陽規劃及其城史地位〉，收入洛陽文物與考古編輯委員會編，
　　《漢魏洛陽故城研究》，北京市：科學出版社，2000 年 9 月初版一刷，頁
　　493-511。

王國維，〈尼雅城北古城所出晉簡跋〉，收入氏著，《觀堂集林》，台北市：河洛
　　出版社，1975 年 3 月台景印初版，卷 17，頁 865-869。

田餘慶，〈代北地區拓跋與烏桓的共生關係：魏書序紀有關史實解析〉，收入氏著，《拓跋史探》，北京市：三聯書店，2003 年 3 月初版一刷，頁 108-216。

米文平，〈大興安嶺北部發現鮮卑石室遺址〉，收入氏著，《鮮卑史研究》，鄭州市：中州古籍出版社，2000 年 11 月初版一刷，頁 27-28。

米文平，〈大鮮卑山研究〉，收入氏著，《鮮卑史研究》，頁 210-225。

米文平，〈回首二十世紀的鮮碑學〉，收入氏著，《鮮卑史研究》，鄭州市：中州古籍出版社，1994 年初版，2000 年 11 月一刷，頁 526-530。

米文平，〈拓跋鮮卑文化發展述要〉，收入氏著，《鮮卑史研究》，頁 100-114。

米文平，〈拓跋鮮卑文化發展模式〉，收入氏著，《鮮卑史研究》，頁 115-129。

米文平，〈拓跋鮮卑的兩次南遷考實〉，收入氏著，《鮮卑史研究》，頁 58-62。

米文平，〈拓跋鮮卑南遷大澤考〉，收入氏著，《鮮卑史研究》，頁 63-64。

米文平，〈拓跋鮮卑與慕容鮮卑同源的考古學研究〉，收入氏著，《鮮卑史研究》，頁 442-462。

米文平，〈東亞森林民族文〉，收入氏著，《鮮卑史研究》，頁 320-327。

米文平，〈森林民族文化述論〉，收入氏著，《同前書》，頁 312-319。

米文平，〈嘎仙洞北魏石刻祝文考釋〉，收入氏著，《鮮卑史研究》，鄭州市：中州古籍出版社，2000 年 11 月初版一刷，頁 46-53。

米文平，〈嘎仙洞與鮮卑學十年發展的概述〉，收入氏著，《鮮卑史研究》，頁 65-68。

米文平，〈論森林民族〉，收入氏著，《鮮卑史研究》，頁 306-311。

米文平，〈鮮卑、室書族名釋義〉，收入氏著，《鮮卑史研究》，頁 386-395。

米文平，〈鮮卑石室的發現與初步研究〉，收入氏著，《鮮卑史研究》，頁 29-45。

米文平，〈鮮卑源流及其族名〉，收入氏著，《鮮卑史研究》，頁 54-57。

余太山，〈兩漢魏晉南北朝正史西域傳的體例〉，收入氏著，《兩漢魏晉南北朝正史西域傳研究》，北京市：中華書局，2003 年 11 月初版一刷，頁 95-97。

李逸友，〈扎賚諾爾古墓爲拓跋鮮卑遺迹論〉，收入氏著，《北方考古研究》，鄭州市：中州古籍出版社，2000 年 11 月初版一刷，頁 163-166。

周一良，〈魏收之史學〉，收入氏著，《周一良全集》，瀋陽市：遼寧教育出版社，

1998 年 8 月初版一刷，頁 300-345。

周偉州，〈禿髮鮮卑和河西鮮卑〉，收入氏著，《西北民族史研究》，鄭州市：中州古籍出版社，1995 年 7 月初版一刷，頁 89-104。

武沐、王希隆，〈渾邪休屠族源探頤〉，收入王希隆主編，《西北少數民族史研》，北京市：民族出版社，2003 年 12 月蘭州版初版一刷，頁 19-22。

俞偉超：〈中國古代都城規劃的發展階段性〉，收入洛陽文物與考古編輯委員會編，《漢魏洛陽故城研究》，北京市：科學出版社，2000 年 9 月初版一刷，頁 438-449。

段鵬琦〈漢魏洛陽城的幾個問題〉，收入洛陽文物與考古編輯委員會編，《漢魏洛陽故城研究》，北京市：科學出版社，2000 年 9 月初版一刷，頁 464-472。

唐長孺，〈拓跋國家的建立及其封建化〉，收入氏著，《魏晉南北朝史論叢》，台灣影印本，未刊出版資料，頁 193-249。

孫　危、魏堅，〈內蒙古地區鮮卑墓葬的初步研究〉，收入魏堅主編，《內蒙古地區鮮卑墓葬的發現與研究》，北京市：科學出版社，2004 年 2 月初版一刷，頁 211-272。

張博泉，〈嘎仙洞刻石與對拓跋鮮卑文化起源的研究〉，收入黃鳳岐、朝魯主編，《東北亞文化研究》，鄭州市：中州古籍出版社，1995 年 10 月初版一刷，頁 265-271。

逯耀東，〈拓跋氏與中原士族的婚姻關係〉，收入氏著，《從平城到洛陽：拓跋魏文化轉變的歷程》，台北市：聯經出版公司，1979 年 3 月初版，頁 159-236。

柒、中文期刊論文

丁原明，〈從原始道家到黃老之學的邏輯發展〉，《山東大學學報（社會科學版）》，1996 年第 3 期，頁 37-44。

丁原明，〈葛洪神仙道教思想與黃老學的關係〉，《文史哲》，2004 年 3 期，頁 75-80。

尹鐵超，〈鮮卑名考〉，《滿語研究》，2001 年第 2 期，頁 53-62。

尹鐵超，〈鮮卑名考〉，《滿語研究》，2001 年第 2 期，頁 60-62。

方廣錩，〈關於初傳期佛教的幾個問題〉，《法音》，1998 年第 8 期，http://fy.fjnet.com/dharma/ 9808/b9808f02.htm。

王威威，〈黃老學思想特徵新證〉，《管子學刊》，2004 年第 3 期，頁 29-32，42。

王國華，徐萬和，〈渾邪王歸漢年代辨正〉，《西北史地》，1996 年第 4 期，頁 33-38。

王曉毅，〈黃老復興與魏晉玄學的誕生〉，《東嶽論叢》，1994 年第 5 期，頁 90-95。

田　剛，〈嘎仙洞與拓跋鮮卑的歷史發展〉，《黑龍江民族叢刊》，2004 年第 4 期，頁 63-64。

田衛疆，〈西域的概念及其內涵〉，《西域研究》，1998 年第 4 期，頁 67-68。

安介生，〈北魏道武帝早年經歷考辨：與李憑先生商榷〉，《民族研究》，2002 年第 4 期，頁 73-109。

朱　泓，〈人種學上的匈奴、鮮卑與契丹〉，《北方文物》，1994 年第 2 期，頁 7-13。

朱　泓，〈中國東北地區的古代種族〉，《文物季刊》，1998 年第 1 期，頁 55-65。

朱　泓，〈察右後旗三道灣漢代鮮卑族顱骨的人種學研究〉，收入魏堅主編，《內蒙古地區鮮卑墓葬的發現與研究》，北京市：科學出版社，2004 年 2 月初版一刷），頁 273-288。

朱　泓，〈東胡人種考〉，《文物》，2006 年第 8 期，頁 75-77，84。

朱越利，〈方仙道和黃老道的房中術〉，《宗教學研究》，2002 年第 1 期，頁 1-12。

朱越利，〈周易參同契的黃老養性術〉，《宗教學研究》，2004 年第 4 期，頁 17-26。

江達煌，〈鄴城與北魏先公先王〉，《殷都學刊》1999 年，頁 39-40。

余明光，〈黃老無為而治與西漢前期社會經濟的重建〉，《湘潭大學社會科學學報》，2000 年第 5 期，頁 76-80。

余明光，譚建輝，〈黃老學術向黃老道教之轉變〉，《湘潭大學社會科學學報》，1995 年第 5 期，頁 28-36。

吳全蘭，〈劉向的黃老思想〉，《廣西師範大學學報（哲學社會科學版）》，
　　2005 年 1 期，頁 31-35。

吳洪琳，〈十六國時期鐵弗匈奴的民族心態：以赫連勃勃爲主〉，《陝西師範大
　　學學報（哲學社會科學版)》，頁 40-45。

宋豔梅，〈拓跋鮮卑七分國人述論〉，《內蒙古社會科學（漢文版)》，2006 年第
　　5 期，頁 62-65。

李　松，〈北魏魏文朗造像碑考補〉，《文博》，1994 年第 1 期，頁 52-57。

李大龍，〈簡論曹操對烏桓的征討及意義〉，《史學集刊》，2005 年第 3 期，頁
　　35-40。

李并成，〈漢敦煌郡宜禾都尉府與曹魏敦煌郡宜禾縣城考辨〉，《敦煌學輯刊》，
　　1996 年第 2 期，頁 92-96。

阮忠仁，〈從歷代三寶紀論費長房的史學特質及意義〉，《東方宗教研究》，新 1
　　期，1990 年，頁 93-129。

季羨林，〈佛教傳入龜茲和焉耆的道路和時間〉，《社會科學戰線》，2001
　　年第 2 期，頁 227-230。

易毅成，〈北魏的南進政策與國勢消長〉，《中國中古史研究》第一期（台北：
　　蘭臺出版社，2002 年 9 月），頁 57-88。

邵金凱，〈黃老術與漢文帝治國新論〉，《徐州師範大學學報（哲學社會科學
　　版）》，2002 年第 3 期，頁 119-123。

金維諾，〈中國新疆早期佛教彩塑的形成與發展〉，《雕塑》，2000 年第 1 期，
　　頁 32-34。

侯富芳，〈漢初行黃老政治原因再探〉，《青海師範大學學報（哲學社會科學
　　版）》，2003 年 5 期，頁 68-72。

姚大力，〈論拓跋鮮卑部的早期歷史：讀魏書序紀〉，《復旦學報(社會科學
　　版)》2005 年第 2 期，頁 19-27。

姚宏傑，〈關於道武帝早年身世的若干問題〉，《北京大學學報（哲學社會科學
　　版)》，第 40 卷第 2 期（2003 年 3 月），頁 77-82。

崔樹華，〈內蒙古發現的中石器時代遺存〉，《蒙古學資訊》，1998 年第 4 期，

頁 39-41，48。

張久和，〈東胡系各族族名研究及其存在問題：兼談譯名研究的可行性條件〉，《內蒙古大學學報（哲學社會科學版）》，1996 年第 1 期，頁 1-8。

張作耀，〈曹操征烏桓是域內統一戰爭〉，《煙臺大學學報（哲學社會科學版）》，1999 年第 1 期，頁 80-83。

張振標、寧立新，〈大同北魏時期墓葬人骨的種族特徵〉，《文物季刊》，1995 年第 3 期，頁 21-33。

曹仕邦，〈太子晃與文成帝：英年早逝的天才父子政治家大力推廣佛教於北魏的功勳及期政治目的〉，《中華佛學學報》，第九期（1996 年 7 月），頁 99-122。

曹永年，〈拓跋力微卒後「諸部離叛國內紛擾」考〉，《內蒙古師範大學學報（漢文版）》，1988 年第 2 期，頁 19-22。

陳　靚、朱泓、鄭麗慧，〈內蒙古東大井東漢時期鮮卑墓葬人骨研究〉，《內蒙古文物考古》，2003 年第 1 期，頁 77-86。

陳　靚、朱泓、鄭麗慧，〈內蒙古東大井東漢時期鮮卑墓葬人骨研究〉，《內蒙古文物考古》，2003 年第 1 期，頁 77-86。

勞　榦，〈史記項羽本紀中「學書」和「學劍」的解釋〉，《中央研究院歷史語言研究所集》，第三十本（台北：中央研究院歷史語言研究所，1959 年 10 月），下冊，頁 499-510。

喬　梁、楊　晶，〈早期拓跋鮮卑遺存試析〉，《內蒙古文物考古》2003 年第 2 期，頁 51-58。

湯長平，〈敦煌研究院藏《北魏軍官籍簿》辨析〉，《敦煌學輯刊》，1998 年第 2 期，頁 62-63。

黃夏年，〈北魏儒釋道三教關係芻議〉，《晉陽學刊》，2005 年第 5 期，頁 46-52。

甯國良，〈論黃老思想與劉邦的治國實踐〉，《西北大學學報（哲學社會科學版）》，第 35 卷第 2 期（2005 年 3 月），頁 109-112。

楊秀實，〈黃老思想與東漢政治〉，《華中師範大學學報（人文社會科學版）》，1998 年第 2 期，頁 90-94。

齊木德道爾吉，〈從原蒙古語到契丹語〉，《中央民族大學學報(哲學社會科學

劉淑芬,〈中古都城坊制初探〉,《中央研究院歷史語言研究所集刊》,第六十一本第二分,1992 年 3 月,頁 293-315。

潘俊傑,〈慎到:從黃老到法家轉折性的關鍵人物〉,《西北大學學報(哲學社會科學版)》,2004 年 3 期 ,頁 129-132。

鄭建萍,〈黃老思想及其對漢初治道之影響〉,《陝西師範大學學報(哲學社會科學版)》,1997 年第 3 期,頁 80-74。

鄭麗慧、朱泓、陳靚,〈內蒙古七郎山魏晉時期鮮卑墓葬人骨研究〉,《內蒙古文物考古》,2003 年第 1 期,頁 87-91。

聶靜潔,〈20 世紀西域佛教史若干問題研究述評〉,《西域研究》2005 年第 1 期,頁 99-108。

捌、日文專書

山崎宏,《支那中世佛教の展開》,東京市:清水書店,1947 年再版。

中村元,《ゴータマ・ブッダ》,第一冊,中村元選集決定版第十一卷,東京市:春秋社,1993 年 7 月初版第二刷。

中村元,《ゴータマ・ブッダ》,第二冊,中村元選集決定版第十二卷,東京市:春秋社,1995 年 3 月初版第二刷。

中村元、早島鏡正譯,《ミリンダ王の問い》,東京市:平凡社,2001 年 2 月初版第二十九刷。

中村元等監修,《アジア佛教史・インド篇:大乘佛教》,東京市:佼成出版社,1980 年 6 月初版四刷。

平川彰,《インド佛教史》,東京市:春秋社,2001 年 4 月十四版。

平川彰,《初期大乘佛教の研究》,平川彰著作集第四卷,東京市:春秋社,1992 年 4 月初版二刷。

平川彰,《原始佛教とァビダルマ佛教》,收入平川彰著作集第二卷,東京市:春秋社,1991 年 6 月初版。

宇井博壽,《譯經史研究》,東京市:岩波書店,1983 年 2 月初版第三刷。

前田惠學,《原始佛教聖典の成立史》,東京市:山喜房佛書林,1999 年 6 月

初版第七刷。

塚本啓祥,《初期佛教教團史の研究》,東京市:山喜房佛書林,1980 年 2 月初版二刷。

塚本善隆,《中國佛教通史》第一卷,東京市:鈴木學術財團,1968 年 3 月初版。

塚本善隆,《魏書釋老志の研究》,收入氏著,塚本善隆著作集第一卷,東京市:大東出版社,1974 年 1 月。

楠山春樹,《老子傳說の研究》,東京市:創文社,1979 年。

諏訪義純,《中國中世佛教史》,東京市:大東出版社,1986 年 5 月初版。

靜谷正雄,《小乘佛教史研究:部派佛教成立變遷》,京都市:百華苑,1978 年 7 月初版。

龍山章真著,櫻部建補注,《インド佛教史》,京都市:法藏館,1977 年 7 月三版一刷。

玖、日文專書論文

白鳥庫吉,〈可汗及可敦稱號考〉,收入氏著,《白鳥庫吉全集(五):塞外民族史研究下》,東京市:岩波書店,1970 年 9 月,頁 141-182。

宇井伯壽,〈佛滅年代論〉,收入氏著,《印度哲學史》,第二冊(東京市:岩波書店,1965 年 8 月),頁 5-111。

林屋友次郎,〈十二部經に關する研究〉,收入氏著,《佛教及佛教史の研究》,岡谷市:喜久屋書店,1948 年 5 月初版,頁 657-758。

林屋友次郎,〈佛滅年代私考〉,收入氏著,《佛教及佛教史の研究》,岡谷市:喜久屋書店,1948 年 5 月初版,頁 3-92。

長井真琴,〈巴利善見律序文和譯〉,收入氏著,《南方所傳佛典の研究》(東京:國書刊行會,1936 年 4 月),頁 67-171。

塚本善隆,〈北魏建國時代の佛教政策と河北の佛教〉,收入氏著,《塚本善隆著作集第二卷:北朝佛教史研究》,東京市:大東出版社,1974 年 1 月,頁 1-36。

頁 1-36。

橫超慧日，〈北魏佛教の基本的課題〉，收入氏編，《北魏佛教の研究》，京都市：
　　平樂寺書店，1978 年 5 月二版，頁 5-62。

梶芳光運，〈波羅蜜思想と他力觀〉，收入宮本正尊編，《佛教の根本真理》，東
　　京市：三省堂，1957 年 8 月初版三刷，頁 244-246。

拾、日文期刊論文

福井康順，〈老子化胡經の諸相（上）〉，《支那佛教史學》，第 1 卷第 3 期（1937
　　年 10 月），頁 24-46。

拾壹、英文專書

B.N.Puri, Buddhism in Central Asia, Delhi: Motilal Banarsidass,1987.

國家圖書館出版品預行編目資料

<<魏書.釋老志>>論拓跋氏佛教溯源西域的研究 / 阮忠仁著. -- 初版. -- 臺北市：蘭臺, 2007[民96]　　面；公分

ISBN：978-986-7626-46-2（平裝）

1.佛教-中國-北魏(386-534)

228.2　　　　　　　　　　　　　　　　96003314

魏晉南北朝史叢書　第一輯 1

<<魏書・釋老志>>
論拓跋氏佛教溯源西域的研究

作　　者：阮忠仁

編　　輯：張加君

出 版 者：蘭臺出版社

發　　行：蘭臺出版社

地　　址：台北市中正區開封街1段20號4樓

電　　話：(02)2331-1675或(02)2331-1691

傳　　真：(02)2382-6225

E—MAIL：books5w@yahoo.com.tw或books5w@gmail.com

網路書店：http://store.pchome.com.tw/yesbooks/

　　　　　http://www.5w.com.tw、華文網路書店、三民書局

總 經 銷：成信文化事業股份有限公司

劃撥戶名：蘭臺出版社　帳號：18995335

網路書店：博客來網路書店 http://www.books.com.tw

香港代理：香港聯合零售有限公司

地　　址：香港新界大蒲汀麗路36號中華商務印刷大樓

　　　　　C&C Building, 36,Ting, Lai, Road, Tai,Po, New,Territories

電　　話：(852)2150-2100　　傳真：(852)2356-0735

出版日期：2007年 12月 初版

定　　價：新臺幣1000元整（平裝）

ISBN：978-986-7626-46-2